Demokratie und Politik in Öffentlichen und Wissenschaftlichen Bibliotheken

Bibliotheks- und Informationspraxis

—

Herausgegeben von Klaus Gantert
und Ulrike Junger

Band 73

Demokratie und Politik in Öffentlichen und Wissenschaftlichen Bibliotheken

Politikfelder deutscher Bibliotheken

Herausgegeben von
Andreas Degkwitz und Barbara Schleihagen

DE GRUYTER
SAUR

Bibliotheks- und Informationspraxis ab Band 42:
Herausgegeben von Klaus Gantert und Ulrike Junger

Das moderne Bibliotheks- und Informationswesen setzt sich mit vielfältigen Anforderungen auseinander und entwickelt sich ständig weiter. Die Reihe *Bibliotheks- und Informationspraxis* greift neue Themen und Fragestellungen auf und will mit Informationen und Erfahrungen aus der Praxis dazu beitragen, Betriebsabläufe und Dienstleistungen von Bibliotheken und vergleichbaren Einrichtungen optimal zu gestalten.

Die Reihe richtet sich an alle, die in Bibliotheken oder auf anderen Gebieten der Informationsvermittlung tätig sind.

ISBN 978-3-11-105308-0
e-ISBN (PDF) 978-3-11-105324-0
e-ISBN (EPUB) 978-3-11-105354-7
ISSN 2191-3587

Library of Congress control Number: 2023942614

Bibliografische Information der Deutschen Nationalbibliothek
Die Deutsche Nationalbibliothek verzeichnet diese Publikation in der Deutschen Nationalbibliografie; detaillierte bibliografische Daten sind im Internet über http://dnb.dnb.de abrufbar.

© 2024 Walter de Gruyter GmbH, Berlin/Boston
Satz: bsix information exchange GmbH, Braunschweig
Druck und Bindung: CPI books GmbH, Leck

www.degruyter.com

Claudia Roth
Bibliotheken sind Kultur für alle – Geleitwort

Bibliotheken gehören als Kultur- und Bildungsorte zu den tragenden Säulen unserer demokratischen Gesellschaft. Als traditionsreiche öffentliche Einrichtungen spiegeln sie zugleich in besonderer Weise den kulturellen und gesellschaftlichen Wandel der vergangenen Jahre und Jahrzehnte. Die Entwicklung hat gezeigt, dass der gesellschaftliche Auftrag der Bibliotheken auch und gerade in Zeiten der Digitalisierung von ungebrochener Aktualität ist. Gedruckte Bücher und elektronische Medien ergänzen einander. Es entsteht ein neues, vielfältiges Angebot. Die öffentlichen und insbesondere die wissenschaftlichen Bibliotheken haben sich der Herausforderung gestellt und nehmen heute im Hinblick auf Fragen der Digitalisierung und Vernetzung eine Vorreiterrolle ein.

Doch auch als Orte des Lesens und Lernens, der Inspiration und des Austauschs sind Bibliotheken nach wie vor unersetzlich. Öffentliche Bibliotheken sind demokratische Orte im besten Sinne: Sie sind erreichbar, dort wo Menschen leben und arbeiten. Ihre Angebote richten sich an alle Bürgerinnen und Bürger ihres Einzugsgebietes und sind unkompliziert zu nutzen. Öffentliche Bibliotheken stehen für die demokratischen Grundrechte der Informations- und Meinungsfreiheit, indem sie Zugang zu Wissen und Information eröffnen. Und, was in diesem Zusammenhang gerade im Hinblick auf die (digitale) Informationsflut von besonderer Bedeutung ist: Sie vermitteln Kompetenzen im Umgang mit Medien und Informationen. Wie recherchiere ich? Wie wird für die Richtigkeit von Tatsachen und daraus abgeleiteten Meinungen in Texten verantwortlich gezeichnet und dafür eingestanden? Wie bewerte ich das und wie verteidige ich es gegen anonyme Hassrede im Netz? Wie erkenne ich *fake news*? Hier leisten Bibliotheken eine wichtige Ergänzung schulischer Bildungsangebote, geben Orientierung und ermöglichen so gesellschaftliche Teilhabe.

Das breite Spektrum der in Bibliotheken verfügbaren Werke ist dem demokratischen Gedanken verpflichtet, den Diskurs zu fördern und die Meinungsbildung anhand umfassender Informationen zu ermöglichen. Auch politisch umstrittene Werke oder solche, die heute aus verschiedensten Gründen kontrovers diskutiert werden, sind in Bibliotheken öffentlich zugänglich. Intoleranz, Zensur und Denkverbote dürfen an diesen Orten keinen Platz haben. Bibliotheken setzen sich aktiv für die Demokratie ein, wenn sie die Vielfalt ihrer Bestände gegen einseitige Kritik verteidigen und Angriffen auf die Meinungs- und Informationsfreiheit keinen Raum geben.

Die Weiterentwicklung und Neuausrichtung, die öffentliche Bibliotheken in den letzten Jahren vollzogen haben, wird in dem soziologischen Konzept des *Dritten Ortes* anschaulich: Bibliotheken dienen heute nicht mehr nur dem Lesen und Ausleihen von Büchern und anderen Medien – mit ihrem vielfältigen Angebot haben sie sich zu Orten der Begegnung und des Austauschs, des Lernens, der Unterhaltung und der Kreativität entwickelt, die von Menschen jeden Alters genutzt werden. Sie ermöglichen allen Bürgerinnen und Bürgern einen niedrigschwelligen Zugang zu Bildung und Kultur und leisten damit einen wichtigen Beitrag zum gesellschaftlichen Diskurs in einer lebendigen Demokratie.

Vor diesem Hintergrund setze ich mich dafür ein, dass Bibliotheken, ebenso wie zum Beispiel Konzerthäuser, Theater, Kinos und Museen, auch am Sonntag ihre Türen für das Publikum öffnen und eine bibliothekarische Betreuung anbieten können. Die bisherigen Erfahrungen einzelner Bibliotheken mit sonntäglichen Veranstaltungsprogrammen zeigen, dass diese Möglichkeit der Freizeitgestaltung am Wochenende von den Menschen nachgefragt und angenommen wird.

Eine besondere Rolle haben Bibliotheken als öffentliche Orte der Begegnung auch für die Menschen in ländlichen Regionen, weil sie für sie zu den raren gemeinsamen Anlaufpunkten zählen. Mit dem im Jahr 2020 aufgelegten Programm *Vor Ort für Alle* hat mein Haus, in Zusammenarbeit mit dem Deutschen Bibliotheksverband, bundesweit Bibliotheken in ländlichen Räumen gefördert, um sie in ihrer Entwicklung zu *Dritten Orten* zu unterstützen. Ich freue mich über die vielen Beispiele erfolgreicher Um- und Neugestaltungen von Bibliotheksräumen, die durch diese Mittel ermöglicht werden konnten.

Der vorliegende Band betrachtet die gesellschaftliche und politische Rolle der öffentlichen und wissenschaftlichen Bibliotheken unter zahlreichen Aspekten und zeigt das breite Spektrum aktueller bibliothekspolitischer Fragen. Er leistet damit einen wichtigen Beitrag zur Weiterentwicklung von Bibliotheken.

Vorwort der Herausgebenden

Als kulturelle Einrichtungen haben Bibliotheken immer Bildungs- und Wissensgüter in eben den technischen Formen und mit den organisatorischen Verfahren bereitgestellt und vermittelt, die in den unterschiedlichen Phasen der Kulturtechnik eingesetzt und genutzt wurden. Die Bibliotheksgeschichte zeigt, dass Bibliotheken in ihren Zusammenhängen stets auch eine politische Rolle spielten, indem sie einerseits Einfluss auf die Gesellschaft nahmen und andererseits gesellschaftlichen Fortschritt repräsentierten. Dies machen nicht nur die Bestände deutlich, die Bibliotheken für Bildung, Gesellschaft, Kultur und Wissenschaft vorhalten, sondern auch die Bibliotheksgebäude und -räumlichkeiten, die architektonisch in neuerer Zeit als *Dritte Orte* und Lernräume oder wie oft bei historischen Gebäuden als Orte des kulturellen Erbes gestaltet sind. Bildungs- und wissenschaftspolitische Intentionen wie auch der gesellschaftliche Einfluss Öffentlicher und Wissenschaftlicher Bibliotheken kommen im Rückblick auf die Genese dieser Entwicklungen oftmals zu kurz.

Im Zusammenhang mit der bestreitbaren Annahme, dass das Gutenbergzeitalter seinem Ende entgegengeht und von digitalen Formaten der Informations- und Wissensvermittlung vollständig abgelöst wird, werden Bibliotheken als bloße Bücherspeicher und insofern bisweilen als Auslaufmodelle betrachtet. Dass Bibliotheken weiterhin die am meisten besuchten Einrichtungen für Kultur und Bildung sind und ihre Angebote und Bestände inzwischen zumindest in Wissenschaftlichen Bibliotheken überwiegend digital zur Verfügung stehen, wird dabei oft übersehen. Die intensive Nutzung von Bibliotheken wirft die Frage auf, welche Rolle Bibliotheken in einer demokratisch verfassten Gesellschaft spielen und welche Implikationen sich damit für Bibliotheken und Nutzer:innen verbinden. Denn auch heute haben Öffentliche und Wissenschaftliche Bibliotheken eine politische Mission, die sich selbstverständlich auf Teilhabe an Bildung, Kultur und Wissen bezieht und damit unserer demokratischen Verfassung gerecht wird, die ebenfalls auf Teilhabe beruht. In diesem Zusammenhang gehört auch die Vermittlung von Lese- und Digitalkompetenz, um Informations- und Meinungsfreiheit tatsächlich leben und erleben zu können. In einer Gesellschaft, deren Gemeinsinn sich zunehmend partikularisiert, ist schließlich die Teilhabe an gesellschaftlichen Diskursen wie überhaupt an *Community* ein wesentlicher Auftrag, den Bibliotheken verstärkt aufgreifen und erfüllen.

Das sind die Themen des vorliegenden Sammelbands, die prominente Autor:innen aus Politik, Bildung, Bibliothekswesen, Kultur und Wissenschaft in ihren Beiträgen aufgreifen. Wir, die wir den Band herausgeben, möchten den Autor:innen für ihre Beiträge, den Herausgeber:innen der Reihe und dem deGruyter-Verlag für ihre Unterstützung herzlich danken. Ohne diese gute und produktive Kooperation wäre es nicht zur Veröffentlichung des Bandes gekommen, der Bedeutung und Rolle von Bibliotheken für Demokratie, Gesellschaft und Politik thematisiert.

Andreas Degkwitz und Barbara Schleihagen

Inhalt

Claudia Roth
Bibliotheken sind Kultur für alle – Geleitwort —— V

Vorwort der Herausgebenden —— VII

Inhalt —— IX

Anne Rethmann
Demokratie ohne Mündigkeit? Zur politischen Mission von Bibliotheken —— 1

Antje Wischmann
Planvoll statt planlos. Demokratieförderung in skandinavischen und deutschen Bibliotheken —— 13

Ton van Vlimmeren
Bibliotheken und Demokratie —— 39

Frank Mentrup und Dorothee Schlegel
Bibliotheken in der Mitte der Gesellschaft —— 55

Boryano Rickum
Von Öffentlichkeit, Demokratie und Bibliotheken —— 61

Susanne Keuchel
Öffentliche Bibliotheken als *Dritte Orte*? —— 69

Frauke Untiedt
Teilhabe sichern – Digital- und Lesekompetenzvermittlung —— 83

Renate Künast
Desinformation, Demokratie und die Bücherei nebenan —— 95

Jens-Peter Gaul und Jacobus Bracker
Urheberrecht im Kontext moderner Wissenschaft. Bemerkungen aus hochschulpolitischer und kulturtheoretischer Sicht —— 101

Achim Bonte
Freiheit für Sicherheit. Bibliotheken in offenen Gesellschaften — 119

Frank Scholze und Frédéric Döhl
Kulturpolitik ist Digitalpolitik — 131

Peter Burschel
Quo vadis Forschungsbibliothek? — 147

Autor:innenverzeichnis — 159

Anne Rethmann
Demokratie ohne Mündigkeit? Zur politischen Mission von Bibliotheken

> There is no way of exchanging information that does not involve an act of judgement.
> Jacob Bronowski (zit. nach Fister 2021)

Demokratie ist anstrengend und nicht nur für die Abgeordneten im Parlament. Vielmehr wird auch ein gewisses Maß an politischem Interesse und Eigenverantwortung bei jedem Individuum vorausgesetzt – sonst wäre es keine Demokratie, zumindest ihrem Ideal nach nicht. Sich stets einigermaßen auf den neusten Stand der politischen und öffentlichen Angelegenheiten zu bringen, ist allerdings aufgrund der immer komplexer werdenden globalen Verflechtungen nicht das Einfachste. Entscheidungen müssen dennoch getroffen werden. Sie verlangen nach Positionierungen und laufen meist auf Kompromisse hinaus. Der Rechtswissenschaftler Christoph Möllers beschreibt die Wirkungsweisen von Demokratie daher als Zumutungen, aber eben auch als Versprechen.[1] Was sind ihre Versprechen? Warum ist Demokratie im Gegensatz zu anderen Staats- und Regierungsformen auf informierte und mündige Menschen angewiesen? Und warum werden Bibliotheken als Orte der Demokratie, als *cornerstones of liberty*[2] bezeichnet, die – wie der damalige US-amerikanische Präsident Franklin D. Roosevelt meinte – für das Funktionieren von Demokratien wesentlich seien und zudem symbolisch für Gedankenfreiheit stehen würden?[3]

Ähnliche Worte, wie die von Roosevelt, sind immer wieder gefallen. So heißt es beispielsweise im IFLA/UNESCO Manifest von 1994: „Constructive participation and the development of democracy depend on satisfactory education as well as on free and unlimited access to knowledge, thought, culture and information."[4] In dem Manifest wird die Institution (Öffentliche) Bibliothek als *local gateway to knowledge* (ebd.) beschrieben und ihre aktive Rolle in der und für die Demokratie betont. 25 Jahre später weist die IFLA in ihrem *Trend Report 2019* auf die zunehmende politische Komplexität hin, die einen enormen Druck auf die Individuen ausübe, richtige Entscheidungen zu treffen. Bibliotheken könnten aber mit dem Angebot von entsprechenden Informationsinfrastrukturen bei der Orientierung und Entscheidungsfindung helfen (IFLA 2019: 7). Und auch der Deutsche Biblio-

---

[1] Möllers (2008).
[2] Kranich (2020).
[3] Roosevelt (1941) 466.
[4] IFLA (1994).

theksverband (dbv) hebt in seiner Stellungnahme von 2019 die demokratische und gesellschaftspolitische Funktion von Bibliotheken hervor. Die Bereitstellung von Information und der Zugang zu Wissen wird hierbei genauso betont wie die Beschreibung der Bibliothek als ein *Ort für lebendige Demokratie*[5].

Das hört sich zunächst alles sehr plausibel und auch schön an. Die politische Dimension von Bibliotheken ist aber – wie noch zu zeigen sein wird – nicht voraussetzungslos und somit nicht einfach gegeben. Auf den ersten Blick scheinen Bibliotheken aber prädestiniert dafür zu sein, diesen an sie gestellten und sich selbst zugeschriebenen Anforderungen zu entsprechen. Jedenfalls ist eine Verbindung von Zugang zu Wissen und politischer Teilhabe gegeben und als tendenziell niedrigschwellig zugängliche Einrichtungen können allen voran die Öffentlichen Bibliotheken unterschiedliche Bevölkerungsgruppen erreichen, von denen einige sonst nur schwer den Zugang zu entsprechenden Informationen und den Angeboten der non-formalen, außerschulischen Bildung finden.[6] Indem Bibliotheken den Zugang zu Wissen (in welcher Form auch immer)[7] gewährleisten und fördern, stellen sie also prinzipiell das zur Verfügung, was als Grundvoraussetzung für Mündigkeit und Urteilsfähigkeit verstanden werden kann. Und eine Demokratie, wie Theodor W. Adorno treffend betont, „die nicht nur funktionieren, sondern ihrem Begriff gemäß arbeiten soll, verlangt mündige Menschen. Man kann sich verwirklichte Demokratie nur als Gesellschaft von Mündigen vorstellen."[8]

Vor diesem Hintergrund wäre eine Demokratie, die nicht auf informierte und schließlich mündige Menschen zählt, im Grunde genommen keine. Sie wäre bestenfalls als eine verwaltete Politik, jedoch nicht als eine potentiell individuelle Freiheit ermöglichende Gesellschafts-, Staats- und Regierungsform zu verstehen. Mit der Wissenskategorie habe ich also bereits angedeutet, was die politische Mission von Bibliotheken ausmachen könnte. Diese werde ich später anhand möglicher Handlungsfelder konkretisieren. Zunächst soll aber die generelle Frage gestellt werden, ob und inwiefern Uninformiertheit und Nichtwissen ein Problem für Demokratien darstellen. Ich werde dabei auf den Zusammenhang und den Unterschied von Information und Wissen (hier verstanden als Folgeabschätzung)

---

5 Deutscher Bibliotheksverband (2019).
6 Zur Rolle von wissenschaftlichen Bibliotheken im Bereich der politischen Bildung vgl. bspw. Kranich, Nancy (2019).
7 Das kann z. B. über den Bestand, über Dialogformate, Informationsveranstaltungen oder über die Vermittlung von Informationskompetenz erfolgen. Ein Zusammenspiel der verschiedenen Formate ist hierbei wichtig, um eine politische Bildungsstrategie in Bibliotheken nachhaltig zu etablieren.
8 Adorno (1966/2013) 107.

eingehen und auf die Frage, wie öffentliche Institutionen beschaffen sein müssten, um als vertrauenswürdige Instanzen gelten zu können.

Uninformiertheit als Problem für Demokratien?

„The more I read and the more I listen [...], the more apparent it is that our society suffers from an alarming degree of public ignorance."[9]. Ähnliche ernüchternde Feststellungen wie diese von der ehemaligen Richterin am US-Supreme Court Sandra Day O'Connor liegen dem Buch *The Democratic Dilemma: Can Citizens Learn What They Need to Know?*[10] zugrunde. Darin beschäftigen sich die Politikwissenschaftler Arthur Lupia und Mathew McCubbins mit der Frage, ob der Mangel an politischen Kenntnissen auch zu schlechten Entscheidungen führt. Das demokratische Dilemma zeichne sich dadurch aus „that the people who are called upon to make reasoned choices may not be capable of doing so."[11] Die beiden Autoren beschreiben, wie Menschen trotz politischer Uninformiertheit Entscheidungen über komplexe Sachverhalte treffen. Sie betonen aber ebenso, dass dies nicht notwendigerweise das Ende der Demokratie einläute. Ignoranz sei zwar ein Einfallstor für manipulative Politik, aber genauso gut sei eine Form des demokratischen Delegierens möglich. Mit Verweis auf Studien aus den Kognitions-, Politik- und Wirtschaftswissenschaften formulieren Lupia und McCubbins folgende Annahmen über das Entscheidungsverhalten von Menschen:[12]

1. Eine vernünftige, begründete Wahl verlange nicht vollständige Information vorab, sondern sie sei vielmehr von der Fähigkeit abhängig, die Folgen der Entscheidung einschätzen zu können. Folgeabschätzung wird von ihnen als Wissen bezeichnet und sie markiere auch den Unterschied zwischen Wissen und Information: „knowledge requires information, but large amounts of information do not ensure knowledge"[13].
2. Menschen lassen einen Großteil der ihnen zur Verfügung stehenden Information unberücksichtigt.
3. Bei eigenem Informationsdefizit verlassen sie sich auf die Meinung anderer. Die Gefahr der Täuschung ist hierbei gegeben.

---

9 Day O'Connor zit. n. Wiegand (2017) 264.
10 Lupia & McCubbins (1998).
11 Lupia & McCubbins (1998) 1.
12 Eine Zusammenfassung der hier aufgeführten sechs Annahmen findet sich hier: Lupia & McCubbins (1998) 2.
13 Lupia & McCubbins (1998) 20.

4. Sich auf einige wenige zu verlassen, bedeutet, andere Möglichkeiten auszuschließen und Menschen entscheiden sich auf vorhersehbare Weise.
5. Politische Institutionen können dabei helfen, welche Informationen als vertrauenswürdig einzuschätzen sind[14].
6. Ein Verständnis davon zu entwickeln, wie Menschen lernen und wie sie welche Informationsquellen verwenden, ist wichtig, um mit dem oben beschriebenen Dilemma umgehen zu können.

Das Buch bietet eine allgemeine Theorie zu Wissen, Institutionenbildung und demokratischer Repräsentation und es beinhaltet relevante Aspekte wie die bereits erwähnte Fähigkeit zur Folgeabschätzung als Kriterium von Wissen. Dennoch ist der Blick der Autoren auf Institutionen ein zu positiver, der damals wie heute der Realität nicht entspricht. Die Neoliberalisierung politischer Institutionen, die Bürger:innen zu Kunden:innen und Konsumierenden macht, ist laut Wendy Brown viel zu umfassend[15]. Wenn beispielsweise (behauptete) Effizienz zum alleinigen Kriterium von gutem Regieren wird und Partizipation dazu tendiert, sich zu einer weiteren Technik der Selbstverwaltung zu entwickeln, anstatt Selbstbestimmung der Individuen zu fördern, dann werden die Möglichkeiten, Politik mitzugestalten rar, da Politik selbst entpolitisiert ist. In diesem Sinne kritisiert auch Danielle Allen den derzeitigen Zustand politischer Institutionen. Ihre Kritik bezieht sich zwar auf die USA, sie kann aber als paradigmatisch für Demokratien insgesamt gelesen werden:

> So when we look around and we see that lots of people are disaffected or alienated or feel disempowered, that doesn't just mean that they're sort of haven't got enough education or don't have the right perspective. It also means that our institutions aren't delivering what they promise. They're not responsive. They don't generally empower ordinary people and they very often don't deliver sort of equal representation.[16]

Die Stärke von Lupia und McCubbins ist die Herausstellung, dass reine Information noch lange kein Wissen erzeugt, sondern dass erst die Fähigkeit zur Folgeabschätzung zu diesem führt. Dies impliziert eine Selbstreflexion auf das eigene beschränkte Wissen. Aber das Delegieren von Entscheidungen in demokratisch verfassten Gesellschaften erfordert eben auch Institutionen, die auf die Anliegen der Menschen eingehen, reaktionsfähig und letztendlich auch rechenschaftspflichtig sind.

---

14 Lupia & McCubbins (1998) 205.
15 Brown (2010).
16 Allen (2020a).

Des Weiteren stellt sich die Frage, welche gesellschaftlichen Konsequenzen es hat, wenn Regierende nicht in der Lage sind, das Leben der Menschen zu verbessern. Und was bedeutet es, wenn der Umschlag von demokratischen in autoritäre Staaten oder gar Diktaturen nicht durch einen Putsch, sondern schleichend erfolgt unter formal eingehaltenen demokratischen Prozeduren – so wie es heute schon in Ungarn und Polen zu beobachten ist? In diesem gesellschaftspolitischen Kontext befindet sich die politische Bildungsarbeit. Ihr – aber auch den Bibliotheken – liegt allerdings oft ein Menschenbild zugrunde, welches die gesellschaftlichen Bedingungen vernachlässigt und sich stattdessen an dem humboldtschen, neuhumanistischen Bildungsideal von Mündigkeit zu orientieren scheint. Diese Fähigkeit, für sich selbst zu sprechen, gilt seit Immanuel Kants *Beantwortung der Frage: Was ist Aufklärung* aus dem Jahr 1784 als elementarer Bestandteil moderner Bildung. Es stellt sich aber grundsätzlich die Frage, ob ein Anknüpfen an aufklärerische Ideale – wie das vom Individuum als ein autonomes Wesen – ohne weiteres möglich ist. Ein eigenverantwortlich handelndes Individuum vorauszusetzen, anstatt sein Fehlen zum Ausgangspunkt der Überlegungen zu machen, weist ein Moment der Indifferenz gegenüber der Wirklichkeit auf, die es den meisten Menschen schwer macht, den eigenen Lebensinhalt zu bestimmen. Die gegenwärtige Einrichtung der Welt, so schrieb Adorno 1966, „übt einen so ungeheuren Druck auf die Menschen aus, daß er alle Erziehung überwiegt. Es wäre wirklich idealistisch im ideologischen Sinn, wollte man den Begriff der Mündigkeit verfechten, ohne daß man die unermeßliche Last der Verdunkelung des Bewußtseins durch das Bestehende mitaufnimmt."[17] Shannon Mariotti greift mit Bezug auf Adorno diese Problematik auf und wendet sie auf die Gegenwart an: „How can one argue that liberal capitalism cultivates a passive citizenry and also argue that it is possible today to foster independent thinking and action?"[18] In diesem Sinne gilt es also, den Fokus auch auf die gesellschaftlichen Bedingungen und Verhältnisse zu legen, die Mündigkeit gar nicht erst zulassen und die Menschen – wie Fritz Bauer treffend formulierte – „oft vergeblich nach Luft schnappen lassen"[19].

Eine politische Bildungsstrategie, die ein *preaching to the converted* vermeiden will, müsste folglich auch die strukturellen und institutionellen Bedingungen adressieren, die gegeben sein müssen, um den einzelnen Individuen eine politische Teilhabe de facto auch zu ermöglichen. Es ist daher fraglich, ob der Fokus auf Wahlen (in einer Demokratietheorie) wirklich so reduktionistisch ist, wie Vertreter:innen partizipativer Ansätze dies oft anmerken. Der Politikwissenschaftler Adam Przeworski sieht dies anders. In *Krisen der Demokratie* bezeichnet er seine

---
17 Adorno (1966/2013) 108–109.
18 Mariotti (2014) 435.
19 Bauer (1955) 182.

Demokratietheorie mit dem Fokus auf Wahlen selbst als minimalistisch (Przeworski 2020: 14 f.), aber er betont, dass minimalistisch nicht mit reduktionistisch gleichzusetzen sei. Ihn interessieren diejenigen Bedingungen, die Wahlen erschweren oder gar verhindern. Denn den Menschen werde damit die Möglichkeit genommen, sich einer Regierung entledigen zu können. Er betrachtet etwa die Einschränkung von Freiheitsrechten, die Aushöhlung des Systems der *checks and balances* (Gewaltenteilung), schwindendes Vertrauen in staatliche Einrichtungen und ökonomische Ungleichheiten als diejenigen Gefahren, die eine Abwahl erschweren oder verunmöglichen. Insbesondere in Anbetracht einer geringen Wahlbeteiligung ärmerer Bevölkerungsschichten bietet dieser auf die gesellschaftspolitischen Bedingungen von Wahlen fokussierte Ansatz einen konkreten Ausgangspunkt, an dem nicht nur Kritik, sondern auch entsprechenden Bildungsformate ansetzen können.

Es stellen sich also zwei Fragen, wenn politische Teilhabe bzw. die Möglichkeit des Teilnehmen-Könnens Ziel einer Politik und einer politischen Bildungsstrategie sein soll. Die erste ist eine strukturelle, die nach gerechten gesellschaftlichen Verhältnissen und politischen Institutionen fragt. Dies fällt in den Aufgabenbereich der politischen Entscheidungsträger:innen, die sich daran messen lassen müssen. Die zweite Frage bezieht sich auf die individuelle Verfasstheit und fragt nach den Möglichkeiten unabhängigen Denkens, das die Vorbedingung für politische Teilhabe ist. Hier können die politische Bildung und eben auch Bibliotheken eine bedeutsame Rolle spielen. Dabei sollten sich Bibliotheken als steuerfinanzierte Einrichtungen auch folgende Fragen stellen: Was bedeutet es, in Armut aufzuwachsen? Warum nutzen tendenziell arme Menschen Bibliotheken weniger und machen seltener oder gar nicht Gebrauch von ihrem Wahlrecht? Wenn der Umgang mit struktureller Knappheit langfristige Auswirkungen auf das Verhalten hat – dazu zählt der Erziehungswissenschaftler Aladin El-Mafaalani Risikovermeidung und ein eher kurzfristiges, pragmatisches Denken[20] –, dann muss dieses auch bei der Konzipierung von Bibliotheksangeboten mitgedacht werden. Ein weiterer Begriff, der in diesem Kontext daher genauer analysiert werden müsste, ist der viel zitierte Partizipationsbegriff. Inwiefern geben partizipative Ansätze notwendige Anknüpfungspunkte für Kritik am Bestehenden und wann drohen sie, in das populistische Lager zu kippen, welches komplexe Gesetzgebungsverfahren, Repräsentations- und Kompromissbildungsprozesse ignoriert?[21] Und was ist eigentlich mit Partizipation in Bibliotheken genau gemeint?[22] Ist es eher ein elitäres

---

20 Zitiert aus seinem Vortrag *Mythos Bildung. Die ungerechte Gesellschaft, ihr Bildungssystem und seine Zukunft* auf dem *Zweiten Bibliothekspolitischen Kongress 2021*.
21 vgl. Allen (2020b) 226.
22 Vgl. dazu Engström u. Dahlquist (2020).

Angebot, das nur diejenigen anspricht, die ohnehin schon politisch und sozial engagiert sind? Oder können damit auch diejenigen erreicht werden, die sozial benachteiligt sind und sich bislang wenig bzw. gar nicht zu Wort gemeldet haben? Allein formal auf partizipative Verfahren zu setzen, die zudem auch als Zwang zur Partizipation wahrgenommen werden kann, ist jedenfalls zu wenig, da es schon viel zu voraussetzungsvoll ist.

Demokratie – politische Bildung – Bibliotheken

Demokratie ist nichts Starres, sondern sie muss auf veränderte Bedingungen wie Klimawandel, Wirtschaftskrisen, Pandemien oder Kriege reagieren können und dabei – anders als autoritäre und diktatorische Regime – rechtsstaatliche Grundsätze, insbesondere die Grund- und Menschenrechte beachten. Ihre Aufgabe ist es, Vorkehrungen zu treffen, die individuelle politische Teilhabe de facto auch ermöglichen. Politische Teilhabe impliziert gleichzeitig auch auf Seiten der Einzelnen eine Bereitschaft, sich mit den Veränderungen auseinanderzusetzen. Dies ist kein abgeschlossener Prozess. In diesem Kontext sei der Soziologe Oskar Negt erwähnt, der auf einen wichtigen Punkt hinweist und damit im Grunde genommen das bezeichnet, was heute unter dem oft zum Schlagwort gewordenen Ausdruck des lebenslangen Lernens bekannt ist: „Demokratie ist die einzige staatlich verfasste Gesellschaftsordnung, die gelernt werden muss – früh, im Kindergarten, aber auch im hohen Alter."[23]

Generelles Ziel der politischen Bildung ist jedenfalls die Vermittlung der Fähigkeiten, politische Strukturen und Sachverhalte zu begreifen, historisch-politisches Grundlagenwissen sich anzueignen, Handlungsmöglichkeiten zu erkennen und wissensbasierte Urteile zu fällen (*civic literacy*). Dabei geht es nicht nur um die reine Weitergabe von Institutionenwissen und verfassungsrechtlichen Kenntnissen, sondern auch um die aktive Förderung politischer Teilnahme. Die Vermittlung von Orientierungswissen, wie Negt politisches Grundlagenwissen passend bezeichnet, müsse ferner die individuellen Lebensrealitäten der Adressaten berücksichtigen.[24] Er hat in *Soziologische Phantasie und exemplarisches Lernen* (Negt 1968) auf diesen Zusammenhang bereits hingewiesen. Darin beschreibt er drei Ebenen, die im politischen Bildungsprozess adressiert werden sollten und auch heute noch an Aktualität nichts eingebüßt haben: 1) Nähe zu individuellen Interessen, 2) gemeinsame Interessen einer Gruppe und 3) größere gesellschaftli-

---

[23] Negt (2018) 21.
[24] vgl. Negt (2018) 25.

che Zusammenhänge. Soziales Lernen zielt auf die ersten beiden Punkte, auf den Nahbereich, und hat den Anspruch, soziale Kompetenzen wie Empathie- und Kooperationsfähigkeit zu fördern. Dagegen ist *politisches Lernen* zwar auf diese Kompetenzen angewiesen, geht aber in der Zielsetzung über den Nahbereich hinaus. Hierfür sind Analysekompetenz, Konfliktfähigkeit, Absehen von eigenen Interessen, Folgeabschätzung und ganz besonders Urteilskraft unerlässlich. Erst dieses Bündel an Fähigkeiten ermöglicht politisches Handeln und kennzeichnet das politische Moment der politischen Bildung. Die Förderung der Fähigkeit, große Menge an Wissen und Informationen strukturieren, einordnen und reflektieren zu können, um sie dann in Argumente zu übersetzen, ist also ein wichtiges Moment in der politischen Bildung. Wenn sie dagegen auf soziales Lernen reduziert wird, kann sie eine entpolitisierende Wirkung haben und zur Trivialisierung politischer Angelegenheiten führen.[25] Ein arbeitsteiliges Vorgehen im Sinne einer einseitigen Fokussierung auf soziales Lernen ist daher kontraproduktiv und sollte auch in den Bibliotheken als solche vermieden werden. Zudem wird soziales Lernen wenig gegen die Kulturkampfstrategien von bspw. rechten Akteuren ausrichten können. Hier sind Kenntnisse über die rechten Erzählungen und Bedeutungsgehalte, die hinter bestimmten Begriffen stehen, wichtig. Diese Strategien zu kennen, ist für die *politische Bildungsarbeit* in Bibliotheken unerlässlich, um ihnen auch eine Kritik in Form von entsprechenden Programmangeboten entgegensetzen zu können. Denn Meinungsfreiheit heißt nicht, Hetze freien Lauf zu gewähren. Die Frage, wann etwas zur Hetze wird und für eine Demokratie zwingend ausgeschlossen gehört, ist stets eine der konkreten Kontextanalyse. Sie verlangt aber Urteilskraft und Positionierung auch gerade seitens der Bibliotheken und ist somit selbst Bestandteil der politischen Bildung. Im Gegensatz zu populistischen Antworten, die komplexe Sachverhalte stark vereinfachen und die Welt in ein Freund-Feind-Schema einordnen, wäre es daher wichtig, dass in den Programmen der Bibliotheken Komplexität nicht heruntergespielt wird, sondern verstehbar gemacht wird. Damit könnten Bibliotheken in der Tat zu wichtigen Kooperationsinstitutionen im Bereich der politischen Bildung werden, ihre gesellschaftspolitische Funktion in der Demokratie wahrnehmen und eine wertvolle Übersetzungsleistung zwischen parlamentarischer Politik und Zivilgesellschaft übernehmen.[26] Dieses Engagement ist allerdings nicht voraussetzungslos. Politische Bildung bedarf der theoretischen Beschäftigung mit dem (spannungsgeladenen) Verhältnis von Individuum und Gesellschaft. Sich Klarheit über zentrale Begriffe und Konzepte

---

25 Dazu auch Widmaier, Benedikt (2020).
26 Zur theoretischen Reflexion auf das Verhältnis von Bibliotheken und Demokratie mit besonderer Berücksichtigung der Geschichte und Entwicklung der US-amerikanischen public libraries vgl. Rethmann (2022a).

der politischen Bildung – wie Mündigkeit, Urteilskraft und Partizipation – zu verschaffen und (Fach-)Diskussionen zu verfolgen, die jenseits der Bibliotheken stattfinden, ist insofern wichtig, als damit erst Zuständigkeiten, Kompetenzen und potentielle Kooperationen für Bibliotheken sondiert werden können.

Wo könnten also die Zuständigkeiten und Kompetenzen liegen, wenn es einerseits darauf ankommt, komplexe politische Sachverhalte niedrigschwellig zu vermitteln, andererseits aber auch Diskussionsräume zu schaffen, in denen diese Sachverhalte diskutiert werden können. Die Wissenskategorie ist dabei ein wesentlicher Bezugspunkt, an dem Bibliotheken in ihrer politischen Bildungsarbeit ansetzen können. Ein Bündeln verschiedener Formate wird hierbei ausschlaggebend sein, die sich an drei Handlungsfeldern[27] ausrichten:

- *Wissensvermittlung* (z. B. Vermittlung von Medien- und Informationskompetenz, Arbeit mit dem Bestand zu historischen und aktuellen politischen Themen, Informationskampagnen zu aktuellen Themen wie Wahlen)
- *Wissenschaftskommunikation* (Vermittlung und das Teilen von sozialwissenschaftlichen und vor allem rechtswissenschaftlichen Erkenntnissen jenseits der Universitäten)
- *Förderung der Dialogfähigkeit* (Dialogveranstaltungen, Lese- und Filmkreise u. a.)

Resümierend kann an dieser Stelle gesagt werden, dass eine aktive und gestalterische Rolle der Bibliotheken in Bezug auf politische Themen unerlässlich sein wird, wenn sie als ernstzunehmende Partnerinnen in diesem Bereich wahrgenommen werden wollen. Politische Bildung ist dabei kein statisches Bildungsangebot und ist ferner auf längerfristige Prozesse angewiesen. Sie kann auch erst dann Wirkung entfalten, wenn die Perspektiven und Alltagserfahrungen der Einzelnen zum Ausgangspunkt des Bildungsprozesses werden. Dies erfordert Zeit. Politische Bildung stellt also Anforderungen an die Bibliothek oder, besser gesagt, an die Bibliotheksleitung und auch an die Mitarbeitenden. Sie setzt voraus, dass politische Bildungsangebote nicht als bloße Marketingprojekte verstanden werden, welche kurzfristig dafür sorgen, dass die Bibliotheksleitungen und geldgebenden Institutionen zwar zufrieden sind, es aber im Grunde genommen keinen Grund gibt, zufrieden zu sein, da die Zielgruppen nicht erreicht werden und/oder das Projekt keine nachhaltigen Effekte erzielt. Hinsichtlich der internen Verfasstheit von Bibliotheken stellt sich außerdem die Frage nach den personellen und infrastrukturellen Voraussetzungen, die gegeben sein müssen, um politische Bildungsangebote auch anbieten zu können. Inwiefern muss der Anspruch, eigenständiges

---

27 Wie diese Handlungsfelder konkret umgesetzt werden können, habe ich anhand von Beispielen aus den USA, aber auch aus Deutschland beschrieben, vgl. Rethmann (2022b).

Denken fördern zu wollen, ferner auch in der eigenen institutionellen Struktur sich wiederfinden lassen? In diesem Zusammenhang spielen neben der Förderung von Konfliktfähigkeit in der Belegschaft auch Schulungen und die Integration der Thematik in das Curriculum der Ausbildung eine entscheidende Rolle. Darunter zählt schließlich auch die eigene Reflexion darauf, 1) was es heißt, in einer öffentlichen Einrichtung zu arbeiten und 2) wie der Bildungsauftrag unter veränderten Bedingungen, d. h. jeweils auf der Höhe der Zeit verstanden werden kann.

Fazit

Auf die Strukturprobleme von westlichen Demokratien geben zunehmend autoritäre bis rechtsextreme Parteien eine Antwort und sie sind dabei nicht erfolglos, wie die Wahlen von 2022 in Schweden und Italien nochmals gezeigt haben. Dies wirft Fragen des Umgangs damit auf und hat Konsequenzen für die politische Bildung im Allgemeinen und die entsprechende Bibliotheksarbeit im Besonderen: Wann schlägt notwendige Kritik am Bestehenden in Zynismus, narzisstische Besserwisserei und/oder Wissenschaftsfeindschaft um? Wann wird Meinungsfreiheit zur Hetze und wie sinnvoll ist es, mit Fakten gegen Verschwörungsmythen vorzugehen, wenn ein Teil der Anhängerschaft selbst daran nicht glaubt? Der Soziologe Detlev Claussen hat diese letztgenannte, destruktive Dynamik mit dem Begriff der Alltagsreligion[28] beschrieben und gezeigt, dass es sich hierbei um einen höchst flexiblen Privatglauben handelt, der mit unreflektierter Emotionalität einhergeht und nicht nur zur Faktenresistenz neigt, sondern gerade auch zur Erfindung von Fakten (den sogenannten *alternative facts*). Kommunikations- und Dialogfähigkeit implizieren immer auch Kritikfähigkeit oder anders formuliert: Für Kritik müssen die Einzelnen offen sein, um überhaupt in einen Dialog mit anderen treten zu können und nicht in konformistischem Schweigen oder Rechthaberei zu verharren. Die Tendenz, dass selbst Gesellschaften, die lange als demokratisch gefestigt galten, sich zunehmend (wieder) identitär, aber vor allem auch ökonomisch in unterschiedliche Lager spalten, lässt Kompromiss- und Dialogbereitschaft schwinden. Diese Umstände zwingen Bibliotheken dazu, zwar Räume für Dialoge offen zu halten, aber gleichzeitig auch selbst eine Position zu entwickeln und vor allem zu beziehen.[29] Die Bereitschaft zum Dialog mit denjenigen, die eine andere Meinung vertreten, gehört also genauso dazu wie die Einsicht, dass 1) zum Dialog

---

28 Claussen (2000).
29 Vgl. dazu: Weimarer Erklärung (2019).

auch immer Selbstkritik gehört, 2) folglich nicht mit allen diskutiert werden kann und 3) somit die Wirkung von Bildungsangeboten auch Grenzen hat.

Im Gegensatz zu populistischen und rechtsextremen Antworten setzt kritisches Denken auf ein Mehr an Komplexität. Die wie hier beschriebene politische Bildung kann helfen, komplexe Sachverhalte verstehbar zu machen. Sie stellt sich gegen eine Privatisierung gesellschaftlicher Problemlagen und das Abwälzen der Last auf die einzelnen Individuen. Gleichzeitig sieht sie in der Stärkung der Selbstreflexion – der Fähigkeit, sich selbst zu hinterfragen – das entscheidende und wirkungsvolle Mittel gegen jegliches autoritäre Denken und gegen jegliche Verabsolutierung der eigenen Position. Folglich geht es in diesen Bildungsprogrammen zum einen darum, die gesellschaftlich bedingten Zwänge und somit die eigenen Wirkungsgrenzen nicht zu leugnen, sondern diese eben auch als Tatsache zu vermitteln. Zum anderen darf dies allerdings nicht zu einer Tatsachenfixierung führen, die jegliches Denken in Alternativen ausschließt und zu einem Alles-wie-bisher verdammt.

Gegenwärtige gesellschaftliche Komplexität übersetzbar und somit verstehbar zu machen ist meines Erachtens eine zentrale Aufgabe der Bibliotheken im Bereich der politischen Bildung. Die aktive Rolle im Bildungsprozess, die sie dabei selbst einnehmen können – sei es in Form von Vermittlung von Informationskompetenz, von aufsuchender Bibliotheksarbeit und kontinuierlicher Arbeit mit dem Bestand, von umfassenden Aufklärungskampagnen zu Wahlen, Einbürgerungsverfahren, Rechtsinformationen oder in Form von Moderation und/oder Ermöglichung von Austausch- und Dialogveranstaltungen –, schafft Vertrauen auf Seiten der Nutzenden und zeigt, wie *politisches und soziales Lernen* sinnvoll miteinander verbunden werden kann.

Verlässlichkeit, Regelhaftigkeit und von Dauer – das sind klassische Charakterisierungen von Bibliotheken, die gleichzeitig auch mit den nicht kontrollierbaren Alltagserfahrungen von Menschen umgehen müssen/wollen/können. Wenn politische Bildung Orientierung bieten kann in orientierungslosen Zeiten, dann ist die Bibliothek möglicherweise der passende Ort dazu.

Literaturverzeichnis

Adorno, Theodor W.: Erziehung – wozu? In: Erziehung zur Mündigkeit. Vorträge und Gespräche mit Hellmut Becker 1959–1969. Frankfurt/M.: Suhrkamp 2013. S. 105–119.
Allen, Danielle: The Role of Education in Democracy. 2020a. https://www.gse.harvard.edu/news/20/10/harvard-edcast-role-education-democracy (28.09.2022).
Allen, Danielle: Politische Gleichheit. Berlin: Suhrkamp 2020b.

Bauer, Fritz: Im Kampf um des Menschen Rechte. In: Wegweiser in der Zeitenwende. Hrsg. von Elga Kern. München: Ernst Reinhardt 1955. S. 176–188.

Brown, Wendy: We Are All Democrats Now. In: Theory & Event (2010). H. 13 (2).

Claussen, Detlev: Aspekte der Alltagsreligion: Ideologiekritik unter veränderten gesellschaftlichen Verhältnissen. Hannoversche Schriften. Frankfurt/M.: Verlag Neue Kritik 2000.

Deutscher Bibliotheksverband: Stellungnahme: Bibliotheken und Demokratie. 2019. https://dbv-cs.e-fork.net/sites/default/files/2020-12/Flyer_Bibliotheken_und_Demokratie.pdf (28.09.2022).

Engström, Lisa u. Lisa Olsson Dahlquist: The Will to Activate Library Users and the Making of Citizens: How Different Rationalities Influence the Notion of Participation in a Library Context. In: The Library Quarterly (2020). H. 90 (3). S. 314–331.

Fister, Barbara: The Librarian War Against QAnon. In: The Atlantic, 18. Februar 2021.

IFLA/UNESCO Public Library Manifesto 1994. https://repository.ifla.org/bitstream/123456789/189/1/pl-manifesto-pt.pdf (28.09.2022).

IFLA Trend Report 2019. https://trends.ifla.org/files/trends/assets/documents/ifla_trend_report_2019.pdf. (28.09.2022).

Lupia, Arthur u. Mathew D. McCubbins: The Democratic Dilemma: Can Citizens Learn What They Need to Know? Cambridge: Cambridge University Press 1998.

Kranich, Nancy: Academic libraries as civic agents. In: Discussing Democracy: A Primer on Dialogue and Deliberation in Higher Education. Hrsg. von Timothy Shaffer u. Nicholas Longo. Sterling, VA: Stylus Publishers 2019.

Kranich, Nancy: Libraries and Democracy Revisited. The Library Quarterly (2020). H. 90 (2). S. 121–153.

Mariotti, Shannon L.: Adorno on the Radio: Democratic Leadership as Democratic Pedagogy. In: Political Theory (2014). H. 42 (4). S. 415–442.

Möllers, Christoph: Demokratie – Zumutungen und Versprechen. Berlin: Klaus Wagenbach Verlag 2008.

Negt, Oskar: Soziologische Phantasie und exemplarisches Lernen. Zur Theorie der Arbeiterbildung. Frankfurt/M.: Europäische Verlagsanstalt 1968.

Negt, Oskar: Gesellschaftspolitische Herausforderungen für Demokratiebildung. In: Citizenship Education: Konzepte, Anregungen und Ideen zur Demokratiebildung. Hrsg. von Steve Kenner u. Dirk Lange. Frankfurt/M.: Wochenschau Verlag 2018. S. 21–25.

Przeworski, Adam: Krisen der Demokratie. Berlin: Suhrkamp 2020.

Rethmann, Anne: Politische Bildung in Bibliotheken: Herausforderungen und Potenziale. In: Bibliothek Forschung und Praxis (2022a). H. 46 (2). S. 301–317. doi:10.1515/bfp-2022-0010

Rethmann, Anne: Jenseits des Atlantiks: Politische Bildung in US-amerikanischen Public Libraries. In: BuB. Forum für Bibliothek und Information (2022b). H. 7. S. 388–391.

Roosevelt, Franklin D.: Greetings from the President. In: ALA Bulletin (1941). H. 35 (7).

Weimarer Erklärung über die Grundlagen und Aufgaben historischer, politischer und kultureller Bildung 2019. https://www.weimarer-erklaerung.de/ (28.09.2022).

Wiegand, Wayne: Part of Our Lives: A People's History of the American Public Library. Oxford, New York: Oxford University Press 2017.

Widmaier, Benedikt: Flickenteppich Politische Bildung? Anmerkungen zu einer möglichen Zäsur der Professionsgeschichte. In: Demokratie, Demokratisierung und das Demokratische: Aufgaben und Zugänge der Politischen Bildung. Hrsg. von Moritz Peter Haarmann, Steve Kenner u. Dirk Lange. Wiesbaden: Springer VS 2020. S. 63–79.

Antje Wischmann
Planvoll statt planlos. Demokratieförderung in skandinavischen und deutschen Bibliotheken

Erneuerte Kommunikationsstrukturen der Öffentlichkeit

Jürgen Habermas' soziologischer, demokratietheoretischer Öffentlichkeitsbegriff hat über viele Jahrzehnte das Leitbild von Gemeinsinn und sozialem Zusammenhalt geprägt: Informationsversorgung und Wissensdistribution zielen in einer demokratischen Gesellschaft auf Partizipation ab, dessen deutlichster Ausdruck die Beteiligung an demokratischen Wahlen ist. Das Leitbild weist idealisierte Züge auf, da normative Ansprüche abgeleitet werden sollen. Einige Jahrzehnte nach *Strukturwandel der Öffentlichkeit* (1962) geht Habermas davon aus, dass sein Modell angesichts des medialen, vor allem digitalen Wandels gewisser Aktualisierungen bedarf. Der 1929 geborene Autor vergleicht in seinem kurzgefassten Sammelband *Ein neuer Strukturwandel der Öffentlichkeit und die deliberative Politik* (2022) die Einführung des Internets, insbesondere die Kommunikationsformen in den sogenannten sozialen Medien mit dem medienhistorischen Umbruch, den einst die Einführung des Buchdrucks bedeutete. Diese Analogie bietet auch den Fond für Habermas' kontrastiven Vergleich von Facebook- oder Twitter-Kommunikationen mit entweder den klassischen journalistischen Medien, deren Qualität durch redaktionelle Betreuung gesichert wird und für den Vergleich mit der Briefkommunikation, die eher der persönlichen Nähekommunikation zuzuordnen sei und sich nun auf die potentiell unbegrenzte Reichweite des Netzes ausdehne. Habermas' Annahme eines „erneuten Strukturwandels" (Habermas 2022a) ist überzeugend, und viele Kultur- und Bildungseinrichtungen, von der Universität bis zum Museum und Theater sind momentan damit befasst, ihre Kommunikation mit dem „Publikum" zu überdenken und neu zu entwerfen. Wie konstituiert sich unter den neuen Bedingungen *Bibliotheksöffentlichkeit*?

Der besonders in Skandinavien beliebte Begriff Arena wird in konkreter Bedeutung für den Versammlungs- und Veranstaltungsort, als sozialräumliche Metapher oder zur Veranschaulichung eines Diskursraums verwendet. Habermas geht in seinem Erstling davon aus, dass die „moderne Öffentlichkeit" aus verschiedenen Arenen besteht, „für einen über Druckerzeugnisse, also Bildung, Information und Unterhaltung [z. B. Fernsehen, AW] vermittelten, mehr oder weniger diskursiv ausgetragenen Meinungsstreit".[1] Aus der medienhistorischen Entwicklung ergibt sich, dass heute in zunehmendem Maße Non-Print-Medienerzeugnisse und der Austausch des „Publikums" über digitale, insbesondere soziale Medienkanäle zu berücksichtigen sind. Doch ist nicht gesichert, dass der Arenabegriff, der sich laut Habermas auch auf das „Mediensystem" erstrecken kann, in sinnvoller Weise auf die digitale Domäne ausgeweitet werden kann. Gerade die beschleunigten Konversationen in den sozialen Medien scheinen für sukzessive erfolgende, zeitaufwändige deliberative Prozesse der Aushandlung wenig geeignet. Selten scheint die Entscheidungsfindung gründlich vorbereitet, sondern eine Meinung wird im Gegenteil oft vorschnell bekundet bzw. der eiligen Kommentierung anderer Nutzenden überlassen. Die allmähliche Herleitung und Begründung einer Entscheidung wecken eher weniger Interesse.

Dieser Beitrag nimmt in den Blick, wie die Bibliotheksarena derzeit in einigen skandinavischen allgemeinen Bibliotheken gestaltet wird. Dabei interessiert mich nicht nur das deliberative Prinzip in seinen unterschiedlichen Artikulationsweisen, sondern auch die vom Pressewesen (im Sinne Habermas') auf die bibliothekspolitisch bewusste öffentliche Bibliothek übertragene Denkfigur der *redaktionellen Verantwortung*. Die skandinavischen Bibliothekspläne ebnen den Weg dafür, dass die Mitarbeitenden eine solche Verantwortung übernehmen können. Darüber hinaus stellen sie als kollaborativ verfasste Texte selbst einen Ausdruck von redaktioneller Verantwortung dar.

Im Rahmen einiger Pläne wird beispielsweise von den Planerstellenden erörtert, wie die Flut an Aufgaben, besonders im sozialpädagogischen Bereich, bestmöglich organisiert werden kann oder welche Weiterbildungen zur Medienkompetenz vonnöten sind. Alle Pläne führen Zielsetzungen zur Demokratieentwicklung oder -förderung an. In der Zielformulierung, benachteiligte oder bisher exkludierte Gruppen zur Partizipation zu ermächtigen, kommt ein demokratisiechernder Auftrag zum Ausdruck. Dementsprechend werden Vorschläge präsentiert, um zu vermeiden, dass sich etwa der sogenannte Digitalisierungsrückstand bestimmter Bevölkerungsgruppen als eine Verstärkung der Bildungsbenachteiligung auswirkt. Anhand von teilnehmenden Beobachtungen vor Ort und durch eine Erörterung ausgewählter skandinavischer und deutscher Bibliotheksgesetze und -pläne wird den Fragen nach der Kommunikation in und mit der Öffentlichkeit, der sich wandelnden bibliothekarischen Profession sowie nach der zukünftigen Gewichtung von Print- und Nicht-Print-Medienzeugnissen nachgegangen.

---

1 Habermas (1990b) 21.

Die Bibliotheksarena als konkreter und sinnbildlicher Ort von Öffentlichkeit

Bibliotheken sind sozialräumliche Manifestationen demokratischer Lebensform(en) und infolge ihres gesetzlichen Auftrags demokratische Orte.[2] Sie stellen Öffentlichkeit her, indem sie als Versammlungs- und Begegnungsort fungieren. Indem Öffentlichkeit Habermas zufolge zwischen „Zivilgesellschaft und politischem System" vermittelt,[3] sind Bibliotheken beauftragt, demokratieentwickelnde Äußerungen und Praktiken zu fördern und über den institutionellen Rahmen hinaus zu verbreiten. In dieser Hinsicht ähneln Bibliotheken den historischen Zeitungsredaktionen oder Buchverlagen der sich verständigenden, Meinungen und Überzeugungen bildenden Bürgerschaft, wie sie Habermas in seinem Erstling vor allem für das 18. und 19. Jahrhundert beschreibt. Es ist naheliegend, die Bibliotheksgesetze als eine gemeinsame Verfassung der allgemeinen Bibliotheken zu begreifen. Die Bibliothekspläne wiederum lassen sich mit den selbst gegebenen Regeln analog führen, die eine Redaktion für die eigene journalistische Tätigkeit vereinbart oder für ihre organisatorischen Abläufe bei der Vorbereitung einer Publikation festlegt, wobei der Erfahrungshintergrund und die individuelle Expertise der Redaktionsmitglieder maßgeblich sind.[4] In den von einer Gruppe erstellten Bibliotheksplänen wird in rechtfertigender und reflektierender Absicht über geleistete Einsätze resümiert, es werden eventuelle Revisionen oder neue Initiativen begründet und Maßnahmen für die Zukunft skizziert, wobei demokratiefördernde Projekte meist Vorrang erhalten. Während das jeweilige skandinavische Bibliotheksgesetz auf nationaler Ebene die Grundlage für die bildende und kulturfördernde Arbeit festlegt, sind die Pläne kommunal und regional ausgerichtet. Die Erstellung und Umsetzung von Bibliotheksplänen bietet ein prägnantes Beispiel dafür, wie das Bibliothekspersonal auf der Basis eines deliberativen Prinzips „redaktionelle" Verantwortung übernimmt. Diesen Arbeitsbegriff leite ich aus der Bezeichnung „redaktionelle Öffentlichkeit" ab.[5] Gesetze und Pläne werden mit dem Begriff Leitdokumente zusammengefasst.

Die berühmte Brückenfunktion der demokratischen Bibliotheksinstitution zwischen Zivilgesellschaft und politischem System kann bereits städtebaulich und architektonisch zum Ausdruck kommen. Dies trifft auf die Zentralbibliothek Oodi

---

[2] Die Beispiele im ersten Abschnitt beziehen sich auf skandinavische Bibliotheken, in denen ich seit 2020 Recherchen durchgeführt habe: Die Stadtbibliothek von Uppsala, Södertälje, Dokk1 in Århus, Oodi und Böle Bibliothek (beide in Helsinki).
[3] Habermas (2022a) 9.
[4] Vgl. Wischmann (2022a).
[5] Vgl. Habermas (2022a) 11.

in Helsinki zu, die zwischen der Innenstadt und dem finnischen Parlament errichtet wurde. Diese Bibliotheksarena soll die Nutzer:innen dazu befähigen, sich gleichsam mit dem Blick auf das Parlament eine Meinung zu bilden, in Debatten das Wort zu ergreifen und damit demokratische Rechte und Pflichten auszuleben. Dienen Bibliotheken als Wahllokale, wie vielerorts üblich, ist die Interaktion mit dem repräsentativen liberalen demokratischen Regime erst recht hervorgehoben.

Redaktionell verantwortlich ist das Bibliothekspersonal ganz offensichtlich bei der inhaltlichen Ausrichtung des Veranstaltungsangebots, wie etwa das dicht getaktete kulturelle Tagesprogramm von Dokk1 in Århus anschaulich vorführt. Das dortige Personal hatte sich 2022 entschieden, das Thema Nachhaltigkeit in unterschiedlichen Formaten umzusetzen, sei es im regelmäßig stattfindenden Repair Café, in klimapolitischen Podiumsdiskussionen oder im sog. Demokratie-Fitnesstraining.[6] Mittels der Programmgestaltung wird eine Agenda gesetzt und damit offiziell ausgewiesen, welche Themen für gesellschaftsrelevant erachtet werden.

Bildungsarbeit, insbesondere die Vermittlung von Orientierungswissen und Sprachkenntnissen an Geflüchtete und Neuankömmlinge, findet mit dem ausdrücklichen Ziel einer Erhöhung der Chancengleichheit statt. Sozial- und medienpädagogische Einsätze haben zu einer Erweiterung und Vervielfachung an Bibliotheksaufgaben geführt. Oft sind die jeweiligen Schwerpunkte der Integrationspolitik an diesen – befürworteten oder abgelehnten – Fördermaßnahmen in Bibliotheken unschwer abzulesen. Während und nach der Krise von 2015 leisteten schwedische Bibliotheken Erstaunliches, um Geflüchteten Orientierung und Beratung zu bieten. Die kompensatorischen Aufgaben stellten dabei die Voraussetzungen her, um demokratiefördernde Maßnahmen überhaupt implementieren zu können. Häufig ermöglicht ein Bürgeramtsservice, evtl. unter Mitwirkung von Dolmetschenden, den Erstkontakt zu den neu angekommenen Personen. Die Bestrebung, Bürgerämter, Behörden und Schulen an die Bibliotheksarena anzuschließen und so Kontaktzonen zu schaffen, hat großen Zuspruch gefunden.

Folgt man der Habermastradition, ist die Bibliotheksarena „Kommunikationsraum" und potentieller Ort einer „redaktionellen Öffentlichkeit"[7]. Nicht nur professionell ausgewiesene Akteur:innen beteiligen sich redaktionell, sondern auch die Bibliotheksbesuchenden selbst, die in unterschiedlicher Intensität zu Mitwirkenden, Intervenierenden und eventuell gar Autor:innen werden können.[8] Veranschaulicht wird dieses Recht einzugreifen und Spuren in den Entscheidungsprozessen zu hinterlassen, beispielsweise durch die Mitwirkung von Århusianer:innen in der Planungsphase von Dokk1. Schon vor Baubeginn wurden von den

---

6 Vgl. Wischmann (2022b).
7 Vgl. Habermas (2022a) 11.
8 Vgl. Habermas (2020) 104.

beteiligten Bürger:innen der mit dem Hafenareal verbundene Name Dokk gewählt. Die Etappen des ausgeschriebenen Architekturwettbewerbs wurden von einem bürgerschaftlichen Forum mitverfolgt und kommentiert. So konnten über mehrere Jahre Mitbestimmungsrechte wahrgenommen werden, die auch die weitere kommunale Entwicklung und den (trans-)nationalen Kulturstandort Århus beeinflusst haben.

Bestimmte planerische Schwerpunkte manifestieren sich darüber hinaus in der Inneneinrichtung und bei der Bespielung der Arena. Die gesetzlichen Anweisungen und die Planvorgaben, spezielle Angebote für die priorisierten Gruppen zu entwickeln, konkretisiert sich etwa in thematischen Büchertischen, Ausstellungen oder Plakaten. Neuankömmlinge und Sprachlernende werden beispielsweise in der Stadtbibliothek Uppsala durch Regale mit den Beschriftungen „Neu in Schweden" und „Neue Bücher in einfacher Sprache" adressiert, die im zentralen Saal aufgestellt sind.[9] Die Plakate mit Hinweisen für den Neustart in Schweden (https://www.informationsverige.se/sv/hem.html) sind in acht Sprachen verfasst. Eine dezidierte Ausrichtung auf Sprachlernende und der hohe Stellenwert mehrsprachiger Bestände bildet eine schwedische Besonderheit. Selbst wenn Inklusion, Literatur- und Leseförderung in vielen europäischen Bibliotheksgesetzen hervorgehoben werden, zeugt doch die Bereitstellung vieler Regalmeter nicht-schwedischer Literatur in 80 Sprachen (Uppsala stadsbibliotek) von dem Versuch, hinsichtlich des Sprachgebrauchs unterschiedliche Teilöffentlichkeiten zum kommunikativen Austausch anzuregen.

Konkurrenz und Verbund: *physisch-konkret* und *digital*

Die Zusammenführung von physischen und digitalen Komponenten der Bibliotheken steht am Anfang und bietet einige Herausforderungen. Angesichts einer übergreifenden Konzeptualisierung herrscht noch eine gewisse Ratlosigkeit. Ein stereotypischer Entwurf des Digitalen als *nicht-materiell, virtuell* oder *nicht real* hat sich inzwischen als beinahe irreführend erwiesen. Dies kann ein Gang in die Stadtbibliothek von Uppsala oder in eine andere europäische Bibliothek, die Computerarbeitsplätze mit PCs und großen Monitoren bereitstellt, unmittelbar veranschaulichen. Es entsteht rund um diese Einzelgerät-Stationen ein spezielles Set-

---

9 Stand Dezember 2022. Alle Übersetzungen aus dem Schwedischen, Dänischen und Norwegischen stammen von der Verfasserin. Aus Platzgründen wird bei übersetzten Begriffen oder Passagen das skandinavische Originalzitat nicht mitaufgeführt.

ting, das in der Netzwerkfiguration aus Gerätschaften, den speziellen Funktionsmöbeln und den Anwendenden selbst begründet ist. In diesem Ambiente, in dem die Rezipierenden manchmal verinselt und manchmal in einer zeitweiligen Aktivitätsgemeinschaft tätig sind, kann es für vorbeigehende Besuchende zu einer Verdopplung des eigenen Kommunikations- und Wahrnehmungsraums kommen: Sie hören oft in gedämpfter Form Sprachfetzen, Geräusche, Musik aus den Filmen, Hörbüchern, YouTube-Clips oder Spielen mit und können sich vielleicht spekulativ eine Auffassung von diesen Medienprodukten machen. Die Rezipierenden und Spielenden sind dennoch dabei ebenso wenig oder genauso stark in der sog. virtuellen Welt verschwunden, wie Lesende zwischen den Buchseiten abhandenkommen, wenn sie in eine literarisch dargestellte Welt eintauchen.

Die digitale Domäne erregt immer dann Anstoß, wenn zum Beispiel die Deregulierung und Kommerzialisierung der sozialen Medien, Filterblasen und Fehlinformationen fokussiert werden. Genau aus diesem Grund ist das Interesse an den Lösungsvorschlägen groß, die skandinavische Bibliothekspläne und andere Leitdokumente formulieren. Eine Bibliothek, der es gelingt, planvoll eine digitale Infrastruktur aufzubauen und zu distribuieren, könnte eine Vorbildfunktion für alle Arten von Bildungseinrichtungen übernehmen. Die Pandemie hat viele Anwendende mit hybriden Konstellationen bekannt gemacht, so dass es nicht mehr zeitgemäß wäre, das Physische und das Digitale gegeneinander auszuspielen. Statt an anachronistische Stereotypen von Sein und Schein festzuhalten, ist nun über eine komplementäre Gewichtung von Print- und Non-Print-Medienerzeugnissen und deren wechselseitige Erhellung nachzudenken.

Ein interessantes Statement zur Kräfteverteilung der Medienerzeugnisse untereinander geht mit der Benennung der Bibliothek Oodi einher: In einer Abstimmung entschieden die Nutzer:innen, die neue Hauptbibliothek in Helsinki feierlich nach der literarischen Gattung Ode zu benennen, womit nicht nur die Literatur- und Leseförderung akzentuiert wird, sondern auch eine Präferenz für Print-Medien zum Ausdruck kommt. Eine solche Markierung des traditionellen Buchs wird mit der Bezeichnung der obersten Etage von Oodi als „Buchhimmel" abermals betont. Unter der wellenförmig gewölbten, perforierten Decke stehen die Bücherregale mit viel Luft nach oben im weitläufigen Lesesaal. Ein Bekenntnis zum Buch ist offenbar keineswegs veraltet, schon gar nicht, wenn die Aktivitäten im Bibliotheksgebäude und das Verhalten der Nutzenden und des Personals einen simultanen Gebrauch unterschiedlicher und ungleichzeitiger Medien und Medienerzeugnisse mitkommunizieren. In Oodi führen der mit einem Chatbot versehene, interaktive Digitalkatalog Obotti sowie die leise herumfahrenden autonomen Buchsortierwagen vor, wie physische und digitale Komponenten interagieren. In der Abstimmung von Inneneinrichtung, Personaleinsatz und datentechnologischem Equipment kommt ein redaktioneller Gestaltungswille zum Tragen: Oodi macht mit neuen IT-Errungenschaften bekannt, doch bleibt das Personal an den gleichmäßig verteilten Informationstheken präsent und ansprechsprechbar.

Bibliotheksgesetze und -pläne

Bibliotheksgesetze sind in Deutschland weiterhin im Kommen, in Skandinavien dagegen seit langem bewährte Leitdokumente. Sie stellen in Skandinavien wiederum den Orientierungsrahmen für die Bibliothekspläne, die eine eigens gebildete Gruppe des Personals in regelmäßigen Abständen entwickelt. Diese Pläne sind in Schweden besonders verbreitet, obgleich dort ein Bibliotheksgesetz vergleichsweise spät (1996) eingeführt wurde. Insgesamt können ca. 80 % aller schwedischen Bibliotheken einen Plan aufweisen. Für Norwegen ist die Abdeckung durch Pläne ebenfalls sehr hoch. In Dänemark ist das Genre des Bibliotheksplans zwar vertreten,[10] aber die Leitsätze für die Demokratieentwicklung kultureller Einrichtungen sind auch in andere dänische Publikationen eingespeist, beispielsweise in Strategiepapiere zur kommunalen Entwicklung, zur Digitalisierungspolitik oder regionalen Kulturförderung. In Finnland gibt es zwar die Textsorte Bibliothekspläne nicht, stattdessen ist ein beeindruckend nuancierter deliberativer Prozess für die Planung, Rechtfertigung und Evaluierung der Bibliotheksarbeit vorgeschrieben.[11]

Im Folgenden werden neben den vier skandinavischen Gesetzen sechs Bibliotheksgesetze aus deutschen Bundesländern herangezogen, in chronologischer Reihenfolge für Thüringen, Sachsen-Anhalt, Hessen, Rheinland-Pfalz, Schleswig-Holstein, Niedersachsen aus dem Zeitraum 2008 bis 2022. Gemessen an diesen seriösen Quellen tritt plastisch hervor, wie abwechslungsreich die skandinavischen Bibliothekspläne gestaltet sind. Die Auswahl wurde nach digitaler Zugänglichkeit und zeitlicher Verteilung getroffen: Nordland (Norw.) 2014, Oslo 2018, Kopenhagen 2019, Stockholm 2021, Sandefjord (Norw.) 2021, Södertälje 2022. Meine Erörterungen zielen nicht auf einen systematischen Vergleich ab, sondern sind von den drei Aufmerksamkeitsfeldern geleitet, die sich aus den oben skizzierten Recherchen vor Ort ergeben haben: Öffentlichkeitskonzept, Ausdifferenzierung der Bibliotheksarbeit, Verhandlung der physischen und digitalen Komponenten.

---

10 Siehe das herangezogene Beispiel des Kopenhagener Plans, wohingegen etwa Dokk1 in Århus nach einem eigenen kommunalen Modell arbeitet.
11 Vgl. Schleihagen (2008) 6.

Sondierungen zu ausgewählten skandinavischen Beispielen

Im finnischen Bibliotheksgesetz ist die Demokratieförderung nachdrücklich verankert und in einen aussagekräftigen Kontext eingebettet: eine aktive Mitbürgerschaft, Demokratie und Meinungsfreiheit / Rede- und Pressefreiheit sind als ein Teilziel des institutionellen Auftrags genannt: Als vorbereitende Maßnahmen gelten: (1) gerechte Chancen auf Bildung und kulturelle Teilhabe, (2) der Zugang zu Information und die Möglichkeit, diese anzuwenden, (3) Lesekultur und vielseitige Lesekompetenz und (4) die Option lebenslangen Lernens und einer entsprechenden Entwicklung von Fertigkeiten und Fähigkeiten. Die gemeinsame Prämisse für diese Zielsetzungen sind wiederum Gemeinsinn, Pluralismus und kulturelle Vielfalt.[12] Der berühmte Portalparagraph des schwedischen Gesetzes ist ebenso deutlich: „Die öffentlichen Bibliotheken sollen sich für die demokratische Entwicklung der Gesellschaft einsetzen, indem sie zur Wissensvermittlung und zur freien Meinungsäußerung beitragen. [Sie] sollen die Position der Literatur stärken und das Interesse an Bildung, Aufklärung, Ausbildung und Forschung sowie an kulturellen Tätigkeiten im weiteren Sinne fördern. Die Bibliotheksangebote sollen für alle zugänglich sein."[13] Mit der Erwähnung der Aufklärung wird abermals die Brücke zum Habermas'schen Öffentlichkeitskonzept geschlagen. Das dänische und das kurzgefasste norwegische Bibliotheksgesetz kommen erstaunlicherweise ohne die explizite Nennung des Demokratiebegriffs aus, obgleich das Thema fraglos auf der Agenda aller skandinavischen Bibliotheken steht.

Die demokratiesichernde Funktion eines Bibliotheksgesetzes wird momentan in Schweden eindringlich unter Beweis gestellt. Da im Herbst 2022 eine konservative Minderheitsregierung gebildet wurde, die in hohem Maße Zugeständnisse an die rechtspopulistischen Partei *Sverigedemokraterna* (offiziell in der Opposition) macht, ist es von elementarer Bedeutung, dass unter Berufung auf das Gesetz eine nationalistische und fremdenfeindliche Kulturarbeit abgewehrt werden kann. Der Fall der Bibliothek Sölvesborg, in der SD-Kommunalpolitiker:innen gegen das sogenannte Prinzip der Armlänge Abstand verstießen, direkten Einfluss auf die Programmgestaltung nahmen und gegen die Anschaffung nicht-schwedischsprachiger Materialien protestierten, hat Empörung sowohl in den Fachorganen als auch in den breiten journalistischen Medien ausgelöst.[14] Die Forderung, das Bibliothekspersonal damit zu beauftragen, eine polizeiliche Meldung über sog. ille-

---

12 Undervisnings- och kulturministeriet (2022), Abs. 2.
13 Kulturdepartementet (2013) §2.
14 Vgl. Guwallius (2022).

gale Geflüchtete vorzunehmen und damit denunziatorisch tätig zu werden, konnte unter Berufung auf das Bibliotheksgesetz ebenfalls abgewiesen werden.[15]

Topos Arena

„Die öffentlichen Bibliotheken sollen ein unabhängiger Begegnungsort und eine Arena für das öffentliche Gespräch und die öffentliche Debatte sein." – „Folkebibliotekene skal være en uavhengig møteplass og arena for offentlig samtale og debatt."[16] – so der Wortlaut des norwegischen Bibliotheksgesetzes. In den ausgewerteten norwegischen Dokumenten taucht der Begriff *Arena* leitmotivisch auf. Das Bekenntnis zu Begegnung, Austausch und Debatte[17] bedarf allerdings im Zeichen der Digitalisierung einer Aktualisierung. Der Osloer Bibliotheksplan gibt an, dass in und durch die Arena der öffentlichen Bibliotheken ‚Demokratie gebaut' und ‚Wissen geteilt' würden.[18] Eine „kunnskapsarena" (Wissensarena) und eine „kulturarena" bestehen gemeinsam, wobei die jüngere Begriffsprägung „inkluderende arena" (inklusive Arena) eine Erweiterung des Publikums anstrebt, das sich im Sinne der Öffentlichkeit betätigt.[19] In den skandinavischen Leitdokumenten werden drei priorisierte Zielgruppen genannt, für die spezielle Investitionen und Ressourcen vorgesehen sind: Kinder und Jugendliche, Menschen mit Funktionsbeeinträchtigungen (neuerdings: Funktionsvariationen) und die nationalen Minoritäten. Als Ort für Kulturveranstaltungen und als Debattenforum verhilft die Arena den an Kultur und Politik Teilhabenden zu ihrer Ermächtigung.[20]

Der Plan der Uppsala Stadtbibliothek kombiniert Arena und Akteur dergestalt, dass die Bibliothek als ein aktiver Part inszeniert wird.[21] Dementsprechend wird ein Narrativ des Fortschritts aufgebaut, von einer erfolgreichen Adressierung über Mitwirkung, Teilhabe und Mitbestimmung bis hin zur Beteiligung an Wahlen. Bereits der wohlmeinende Vorsatz, die Repräsentation von Diversität zu verbessern und Kontroversen zuzulassen,[22] zeugt von einer anspruchsvollen Selbstverpflichtung auf Seiten der Planerstellenden. Obgleich sich der Stockholmer Bi-

---

15 Vgl. Forsell (2022).
16 Kultur- og likestillingsdepartementet (2013) §1.
17 Vgl. Nordlands Fylkeskommune (2014) 23.
18 Oslo kommune. Byrådet (2018) 9.
19 Vgl. Oslo kommune. Byrådet (2018) 8, 13.
20 Vgl. Oslo kommune. Byrådet (2018) 19; vgl. Stockholms stad (2021) 11, 9.
21 Vgl. Region Uppsala (2019) 3–6.
22 „Critical Library Studies" fordern dazu auf, in der Bibliotheksarbeit die Entstehung von Gegenöffentlichkeiten anzuregen, vgl. Rivano Eckerdal u. Carlsson (2018); Rivano Eckerdal, Olsson Dahlquist u. Engström (2020).

bliotheksplan prinzipiell für Neutralität ausspricht, wird dennoch angeregt, auf umstrittene Medienzeugnisse nicht zu verzichten, um eine Bandbreite an Positionen zu veranschaulichen und vertiefende Diskussionen sowie die Revision von Standpunkten anzuregen.[23] Wie die Balance zwischen Neutralität und ethisch-politischer Stellungnahme zu halten sei, ist ein wiederkehrender Streitpunkt in den bibliothekspolitischen Debatten. Die grundrechtliche Meinungs- und Meinungsäußerungsfreiheit hinsichtlich politischer, ideologischer und religiöser Fragen seien zu wahren, um den demokratischen, gesellschaftsrelevanten und literaturfördernden Auftrag der Bibliothek erfüllen zu können, hält der Stockholmer Plan fest.[24]

Der Anspruch an das Bibliothekspersonal, Aspekte aus dem tagesaktuellen Stoff[25] auszuwählen, die zur demokratiefördernden Bildung der Nutzer:innen beitragen, ähnelt der journalistischen Tätigkeit, gesellschaftsrelevante Fragen für ein Publikum auszuwählen am meisten. Wird die Bibliothek als Kreuzungspunkt von Diskursen bestimmt,[26] treten die bildlichen Parallelen zu einer fortwährenden Redaktionssitzung umso mehr hervor. Ein vieldeutiges Raumkonzept, das die zentrierende und versammelnde Funktion der Bibliothek ebenfalls herausstellt, ist das Bild einer „Radnabe", eines Dreh- und Angelpunktes, das der Bibliotheksplan von Södertälje bemüht: „eine Nabe für das öffentliche Gespräch und die Demokratieentwicklung, mit Hilfe derer alle die Möglichkeit erhalten, an einem neutralen Ort an demokratischen Gesellschaftsprozessen teilzuhaben".[27]

Im Kopenhagener Plan von 2019 findet der „frirum" (Freiraum) Erwähnung, wohlgemerkt in Bezug auf die konkreten Bibliotheksräumlichkeiten und nicht auf das digitale Milieu.[28] Der offene Freiraum lässt in seiner Unbestimmtheit zu, sowohl die Funktionen des Wohnzimmers, Makerspace, Labors oder Ateliers zu übernehmen. Der Stockholmer Plan greift ebenfalls auf die sinnfällige Metapher der Offenheit zurück, wobei digitale Anschlussmöglichkeiten mitgedacht werden: Während der Pandemie sei nämlich nachdrücklich klar geworden, dass die Bibliotheken als „stadens öppna platser" (offene Plätze und öffentliche Orte der Stadt) die grundlegende digitale Infrastruktur bereitgestellt hätten.[29]

Nur ein Plan erwähnt explizit eine digitale Arena,[30] die vereinfachend dem physischen Raum der Bibliothek gegenübergestellt ist. Die Södertälje-Bibliothek

---

23 Vgl. Stockholms stad (2021) 22.
24 Vgl. Stockholms stad (2021) 4, 11, 22.
25 Vgl. Nordland Fylkeskommune (2014), 17, vgl. ebd., 43. Vgl. Habermas (1990a), 125.
26 Stockholms stad (2021) 9; vgl. Habermas (1990a) 125–126.
27 Vgl. Södertälje kommun (2022) 6.
28 Vgl. Københavns kommune (2019) 9.
29 Stockholms stad (2021) 33, vgl. ebd. 33.
30 Vgl. Södertälje kommun (2022) 10.

hebt hervor, dass eine „digitale Partizipation" erforderlich sei, um an demokratischen Gesellschaftsprozessen mitzuwirken.[31] Gerade auf die demokratische Teilhabe jugendlicher Nutzenden komme es hierbei an, da junge Menschen mit ihren politischen Einflussmöglichkeiten vertraut gemacht werden sollten.[32] Die Bibliotheksplan-Erstellenden sind dazu verpflichtet, bisher absolvierte oder laufende Projekte zur Demokratieförderung auszuwerten und entsprechende weitere Fördermaßnahmen darzulegen.

Bibliothekspläne schreiben, um die eigene Partizipation zu verwirklichen

Im finnischen Gesetz erhalten die Mitarbeitenden vergleichsweise große Aufmerksamkeit: Es sei ausreichendes und kompetentes Personal bereitzustellen. Von ihm hänge es ab, ob der Bibliotheksauftrag überhaupt erfüllt werden kann.[33] Leitendes Personal muss ein Studium der Bibliothekswissenschaft absolviert haben und über einen Universitätsabschluss auf Masterniveau verfügen.[34] Aus dem Vermerk, dass ein akademischer Abschluss auch für viele weitere Tätigkeiten erwünscht sei, geht hervor, dass der bibliothekarische Beruf nach finnischem Recht hohe Anerkennung genießt.[35] Übereinstimmend wird im norwegischen Gesetz festgeschrieben, dass eine fachspezifische Bibliotheksausbildung notwendig ist, um eine Leitungsfunktion auszuüben.[36] Laut dänischem Gesetz muss die Bibliotheksleitung fachlich ausgewiesen sein,[37] wobei diese entsprechende Spezialisierung nicht näher bestimmt wird. Im schwedischen Gesetz wird das Personal dagegen nicht erwähnt, stattdessen dominiert die abstrahierte institutionelle Perspektive.

Generell ist zu konstatieren, dass die Pläne es möglich machen, die Beantragung von kommunalen Mitteln bzw. von zusätzlichen Ressourcen vorzubereiten oder den Bedarf an Weiterbildungen zu begründen.[38] Im Bibliotheksplan der Stadtbibliothek Uppsala wird der Kompetenzverbesserung des Personals große Bedeutung beigemessen, just um der gewandelten Arbeitsplatzsituation gerecht

---

31 Vgl. Södertälje kommun (2022) 6, 9.
32 Vgl. Södertälje kommun (2022) 10.
33 Vgl. Undervisnings- och kulturministeriet (2022) § 6.
34 Vgl. Undervisnings- och kulturministeriet (2022), § 17.
35 Vgl. Undervisnings- och kulturministeriet (2022), § 17.
36 Vgl. Kultur- og likestillingsdepartementet (2013) § 7.
37 Vgl. Kulturministeriet (2013) § 3, Abs. 3.
38 Vgl. Troms Fylkeskommune (2016) 5, 9.

zu werden. Wie in vielen Plänen gilt dabei die veränderte Nachfrage der Nutzer: innen als das entscheidende Argument für maßgeschneiderte Fortbildungsmaßnahmen: Um sich den priorisierten Gruppen angemessener widmen zu können, muss das Personal Wissen, Fähigkeiten und Fertigkeiten ausbauen.[39] Dies ist nur zu leisten, wenn Teams aus Personen mit unterschiedlichen Fachprofilen zusammenarbeiten.

Im Södertälje-Plan wird vermerkt, dass an der Erstellung des Bibliotheksplans Personal der öffentlichen und der Schulbibliothek beteiligt waren,[40] diese Kooperation scheint konsequent angesichts des selbst gewählten Schwerpunkts der Jugendarbeit. Nicht nur soziale Einrichtungen und kommunale Behörden sind um Feedback zum Plan gebeten worden, sondern auch Vereinigungen für funktionsbeeinträchtigte Menschen und Rentner:innen.[41] Die institutionellen Allianzen sind also sowohl inhaltlich als auch strategisch begründet.

Der Grad der Formalisierung der Pläne ist recht unterschiedlich und charakteristischerweise von den Ambitionen und Präferenzen des beteiligten Teams abhängen. Der norwegische Nordland-Plan gibt an, dass je nach Bedarf strukturelle Instrumente und eine formalisierte Kooperation innerhalb der Kommune einzusetzen seien, um die Zielsetzungen realisieren zu können.[42] Die Pläne bieten ein flexibles Regelwerk, über dessen Ausformung das Personal selbst entscheidet.

Bücher und *andere* Medien

In ihrer Frühphase bedrohte die sogenannte Digitalisierung die Bibliotheken, wobei nicht ohne Grund die Schließung physischer Bibliotheken zugunsten digitaler Filialen befürchtet wurde. Inzwischen können sich viele öffentliche Bibliotheken ihrer neuen Vermittlerrolle im Umgang mit digitalen Medien sicherer annehmen. Oft wird eine ausgewogene Verteilung angestrebt: „Bücher und andere Medien sind gleichgestellt."[43] Das übergeordnete Bibliotheksziel bleibe, so ein aktueller Stockholmer Plan, die Begegnung zwischen Büchern und Menschen.[44] In neueren skandinavischen Plänen lässt sich heute sogar ein Trend zur Neubewertung der Buchkultur beobachten. Mitunter wird die Gleichstellung der Medien jedoch in verräterischen Denkfiguren zum Ausdruck gebracht, so dass auf Bücher und das

---

39 Region Uppsala (2019) 11.
40 Vgl. Södertälje kommun (2022) 3.
41 Vgl. Södertälje kommun (2022) 3.
42 Vgl. Nordland Fylkeskommun (2014) 31.
43 Vgl. Nordland Fylkeskommun (2014) 29.
44 Vgl. Stockholms stad (2021) 4, 29.

Andere der Bücher geschlossen werden kann. Mal wird der Vorsprung des Digitalen vor dem Hintergrund des Print-Buchs modelliert, mal bleibt das Buch im Präsenzbestand die Kontrastfolie für die Beschreibung der Handhabung digitaler Lektüre.

Wie mit dem „Bücherhimmel" von Helsinkis Ode an die Literatur angedeutet, hat sich der unreflektierte Early-adopter-Enthusiasmus gegenüber digitalen Angeboten mittlerweile abgeschwächt. „Digitalisierung ist ein Instrument, kein Zweck an sich",[45] heißt es in der dänischen Digitalisierungsstrategie von 2022. Dementsprechend scheint man den *digital divide* nun nicht mehr um jeden Preis auf datentechnologischem Wege überwinden zu wollen, sondern sieht ein, dass besondere Unterstützungsmaßnahmen oder auch analoge Alternativen bereitzuhalten sind,[46] was zuvor keine nennenswerte Option war.

Im Kopenhagener Plan werden drei ideale Zielgruppen umrissen: a) die der eifrigen Lesenden, womit wie nebenbei eine Vorrangstellung von Buchtexten (Print, E-Buch) angezeigt ist; b) die der sogenannten kritischen Kulturverbrauchenden, die quellenkritisch und qualitätsbewusst seien – also über eine aktuelle Informations- und Medienkompetenz verfügen müssen; c) der engagierten Bürger:innen, die offenbar bereits durch Demokratieförderung stimuliert werden konnten und diese Fähigkeit nun weiterentwickeln.[47] Vielleicht ist jetzt mediengeschichtlich eine dritte Phase erreicht, eine Art digitale Konsolidierung mit einer Bereitschaft zu kritischen Revisionen und von dem neuen Erfahrungswissen getragen, dass sich ältere und neuere Medien bzw. Medienerzeugnisse parallel und kombiniert einsetzen lassen.

Die allgemeine optimistische Annahme, dass durch digitale Angebote die Zugänglichkeit, Reichweite und vor allem die Zahl neuer Nutzer:innen gesteigert werden können, besteht insgesamt fort.[48] Ein norwegischer Bibliotheksplan gibt allerdings zu bedenken, dass allein digital erschließbare Informationen mit neuen Ungerechtigkeiten bei der Bereitstellung von Ressourcen einhergehen können.[49] Die neuen Grenzen des Internets ziehen vermehrt Aufmerksamkeit auf sich.

Obgleich das finnische Gesetz jüngst eine Aktualisierung erfahren hat, finden dort die Termini digital bzw. physisch ebenso wenig Erwähnung wie im dänischen und norwegischen Gesetz. Mit dem quasi zeitlosen Begriff „multimedier" (Multimedien) ist eine dänische Passepartout-Bezeichnung kreiert worden, so

---

45 Vgl. Digitaliseringsstyrelsen (2022) 7.
46 Vgl. Digitaliseringsstyrelsen (2022) 11.
47 Vgl. Københavns kommune (2019) 6.
48 Vgl. Digitaliseringsstyrelsen (2022) 11; vgl. Københavns kommune (2019) 17, 20.
49 Vgl. Nordland Fylkeskommune (2014), 27.

dass man für die sicher bald anstehende Novellierung der Leitdokumente gut gerüstet ist.

Die Kopenhagener Bibliothek propagiert eine sprichwörtliche *Ausstellung* von Büchern in deren materieller Präsenz; die Buchcover sollen offenbar erst zum in die Hand nehmen, dann zum Blättern und schließlich zum Ausleihen animieren.[50] Die Fokusgebiete der Sandefjord-Bibliothek zeichnen sich wiederum durch eine ausgewogene Gewichtung von Präsenz, digitalen und hybriden Angeboten aus.[51] Im Stockholmer Plan (2021) wird von einer Komplementarität des Physischen und Digitalen ausgegangen, doch mag dies einem Wunschbild von Balance und wechselseitiger Bereicherung entspringen.[52] Die demonstrative Gleichstellung des konkreten und des digitalen Besuchs führt dazu, statistische Rekorde vermelden zu können: Die öffentlichen Bibliotheken Stockholms können 11 700 000 Besuche im Jahr aufweisen, von denen 6 700 000 digital stattgefunden hätten.[53] Eigentlich ist eine paradoxe Bewegung zu beobachten, zum einen wird die phänomenologische Beschaffenheit von *physisch* und *digital* auf eine veraltete Dichotomie hin zugespitzt, zum anderen ein reibungsloses Zusammenwirken im Verbund propagiert.

Bei der Zusammenschau der Pläne lassen sich vier Gruppen von Medienerzeugnissen bzw. Bibliotheksmaterialien identifizieren: a) Print-Bücher, b) digitale literaturbezogene Medienerzeugnisse, die neue oder remediierte Formen der literarischen Rezeption geschaffen haben, c) digitale sachbezogene Medienerzeugnisse, d) Filme, Spiele und Musik, die mit Hilfe konventioneller Einzelmedien oder digitaler Endgeräte rezipiert werden. Die neuartigen distributiven Begrenzungen, die aufgrund von Lizenzen, Verträgen und Abonnements im Rahmen der digitalen Nutzung entstehen, wirken sich auf die Materialien-Gruppen b), c) und d) aus. Vor diesem Hintergrund erscheinen die Bücher nun beinahe heldenhaft autonom: stromlos und vom Netz unabhängig, für eine unkomplizierte Langzeitspeicherung geeignet.

Wird jedoch behauptet, dass Inhalte der digitalen Bibliothek gänzlich ohne Daten- bzw. Zeichenträger vermittelt würden,[54] verkennt dies den Umstand, dass jede Kommunikationssituation von Materialität und Medialität geprägt ist. Ebenso wenig wie das Internet ortlos ist, könnte die digitale Bibliothek dies sein. Jede mobile Audiodatei und jedes Digitalisat muss einen physischen Speicherort haben, auch wenn abstrahierte Koordinaten zu verwenden sind, um die Platzierung zu

---

50 Vgl. Københavns kommune (2019) 25.
51 Vgl. Sandefjordbibliotekene (2021), 8–9.
52 Vgl. Stockholms stad (2021) 5, 34.
53 Stockholms stad (2021) 7.
54 Vgl. Nordland Fylkeskommune (2014) 27.

bestimmen. Doch sind digitale Medienerzeugnisse an andere Orte gebunden als nicht-digitale. Sie können unabhängig und in Bezug aufeinander genutzt werden:

> Ein großes Potential liegt darin, dass der *analoge* und der *digitale* Bibliotheksraum sich wechselseitig stärken, so dass Zugänglichkeit, Sichtbarkeit und Relevanz gesteigert werden. Die Aktivität, die im physischen Raum stattfindet, kann über digitale Kanäle zugänglich gemacht werden. Was wiederum in den digitalen Kanälen passiert, kann in den physischen Raum vermittelt und integriert werden.[55]

Zukünftig ist also genau zu verfolgen, ob digitale Medienerzeugnisse im Verhältnis zum Buch – auf eher plakative und kaum erhellende Weise – eine alteritäre Position behalten. Dabei erscheint besonders vielversprechend zu analysieren, wie die vagen Kontaktstellen von physischer und digitaler Bibliothek vom Personal, den Nutzer:innen und aus Forschungsperspektive konzeptualisiert und beschrieben werden.

Sondierungen zu ausgewählten deutschen Beispielen

Ein verräumlichtes Konzept von Öffentlichkeit

Gerade in Krisenzeiten ist die stabilisierende Funktion von Gesetzen und Plänen nicht zu unterschätzen. Die „Orientierungs- und Argumentationshilfe", von der Barbara Schleihagen schon 2008 sprach,[56] betrifft über die Gesetze hinausgehend die Selbstvergewisserung und möglicherweise auch die ethisch-politische Positionierung des Bibliothekspersonals, wie in den vorausgegangenen Abschnitten gezeigt wurde.

Indem in den Gesetzestexten durchgängig Begegnung und Kommunikation angesprochen sind, und sobald von „demokratischer Willensbildung"[57] oder von der Teilhabe an der „gesellschaftlichen und politischen Willensbildung"[58] die Rede ist, tritt die Habermas-Linie abermals hervor, wenn auch nicht so überdeutlich wie in den norwegischen Leitdokumenten. Dazu kommt, dass Arena im Deutschen weniger an Habermas, sondern an sportliche Großveranstaltungen oder

---

55 Vgl. Oslo kommune. Byrådet (2018) 14.
56 Schleihagen (2008) 15.
57 Landtag Schleswig-Holstein (2016), Präambel; zum Begriff „Willensbildung" stellvertretend Habermas (2022c), 89.
58 Landtag Sachsen-Anhalt (2010) § 8.

Festivals denken lässt. Die in den Gesetzen erfassten öffentlichen Begegnungen können sozialer Art sein oder sich auf Kultur und Bildung beziehen, wie das neueste, niedersächsische Gesetz zur Kulturförderung herausstellt, das auch Bibliotheken umfasst.[59] „Die Kulturförderung folgt den Grundsätzen einer demokratischen und pluralistischen, integrativen und inklusiven Gesellschaft und trägt nachhaltig zu ihrer Verwirklichung bei."[60] In dieser Formulierung scheint die Habermas-Orientierung eine Auffrischung erfahren zu haben.

Am eindrücklichsten wird eine Öffentlichkeit, die Bibliothek konstituiert und darstellt, im Mustergesetz dargeboten: „Bibliotheken sind durch kulturelle Veranstaltungen in der Öffentlichkeit präsent".[61] Das Schleswig-Holsteiner Gesetz spricht von einer überregionalen „Verantwortung" für „die bibliothekarische Grundversorgung der Öffentlichkeit".[62] Vor der Kontrastfolie der reichhaltigen skandinavischen Bibliothekspläne präsentieren sich die Gesetzestexte überwiegend kompakt und generalisierend: Der institutionelle Entstehungskontext und die Textsorte sehen erwartungsgemäß keine Konkretisierungen an Beispielen vor. Auch eine Ausleuchtung aktueller Defizite repräsentativer Verfahren oder eine Kritik an der staatsbürgerlichen Ideologie ist an dieser Stelle nicht zu erwarten. Kein Gesetz erwähnt Öffentlichkeit im Plural oder bringt die Koexistenz von Teil- oder Gegenöffentlichkeiten in die Diskussion ein.[63]

Es verwundert nicht, dass Gesetzestexte die Bibliothek vor allem als demokratische Institution in den Vordergrund stellen. Obgleich sich der Fokus insgesamt nicht ausreichend auf das Personal richtet, sondern stets die Anwendenden Vorrang haben, fällt auf, dass in der folgenden Formulierung die Bibliothek selbst personifiziert wird: „Bibliotheken sind Partner für Bildung, Kultur, Wissenschaft und lebenslanges Lernen."[64] Diese Idee zur Darbietung der Bibliothek als einem personalisierten Akteur liefert bereits das Mustergesetz, sie wird tradiert vom Thüringer Gesetz[65] über das sächsische Gesetz,[66] taucht wieder auf im rheinland-

---

59 Vgl. Landtag Niedersachsen (2022) § 6, Abs. 3.
60 Landtag Niedersachsen (2022) § 4, Abs. 1.
61 Deutscher Bibliotheksverband (2021) § 5, Abs. 2.
62 Landtag Schleswig-Holstein (2016), § 2.
63 Das Adjektiv „öffentlich" taucht meist in Kombination mit allgemein, öffentlich finanziert, zugänglich auf oder in Verbindung mit dem veranschlagten bzw. intendierten Status der Verbreitung eines Medienerzeugnisses.
64 Landtag Schleswig-Holstein, Präambel. Die Bibliothek wird „unverzichtbare[r] Partner für die kulturelle Bildung" genannt.
65 Landtag Thüringen (2008) § 3.
66 Landtag Sachsen-Anhalt (2010) § 1.

pfälzischen Gesetz[67] und kann über das Schleswig-Holsteinische[68] bis zum niedersächsischen Gesetz weiterverfolgt werden.[69] Damit sind Austausch und Kommunikation sowohl in einer übergeordneten Bibliotheksöffentlichkeit und in einem konkreten Debattenforum angesiedelt als auch in der Konstellation von Angestellten und organisatorischen Einheiten.[70] Wenn die Bibliotheken als Partner agieren, begründet dies eigentlich eine Mentor:innenrolle oder eine Übernahme von moderierenden Aufgaben, so dass sich Anknüpfungspunkte für deliberative und redaktionelle Tätigkeiten ergeben.

Ständiger Synchronisierungsbedarf auf Seiten des Personals

Die Wertebeständigkeit des deutschen Mustergesetzes tritt in mehrfacher Hinsicht hervor. Erstens ist die Anerkennung der Institution, des Auftrags und des Personals treffend in der Formulierung erfasst, dass das Gesetz die „Bedeutung der Bibliotheken [...] *konkretisiert*".[71] Eine solche Konkretisierung leisten in Skandinavien bei genauerer Betrachtung erst die Bibliothekspläne. Die bibliothekarischen Berufe, im Plural, sind im Mustergesetz gewürdigt, und mit der Nennung der Fachverbände professionell gestärkt.[72] Ihren Qualitätsanforderungen kann eine Bibliothek nur dann genügen, wenn ausreichend entsprechend ausgebildetes Personal vorhanden ist.[73] Der Weiterbildungsbedarf wird verzeichnet,[74] wie auch die skandinavischen Pläne häufig betonen. Möglicherweise ist das Schleswig-Holsteiner Gesetz vom dänischen Gesetz inspiriert, da es festgelegt, dass öffentliche Bibliotheken hauptamtlich von einer bibliothekarischen Fachkraft zu leiten seien.[75] Zugleich wird für das Personal in seiner Gesamtheit ein breites Spektrum an Ausbildungen gewünscht.

In allen ausgewerteten Leitdokumenten ist der partizipative und inklusive Anspruch nicht in gleicher Weise auf die Bibliotheksmitarbeitenden angewandt

---

67 Landtag Rheinland-Pfalz (2014) § 1.
68 Landtag Schleswig-Holstein (2016), Präambel.
69 Landtag Niedersachsen (2022) § 11.
70 In den skandinavischen Plänen wurden dagegen vor allem die institutionellen Kooperationen im Sinne von Partnerschaften beschrieben.
71 Deutscher Bibliotheksverband (2021) Präambel, wieder aufgegriffen in Landtag Schleswig-Holstein (2016) Präambel; Kursivierung von der Verf.
72 Vgl. Deutscher Bibliotheksverband (2021) § 7, Landtag Hessen (2010) § 6, Abs. 1.
73 Vgl. Landtag Rheinland-Pfalz (2014) § 1, Abs. 4, in Übereinstimmung mit dem dänischen und finnischen Gesetz.
74 Vgl. Landtag Sachsen-Anhalt (2010) § 9.
75 Vgl. Landtag Schleswig-Holstein (2016) § 3; vgl. Kulturministeriet (2013) § 3, Abs. 3.

worden wie auf die Nutzer:innen trotz der erwünschten Vielfalt an Ausbildungen, sei es mit einem fachbibliographischen, einem pädagogischen oder einem anderen Schwerpunkt wird noch nicht konsequent bis zu einer Vielseitigkeit der biographischen Hintergründe bzw. bis zu einem Diversity-Anspruch weitergedacht.

Die Alterität des Digitalen

Gesetzestexte haben, ähnlich wie Lexikonartikel, zwar oft eine anachronistische Note, aber genau deshalb liefern sie mitunter interessante begriffsgeschichtliche Aufschlüsse. Dies veranschaulicht die seit dem Thüringer Gesetz von 2008 gängige Begriffsprägung des „Medienwerks", womit das Erzeugnis eines Massen- oder Einzelmediums gemeint ist. Der Terminus, der im hessischen Gesetz von 2010 auffällig häufig vorkommt, wird gewählt, um zwischen Technologie und Produkt genauer unterscheiden zu können. Das Verhältnis von Büchern zu *anderen* Medienerzeugnissen ist noch zu klären, bislang zeichnet es sich durch variierende hegemoniale Strukturen aus, die je nach Perspektive der Anwendenden, des Bibliothekspersonals und der Forschung variiert. Während es in skandinavischen Texten oft vereinheitlichend „Medien" oder „Materialien" heißt,[76] scheint in den deutschen Gesetzen prinzipiell größere Genauigkeit angestrebt.

> Medienwerke sind alle Darstellungen in Schrift, Bild und Ton, die in körperlicher Form verbreitet oder in unkörperlicher Form der Öffentlichkeit zugänglich gemacht werden, soweit sie Text enthalten oder mit einem Text verbunden sind. Medienwerke in körperlicher Form sind alle Darstellungen auf Papier, elektronischen Datenträgern und anderen Trägern. Medienwerke in unkörperlicher Form sind alle Darstellungen in öffentlichen Netzen.[77]

Das Begriffspaar „körperlich" – „unkörperlich" hat sich ebenfalls seit 2008 erhalten, einerseits kann es angesichts der (noch) gängigen skandinavischen Terminologie „physisch" – „digital" wohl eine gewisse Zeitlosigkeit beanspruchen, andererseits geraten die Bestimmungen zu schematisch. Im Schleswig-Holsteiner Gesetz von 2016 kündigt sich ein gewisser Bedeutungswandel an, denn neben „unkörperlich" wird nun auch „digital" häufiger genannt, nicht nur bezogen auf Medienerzeugnisse und „öffentliche Netze", sondern allgemeiner als „digitale In-

---

[76] Vgl. Kulturministeriet (2013) § 1; vgl. Kultur- og likestillingsdepartementet (2013) § 6 u. § 13, wohingegen das finnische Gesetz „Material" bevorzugt (Undervisnings- och kulturministeriet (2022)).
[77] Landtag Schleswig-Holstein (2016) § 1. Der Absatz wurde aus dem hessischen (Landtag Hessen (2010) § 4a, Abs. 1) und dem rheinland-pfälzischen Gesetz (Landtag Rheinland-Pfalz (2014) § 3) übernommen.

frastruktur", „digitale Angebote",⁷⁸ „digitale und vernetzte Dienstleistungen."⁷⁹ Auf diese Weise scheint sich nun eine Vorstellung von Komplementarität durchzusetzen: Neben Literatur und Kultur in möglichst vielen Darbietungsformen wird eine generelle digitale Informationsversorgung, mit einer optionalen Erweiterung hin zum Bürgerservice, in Aussicht gestellt. Damit kommen drei Felder ins Spiel: a) digitale Kommunikation mit Institutionen und Behörden, b) digitale Aufbereitung von Kultur inkl. Literatur, c) digitale, sachbezogene Informationsbereitstellung. Im Sinne eines soziokulturellen, politischen und infrastrukturellen Wandels wird *digital* in den folgenden Wendungen verstanden: die „digitale Transformation im Kulturbereich",⁸⁰ die „digitale Gesellschaft" und die Kombination „Integration, Digitalisierung und Inklusion"⁸¹ referieren auf teilweise heterogene Dynamiken, die in unterschiedlichem Maße miteinander verknüpft sind und sich anhand von *catchwords* oder griffigen Formeln kaum kleinarbeiten lassen.

Hin und wieder wird sinngemäß immerhin zwischen den Entwicklungssträngen der Digitalisierung und der vornehmlich technischen ‚Digitisierung' unterschieden, die die Transformation von Medienerzeugnisse in digital speicher- und abrufbare Medienerzeugnisse abdeckt.⁸² Der Terminus „Digitalisate"⁸³ sollte heutzutage in Gesetzen und Plänen wirklich fallen. In der Aufzählung „Integration, Digitalisierung und Inklusion"⁸⁴ wird der *digital divide* angerissen. Um Inklusionsziele zu verwirklichen, sind viele Facetten von Teilhabe zu berücksichtigen, die noch eingehender zu bestimmen wären – womöglich in Bibliotheksplänen oder anderen Leitdokumenten, die sich der redaktionellen Verantwortung gestalterisch annehmen.

Da eine erste digitale Konsolidierungsphase absolviert ist, scheinen sich die Bezeichnungen „unkörperlich" und „öffentliches Netz" nun zu verabschieden, es ist vielmehr von *vernetzten* Einrichtungen und Arbeitsprozessen die Rede.⁸⁵ Doch stellt sich die Frage, ob mit dem seit dem Thüringer Gesetz (2008) frequenten Begriff der „öffentlichen Netze" nicht vielleicht schon ein erster zaghafter Versuch unternommen worden war, eine Denkfigur zu finden, die konkrete und digitale

---

78 Landtag Schleswig-Holstein (2016) Präambel.
79 Landtag Schleswig-Holstein (2016) § 4, Abs. 3.
80 Vgl. Landtag Schleswig-Holstein (2016) § 6, Abs. 2.
81 Vgl. Landtag Schleswig-Holstein (2016) Präambel.
82 Vgl. Landtag Thüringen (2008) § 4, Landtag Sachsen-Anhalt (2010) § 4, Landtag Rheinland-Pfalz (2014) § 5.
83 Landtag Niedersachsen (2022), § 9, Abs. 2.
84 Vgl. Landtag Schleswig-Holstein (2016) Präambel.
85 N-S, § 4, Abs, 6, § 11, Abs. 3.

Kommunikationsstrukturen der Öffentlichkeit zusammenführt und so eine Arena in Form einer Netzfiguration zu entwerfen.[86]

Ergebnis und Ausblick

Die Umsetzung deliberativer Prozesse bedeutet für die Bibliotheksmitarbeitenden, gemeinsam Schwerpunkte zu wählen und sich über gezielte Maßnahmen, Veranstaltungen und Medienerzeugnisse zu verständigen. In den vielgestaltigen skandinavischen Bibliotheksplänen sind solche Beratschlagungen und professionelle Selbstreflexionen in schriftlicher Form niedergelegt, ohne formal erstarrt zu sein. Oft werden Programmschritte lediglich skizziert und in weiteren Leitdokumenten wie Tätigkeitsberichten oder Handlungsplänen eingehender behandelt.

Während das Konzept der redaktionellen Verantwortung auf der Hand liegt,[87] wenn gesellschaftsrelevante Fragen für die Agenda auszuwählen sind, musste in diesem Beitrag erst begründet werden, inwiefern sich die redaktionelle Verantwortung auf andere Bereiche übertragen lässt. Dabei wurde die Verantwortung für die Zusammensetzung des Personals in den Blick genommen, einschließlich der Zielvorgabe, Mitarbeitenden mit unterschiedlichen Berufs- und Lebensbiographien zusammenzubringen und zur Übernahme redaktioneller Verantwortung zu motivieren.

Den Herausforderungen des Multitaskings bei der Bibliotheksarbeit lässt sich hoffentlich besser begegnen, wenn die Bibliothekspläne darüber hinaus zu einer (bibliotheks-)politischen Stellungnahme des Personals beitragen. In dieser Hinsicht korrespondiert die redaktionelle Verantwortung mit der „verinnerlichten Gestaltung", die Johanna Rivano Eckerdal und Hanna Carlsson untersucht haben.[88] Ihre Befragung von schwedischen Bibliothekar:innen belegt, dass die Gesetze und Pläne eine nicht zu unterschätzende Funktion sowohl für das alltägliche Handeln als auch die fortlaufende Reflexion haben:

> Im Personalgespräch würde man in einem Alltagsgespräch generell eher selten direkt auf die Leitdokumente verweisen, meine ich. Doch gehen wir ständig auf die dort angesprochenen Themen, Maßnahmen, Aktivitäten und Diskussionen ein, was ich als eine Verwirklichung der Dokumente erlebe. Es scheint mir für sich genommen interessant, dass die Dokumente selbst zwar eher unsichtbar bleiben, ihre Umsetzung aber ständig präsent ist, mitunter ganz bewusst, wenn auch meistens unbewusst.[89]

---

86 Landtag Schleswig-Holstein (2016) § 2 u. § 8; Landtag Rheinland-Pfalz (...) § 1, Abs. 10, § 3, Abs. 9 u. § 8. Landtag Thüringen (2008), Artikel 3, § 12, Abs. 3.
87 Vgl. Habermas (1990a), 105–106, 125–126.
88 Vgl. Rivano Eckerdal und Carlsson (2018) 63–66.
89 Vgl. Rivano Eckerdal und Carlsson (2018) 66.

Die schwedische Bibliothekswissenschaftlerin Lisa Engström betont, dass Partizipation und Teilhabe erst in den Bibliotheksplänen an Beispielen näher ausgeführt werden können.[90]

Der Anspruch, der sich im deutschen Mustergesetz auf die Anwendenden von Bibliotheken bezieht, könnte auf das Personal ausgeweitet werden: „Bibliotheken fördern das bürgerschaftliche Engagement; sie binden ihre Nutzerinnen und Nutzer in ihre Arbeit ein und entwickeln Konzepte der Partizipation."[91] Da es laut Mustergesetz ausdrücklich um Konkretisierung geht, ist ein solcher Doppelblick auf Personal und Bibliotheksanwendende unverzichtbar.

In der Bibliotheksarena kommen auch diejenigen zu Wort, die Habermas momentan als provozierend-herausfordernde Teilnehmende in den sozialen Medien betrachtet, nämlich die „unredigierten Stimmen".[92] Zugleich gibt er an, dass die von solchen Stimmen geäußerten Argumente und Standpunkte bedenkenswert sind, um demokratische Entscheidungsprozesse so fundiert wie möglich vorzubereiten und dabei auch gegnerische Argumente zu überprüfen. Im Umgang mit der ganzen Bandbreite von Standpunkten bedürfe es allerdings „redaktionelle[r] Schleusen"[93] sowie der Entwicklung von Moderations- und Korrekturregeln, die routinemäßig anzuwenden seien.[94] In einem entsprechenden Funktionszusammenhang könnten diese lenkenden Aktivitäten dann möglicherweise einen „Filter der Deliberation"[95] konstituieren.

Im Beitrag wurde angezweifelt, dass der beliebte Arenabegriff in der digitalen Ära noch sachdienlich zur Anwendung kommen kann. Für zukünftige Untersuchungen ist voraussichtlich eine Erschließung des Digitalen über unterschiedliche Figurationen der Vernetzung ertragreicher. Noch aber gibt häufig das Vertraute die mutmaßenden Einschätzungen des Digitalen vor. Das Hörbuch oder das E-Book muss sich immer noch vor dem Hintergrund des gedruckten Buchs bewähren.

Eine verwandte Rhetorik des Verlusts prägen auch medienskeptische Einlassungen zur Bibliotheksdebatte: Werden beispielsweise Bibliothekar:innen als „Cybrarians" bezeichnet,[96] spiegelt diese Begriffsprägung eher eine nostalgische Vor-

---

90 Vgl. Engström (2021) 13.
91 Deutscher Bibliotheksverband (2021) § 6, Abs. 3.
92 Vgl. Habermas (2022b) 80. Siehe zum „unvermittelt[en]" Autorenstatus der produzierenden Anwender in den sozialen Medien Habermas (2020) 107.
93 Habermas (2022a) 59.
94 Zu den Mühen des Korrigierens im Journalismus siehe Pörksen (2020) 299–301.
95 Habermas (2022a) 21.
96 Hansson (2022) 243.

stellung von zugänglichen Präsenzbeständen als eine glaubwürdige Vorausschau auf eine Bibliothekstätigkeit in virtuellen Sammlungen.

An den Leitdokumenten ließ sich erkennen, dass die Ausführungen zu digitalen Entwicklungsmöglichkeiten unter Beschleunigungsdruck aktualisiert werden. Erschwerend kommt hinzu, dass im Zuge des digitalen Wandels mehrere ineinandergreifende Transformationsprozesse zu verstehen und zu bewältigen sind.

Der Bereich der sozialen Medien ist eines der Arbeitsfelder von Bibliotheken, das aufgrund der polarisierten Debatten mit einer gewissen Besorgnis betrachtet wird. Leider zeichnet sich noch nicht ab, wie Habermas' Minimalforderung umzusetzen wäre, die „mediale Infrastruktur" so zu gestalten, dass sie eine „eine halbwegs deliberative Meinungs- und Willensbildung der Bevölkerung selbst ermöglicht".[97]

In Bibliotheksbelangen könnten sich die Orientierung an der breiten Popularität und der Vorrang des Nachfrageprinzip als riskant erweisen, wenn nämlich das Informationsangebot und das Spektrum an Meinungen und Überzeugungen auf lange Sicht geschmälert würden. Das Bibliothekspersonal sollte im besten Fall auf die eigene Agenda und auf eine Vielfalt der Standpunkte bestehen.

Aller Voraussicht nach wäre es sinnvoll, auch im deutschsprachigen Raum mit Bibliotheksplänen zu arbeiten. Doch ist eine solche Planerstellung nicht als bürokratische Pflichtübung oder Zugeständnis an das New Public Management zu verstehen. In Verlängerung der Argumentation dieses Beitrags kann sie ohnehin nur freiwillig erfolgen.[98] Mit den Leitideen von redaktioneller Verantwortung und *verinnerlichter Gestaltung* ließe sich eine wechselseitige Kommunikation zwischen Personal und Anwendenden, Bibliothek und Publikum, demokratischer Institution und Öffentlichkeit gestalten, die den gewandelten Strukturen eher gewachsen wäre als die vorliegenden Bibliotheksgesetze mit ihrem vornehmlich institutionellen Fokus. Redaktionelle Verantwortung zu übernehmen heißt auch, sich über die neuen Kommunikationsstrukturen bibliothekarischen Arbeitens zu verständigen.

Literaturverzeichnis

Deutscher Bibliotheksverband (2021). Bibliotheksgesetz (BibG) 2008. Musterentwurf (nach dem Vorbild des Thüringer Gesetzes). Verfügbar unter https://www.bibliotheksverband.de/bibliotheksgesetze, zugegriffen am: 15.02.2023.

---

97 Habermas (2022c) 103.
98 Der Detailreichtum einiger deutscher Gesetzestexte lässt erahnen, dass ohnehin ein Bedarf an Konkretisierung und Vertiefung besteht.

Digitaliseringsstyrelsen (2022): Digitaliseringen der løfter samfundet. Den fællesoffentlige digitaliseringsstrategi. Verfügbar unter https://dsjp.dit.dk/Initiativer/Strategier/Den-faellesoffentlige-digitaliseringsstrategi22, zugegriffen am 17.01.2023.

Engström, Lisa (2022): Arenas for conflict or cohesion? Rethinking public libraries as potentially democratic spheres. In: Information Research 27. Verfügbar unter https://doi.org/10.47989/colis2220, zugegriffen am 30.12.2022.

Engström, Lisa (2021): Bibliotek för alla? En studie om tillgänglighet och delaktighet i folkbiblioteksplaner. In: Nordic Journal of Library and Information Studies 2:2, S. 1–18. Verfügbar unter https://doi.org/10.7146/njlis.v2i2.127562, zugegriffen am 30.12.2022.

Forsell, Christian et al. (2022): Uttalande från BiS styrelse mot förslaget om angiveri av papperslösa. In: BiS. Bibliotek i samhälle 2022:4, S. 30.

Guwallius, Kolbjörn (2022): Här gör Sverigedemokraterna nästan som de vil. In: Biblioteksbladet 2022:2, S. 8–19.

Habermas, Jürgen (1990a): Strukturwandel der Öffentlichkeit [1962]. Berlin: Suhrkamp.

Habermas, Jürgen (1990b): Vorwort zur Neuauflage 1990. In: Habermas, Jürgen: Strukturwandel der Öffentlichkeit [1962]. Berlin: Suhrkamp, S. 11–50.

Habermas, Jürgen (2020): Warum nicht lesen? in: Raabe, Katharina und Wegner, Frank (Hrsg.): Warum lesen. Mindestens 24 Gründe. Berlin: Suhrkamp, S. 99–123.

Habermas, Jürgen (2022a): Überlegungen und Hypothesen zu einem erneuten Strukturwandel der politischen Öffentlichkeit, in: Habermas, Jürgen: Ein neuer Strukturwandel der Öffentlichkeit und die deliberative Politik. Berlin: Suhrkamp, S. 9–67.

Habermas, Jürgen (2022b): Deliberative Demokratie. Ein Interview. in: Habermas, Jürgen: Ein neuer Strukturwandel der Öffentlichkeit und die deliberative Politik. Berlin: Suhrkamp, S. 69–87.

Habermas, Jürgen (2022c): Was heißt „deliberative Demokratie"? Einwände und Missverständnisse. in: Habermas, Jürgen: Ein neuer Strukturwandel der Öffentlichkeit und die deliberative Politik. Berlin: Suhrkamp, S. 89–109.

Hallemar, Dan (Text); Leandersson, Bert (Foto) (2022): Folkbiblioteket. Malmö: Bokförlaget Arena.

Hansson, Joacim (2022): Folkbiblioteket: Demokratins rum och mötesplats, in: Hallemar, Dan; Leandersson, Bert: Folkbiblioteket. Malmö: Bokförlaget Arena, S. 241–245.

Jezierska, Katarzyna (2022): Jaget möter Den Andre – alternativ till deliberativ demokrati. In: Abrahamsson, Kenneth; Jansson, Per-Ola; Åkesson, Torvald (Hrsg.): Demokratin som bildningsväg. Stockholm: Carlsson, S. 93–110.

Københavns kommune (2019): Biblioteksplanen 2019–2023. Verfügbar unter https://bibliotek.kk.dk/sites/koebenhavn.ddbcms.dk/files/315976_biblioteksplan_2019-2023_final-a.pdf, zugegriffen am 04.01.2023

Kulturdepartementet (2013): Bibliotekslag (2013:801), (Schwedisches Bibliotheksgesetz, gültig seit 01.01.2014). Verfügbar unter https://www.riksdagen.se/sv/dokument-lagar/dokument/svensk-forfattningssamling/bibliotekslag-2013801_sfs-2013-801, zugegriffen am: 29.12.2022.

Kulturministeriet (2013): Bekendtgørelse af lov om biblioteksvirksomhed (Dänisches Bibliotheksgesetz, gültig seit 01.01.2011; verabschiedet 30.01.2013). Verfügbar unter https://www.retsinformation.dk/eli/lta/2013/100, zugegriffen am: 29.12.2022.

Kulturministeriet (2019): Lov om ændring af lov om biblioteksvirksomhed (Aktualisierung des dänischen Bibliotheksgesetzes, gültig seit 01.01.2020; verabschiedet am 01.05.2019). Verfügbar unter https://www.retsinformation.dk/eli/lta/2019/501, zugegriffen am: 28.12.2022.

Kultur- og likestillingsdepartementet (2013): Lov om folkebibliotek (Norwegisches Bibliotheksgesetz, gültig seit 01.01.2014). Verfügbar unter https://lovdata.no/dokument/NL/lov/1985-12-20-108, zugegriffen am: 28.12.2022.

Landtag Hessen (2010): Hessisches Bibliotheksgesetz (HessBiblG), 23.09.2010. Verfügbar unter https://www.bibliotheksverband.de/Bibliotheksgesetze, zugegriffen am 04.01.2023.

Landtag Niedersachsen (2022): Niedersächsisches Kulturfördergesetz (NKultFöG), 28.06.2022. Verfügbar unter https://www.bibliotheksverband.de/bibliotheksgesetze#:~:text=Bibliotheksge setze%20sind%20Ausdruck%20des%20politischen,die%20Einf%C3%BChrung%20eines%20Biblio theksgesetzes%20ein. zugegriffen am: 30.12.2022.

Landtag Rheinland-Pfalz (2014): Landesgesetz zum Erlass eines Bibliotheksgesetzes und zur Änderung und Aufhebung weiterer bibliotheksbezogener Vorschriften, 03.12.2014. Verfügbar unter https://www.bibliotheksverband.de/bibliotheksgesetze#:~:text=Bibliotheksgesetze% 20sind%20Ausdruck%20des%20politischen,die%20Einf%C3%BChrung%20eines%20Bibliotheks gesetzes%20ein, zugegriffen am: 30.12.2022.

Landtag Sachsen-Anhalt (2010): Bibliotheksgesetz des Landes Sachsen-Anhalt (BiblG LSA), 16.07.2010. Verfügbar unter https://www.landesrecht.sachsen-anhalt.de/bsst/document/jlr-BiblGSTpP1, zugegriffen am: 04.01.2023.

Landtag Schleswig-Holstein (2016): Gesetz für die Bibliotheken in Schleswig-Holstein (Bibliotheksgesetz – BiblG), 30.08.2016. Verfügbar unter https://www.bibliotheksverband.de/bibliotheksgeset ze#:~:text=Bibliotheksgesetze%20sind%20Ausdruck%20des%20politischen,die%20einf%C3% BChrung%20eines%20Bibliotheksgesetzes%20ein., zugegriffen am: 30.12.2022.

Landtag Thüringen (2008): Thüringer Gesetz zum Erlass und zur Änderung bibliotheksrechtlicher Vorschriften – Thüringer Bibliotheksrechtsgesetz (ThürBibRG), 16.07.2008. Verfügbar unter https:// www.bibliotheksverband.de/bibliotheksgesetze#:~:text=Bibliotheksgesetze%20sind%20Aus druck%20des%20politischen,die%20Einf%C3%BChrung%20eines%20Bibliotheksgesetzes%20ein, zugegriffen am: 30.12.2022.

Ministry of Education and Culture, Finland (2016): Public Libraries Act (1492/2016). Verfügbar unter https://www.finlex.fi/fi/laki/kaannokset/2016/en20161492.pdf, zugegriffen am: 14.02.2023.

Nordland Fylkeskommune (2014): Regional plan for bibliotek i Nordland 2015–2025. Verfügbar unter https://bibliotek.nfk.no/wp-content/uploads/2018/08/Regional%20plan%20for%20bibliotek%20i %20Nordland%202015-2025%20(1).pdf, zugegriffen am 19.01.2023.

Oslo kommune. Byrådet (2018): Bibliotekplan for Oslo kommune 2019–2022. Verfügbar unter https:// tjenester.oslo.kommune.no/ekstern/einnsyn-fillager/filtjeneste/fil?virksomhet=976819853&fil navn=vedlegg%2F2018_12%2F1284060_1_1.pdf, zugegriffen am 04.01.2023.

Pörksen, Bernhard (2020): Verschwimmende Wahrheiten. Über die Öffentlichkeit nach der Öffentlichkeit. In: Gross. Raphael; Lyon, Melanie; Welzer, Harald (Hrsg.): Von Luther bis Twitter. Medien und politische Öffentlichkeit. Frankfurt a. M.: Stiftung Deutsches Museum/ Fischer Verlag, S. 297–319.

Region Uppsala (2019): Biblioteksplan Region Uppsala 2020–2023. Verfügbar unter https://regionupp sala.se/contentassets/a05ea7468cd348b491520f7c2d980ed2/d65d43a7-e0a9-4edd-98cc-3ed88066ea82.pdf, zugegriffen am 07.02.2023.

Rivano Eckerdal, Johanna; Carlsson, Hanna (2018): Styrdokument i vardagen. En undersökning av kulturpolitiska styr-dokuments strategiska och praktiska betydelse för folkbibliotek i fem skånska kommuner. Lund: Lunds universitet, institutionen för kulturvetenskaper. Verfügbar unter https://www.diva-portal.org/smash/get/diva2:1394982/FULLTEXT01.pdf.

Rivano Eckerdal, Johanna; Olsson Dahlquist, Lisa; Engström, Lisa (2020): Lund critical library studies – a new research group. In: IDEALS. iConference Proceedings iSchools. Verfügbar unter http:// hdl.handle.net/2142/106559, zugegriffen am 30.12.2022.

Sandefjordbibliotekene (2021): Bibliotekplan 2020–2023. Verfügbar unter https://www.sandefjord. kommune.no/globalassets/planer-og-rapporter/bibliotekplan-2020-2023–sandefjordbibliote kene.pdf, zugegriffen am 15.01.2023.

Schleihagen, Barbara (2008): Bibliotheksgesetze in Europa. Mittel politischer Steuerung und Gestaltung. In: BIBLIOTHEK – in Forschung und Praxis, 32:1, S. 14–20.

Södertälje kommun (2022): Biblioteksplan 2022–2025. Verfügbar unter https://www.sodertalje.se/glo balassets/kof/dokument/biblioteksplan-for-sodertalje-kommun-2022-2025—faststalld-2022-03-07.pdf, zugegriffen am 14.01.2023.

Stockholms stad (2021): Mer relevant än någonsin. Biblioteksplan 2022–2025. Verfügbar unter https://biblioteket.stockholm.se/sites/default/files/bq_kufv059_biblioteksplan_remissver sion_ta_pf.pdf, zugegriffen am 14.01.2023.

Troms Fylkeskommune (2016): Regional bibliotekplan for Troms 2017–2028. Verfügbar unter https:// www.tffk.no/_f/p1/i056c2a61-a3f3-4fe6-85ec-183330d16037/regional-bibliotekplan-for-troms-2017-2028.pdf, zugegriffen am 15.01.2023.

Undervisnings- och Kulturministeriet (2022): Lag om allmänna bibliotek (Finnisches Bibliotheksgesetz in schwedischer Übersetzung). Aktualisierte Version gültig seit 01.01.2023; verabschiedet am 28.08.2022. Verfügbar unter Lag om allmänna bibliotek 1492/2016 – Uppdaterad lagstiftning – FINLEX ®, zugegriffen am 14.02.2023.

Wischmann, Antje (2022a): „Arena für alle" – zur schwedischen Bibliotheksdebatte. In: o-bib. Das offene Bibliotheksjournal, Bd. 9, Nr. 1. Verfügbar unter https://doi.org/10.5282/o-bib/5771, zugegriffen am 04.01.2023.

Wischmann, Antje (2022b): Urbanes Laboratorium Dokk1 in Århus – Kultur- und Demokratieförderung als Standortfaktoren. In: BIBLIOTHEK – Forschung und Praxis, Jg. 46, Nr. 2. Verfügbar unter https://www.degruyter.com/document/doi/10.1515/bfp-2022-0012/html, zugegriffen am 04.01.2023.

Wischmann, Antje (2023): Wagnis Dissens. Kritische (Selbst-)Befragungen zur programmatischen Demokratieförderung schwedischer Bibliotheken. In: BIBLIOTHEK – Forschung und Praxis, aop. Verfügbar unter https://doi.org/10.1515/bfp-2022-0067, zugegriffen am 28.6.2023.

Ton van Vlimmeren
Bibliotheken und Demokratie

In den letzten Jahren habe ich untersucht, was mit unseren Demokratien geschieht und was Bibliotheken hierbei tun sollten und können. Ein erstes Ergebnis dieser Untersuchung wurde im Jahr 2022[1] veröffentlicht. Jetzt bemühe ich mich, einen Schritt weiterzugehen und teilweise anhand von Beispielen aus der Praxis öffentlicher Bibliotheken – insbesondere der niederländischen Praxis, weil ich sie am besten kenne – konkreter zu werden.

Die Demokratie steht unter Druck

Um die Demokratien unserer Welt ist es nicht gut bestellt. Idea[2] berichtet beispielsweise, dass die Zahl der demokratischen Länder weltweit zurückgeht. Freedom House[3] berichtet seit 18 Jahren in Folge über einen Rückgang der Freiheit in Ländern, einschließlich der Meinungsfreiheit und des Rechts auf Zugang zu Informationen.

Diese Statistiken basieren auf einer Reihe von Entwicklungen. Foa und Mounk[4] signalisieren beispielsweise, dass die Demokratie aufgrund der Nutzung demokratischer Optionen für undemokratische Ziele unter Druck steht. Beispiele dafür kann wohl jeder selbst nennen. In der Bibliothekswelt ist die orchestrierte Übernahme konservativer Gruppen durch demokratische Wahlen der Bibliotheks- und Schulräte in den Vereinigten Staaten auffällig.[5] Sobald sie gewählt sind, konzentrieren sie sich auf Zensur (Bücherverbote) und sogar auf Versuche, Bibliotheken zu schließen, wenn sie mit den Verboten keinen Erfolg haben.

Auch eine andere Interpretation des Begriffs *Freiheit* spielt eine Rolle. De Dijn[6] hat die Entwicklung des Freiheitsbegriffs im Laufe der Jahrhunderte analysiert und kommt zu dem Schluss, dass dieser in den letzten Jahrzehnten unter dem Neoliberalismus zu einem einfachen „Ich kann tun, was ich will, unabhängig davon, was das für den anderen bedeutet" verkommen ist. Damit ist die Vorstel-

---

1 Van Vlimmeren (2021).
2 Idea (2022).
3 Freedom House (2023).
4 Foa and Mounk (2015).
5 Salon (2023).
6 De Dijn (2020).

lung verloren gegangen, dass es bei der Freiheit immer auch um den anderen ging. Nicht umsonst lautete das Motto der Französischen Revolution nicht nur Freiheit, sondern auch Gleichheit und Brüderlichkeit. Wie wir während der Covid-19-Pandemie gesehen haben, wird Brüderlichkeit – und Solidarität mit anderen – von manchen als Einschränkung ihrer Freiheit angesehen.

Die Gleichheit gelingt auch in unserer Gesellschaft nicht gut. Die Unterschiede zwischen denen, die über materiellen Reichtum und Zugang zu allen möglichen Annehmlichkeiten verfügen, und denen, die nicht darüber verfügen, haben zugenommen.[7] In der Praxis führt dies zu einem Anstieg der Zahl der Millionäre und gleichzeitig zu einem Anstieg der Zahl der Menschen, die auf Nahrungsmittelbanken angewiesen sind.

Die negativen Auswirkungen des modernen Konzepts von Freiheit werden durch die Parallelwelten, in denen viele Menschen leben, verstärkt. In ihrem Buch mit dem schönen Titel *Deep Fakes and the Infocalypse* beschreibt Schick[8] eindringlich die Informationsblasen, in denen sich viele Menschen aufgrund der Algorithmen befinden, mit denen soziale Medien arbeiten. Getrennte Informationswelten sind entstanden, Menschen leben in unterschiedlichen Realitäten. Durch Desinformation und *Deep Fakes* ist vielerorts die gemeinsame (Informations-)Basis für einen demokratischen Dialog verloren gegangen.

Dieser demokratische Dialog ist nicht nur viel schwieriger geworden oder ganz verschwunden, sondern es ist auch in einer Gesellschaft, in der die Menschen *Freiheit* definieren, als „tun zu können, was sie wollen", die Fähigkeit, respektvoll anderer Meinung zu sein, untergraben worden. Dazu haben soziale Medien beigetragen, in denen Äußerungen und Drohungen anonym geäußert werden können.

Die Polarisierung ist in vielen Bereichen spürbar, und Journalisten und Wissenschaftler, deren Aufgabe es ist, die Wahrheit herauszufinden, werden – ebenso wie andersdenkende Bürger – misstrauisch beobachtet und bedroht.

Februari[9] beschreibt eine weitere Bedrohung für die demokratische Diskussion. Durch die zunehmende Digitalisierung treten automatisierte Prozesse und Algorithmen in vielerlei Hinsicht an die Stelle von Interaktion und Austausch zwischen Menschen und ihrer Einschätzung über die Gewährung von Zugang der Bürger zu Einrichtungen. In China ist diese Entwicklung extrem, wenn Gesichtserkennung eingesetzt wird, um das Verhalten von Bürgern aufzuzeichnen und ihnen den Zugang zu Arbeitsplätzen und Einrichtungen zu verweigern, wenn sie

---

7 United Nations (2020).
8 Schick (2020).
9 Februari (2023).

sich zu oft „unangemessen" verhalten haben. Dabei kann es sich dann um Straftaten wie das zu häufige Überfahren einer roten Ampel handeln.

In den Niederlanden zieht sich seit Jahren die *Zulagenaffäre* hin, bei der der zuvor gewährte Steuervorteil für die Kinderbetreuung aufgrund (falscher rassistischer) Algorithmen zu Unrecht von den Eltern zurückgefordert wurde. Dies führte zu hohen Schulden und in mehreren Fällen zum Verlust von Häusern und Arbeitsplätzen, zu zerrütteten Familien sowie zu Scheidungen und Kindern, die der elterlichen Fürsorge entzogen wurden. Wie stark das Vertrauen in *das System* war, zeigte sich daran, dass viele Eltern, die versuchten, dieses Unrecht gerichtlich wiedergutzumachen, keine Antwort erhielten.[10] Der Staatsrat, das höchste Verwaltungsgericht der Niederlande, hat sich inzwischen dafür entschuldigt.[11] Die Tatsache, dass die niederländische Regierung seit mehreren Jahren nicht in der Lage ist, die Eltern für dieses Unrecht zu entschädigen, führt nun zu einem weiteren Vertrauensverlust in dieselbe Regierung und in demokratische Institutionen.

Februari stellt außerdem fest, dass die Regierung zunehmend demokratische Verfahren umgeht, und zwar in der Art, wie sie auf Krisen dieser Art (und auch auf die Covid-19-Pandemie, die Klimakrise, den Krieg in der Ukraine usw.) reagiert. So zeigte beispielsweise eine Studie von de Volkskrant[12], dass die niederländische Regierung im Jahr 2022 Milliarden ausgegeben haben wird, ohne das gewählte Parlament demokratisch einzubinden – manchmal sogar ohne Information. Auch diese Verabschiedung von demokratischen Verfahren wird als gefährlicher Trend angesehen.

Es gibt sicherlich Menschen, die von diesen Entwicklungen nicht beeindruckt sein werden. Es gibt auch diejenigen, die einen starken Führer einer funktionierenden Demokratie vorziehen würden. In einigen europäischen Ländern, wie etwa Ungarn, sehen wir die Folgen davon.

Die Europäische Union und der Europäischer Rat basieren auf Werten: Achtung der Menschenwürde, Freiheit, Demokratie, Gleichheit, Rechtsstaatlichkeit und Respekt vor Menschenrechten einschließlich der Rechte von Minderheiten. Sie positionieren sich als Hüter dieser europäischen Werte und spielen damit eine wichtige Rolle bei der Aufrechterhaltung der Demokratie. Auch bei der Eindämmung der Auswüchse des technologischen Fortschritts kommt der Europäischen Union eine wichtige Initiativrolle zu – beispielsweise durch Gesetzgebung im Bereich Datenschutz, Transparenz und Leitlinien zur Künstlichen Intelligenz.

---

10 Raad voor de Rechtspraak (2021).
11 Raad van State (2021).
12 de Volkskrant (2023).

Eine Rolle für Bibliotheken

Auch Bibliotheken sind werteorientierte Organisationen. Das sieht man, wenn man sich die Leitbilder der Bibliotheken anschaut.

Darüber hinaus werden die Werte von Bibliotheken in zahlreichen Manifesten und Dokumenten definiert wie z. B. im UNESCO-IFLA Public Library Manifesto[13]. Die American Library Association[14] benennt in ihrer Werteerklärung u. a.: Zugang zu Informationen, Demokratie, Vielfalt, Bildung und lebenslanges Lernen, Meinungsfreiheit, Gemeinwohl und soziale Verantwortung.

Das niederländische Bibliotheksgesetz[15], das Systemgesetz über öffentliche Bibliotheken, bezieht sich auf „eine öffentliche Aufgabe, die für die Allgemeinheit auf der Grundlage der Werte Unabhängigkeit, Zuverlässigkeit, Zugänglichkeit, Pluralismus und Authentizität (…) durch beitragende Funktionen erfüllt wird zur persönlichen Entwicklung und Verbesserung der sozialen Chancen der Allgemeinheit."

In den skandinavischen Ländern geht dies noch weiter, und die Rolle der Bibliothek als demokratische Institution und als Unterstützerin in der Demokratie ist in der Politik und in der Gesetzgebung ausdrücklich verankert. Die schwedische Bibliotheksrichtlinie trägt beispielsweise den Titel *Die Schatzkammer der Demokratie*[16].

Das finnische Bibliotheksgesetz von 2016[17] enthält Ziele zur Förderung von:
1. Gleiche Chancen für alle beim Zugang zu Bildung und Kultur;
2. Verfügbarkeit und Nutzung von Informationen;
3. Lesekultur und umfassende Lesekompetenz;
4. Möglichkeiten für lebenslanges Lernen und Kompetenzentwicklung;
5. Aktive Bürgerschaft, Demokratie und Meinungsfreiheit.

Das Gesetz besagt weiter, dass die Umsetzung dieser Ziele auf „Gemeinschaftssinn, Pluralismus und kultureller Vielfalt" basiert.

Auch in den *Empfehlungen für die Bibliotheksgesetzgebung*[18], die EBLIDA gemeinsam mit dem Europäischer Rat erarbeitet hat und die von den europäischen Kulturministern bestätigt wurden, ist die Förderung der Demokratie eine

---

13 UNESCO-IFLA (2022).
14 American Library Association (2023).
15 Wettenbank Overheid (2022).
16 Fichtelius et.al. (2019).
17 FinLex (2016).
18 Council of Europe- EBLIDA (2023).

Aufgabe der Bibliotheken. Das Ziel von EBLIDA besteht nun darin, diese Empfehlungen in so vielen Ländern wie möglich gesetzlich umzusetzen.

Grundsätzlicher könnte man sagen, dass Bibliotheken als öffentliche Einrichtungen, die aus öffentlichen Mitteln finanziert werden, nichts anderes als Repräsentanten sein können und sollten, dessen was (in den meisten Ländern) in der Verfassung steht. Dazu gehören Gleichheit, keine Diskriminierung, freie Meinungsäußerung, das Recht auf Bildung und Entwicklung sowie Zugang zu Informationen.

Es ist kein Zufall, dass diese Elemente eins zu eins mit mit vielen der UN-Nachhaltigkeitszielen übereinstimmen.[19] Zusätzlich zu den Klimazielen gehören dazu sozial orientierte Ziele wie hochwertige Bildung, Gleichstellung der Geschlechter, Verringerung der Ungleichheit und starke öffentliche Institutionen.

Bibliotheken haben in den letzten Jahrzehnten neue Rollen übernommen, um diese Aufgabe umfassender zu interpretieren. Wo Bibliotheken traditionell bisher nur Bücherhäuser waren, kamen Funktionen als Informationszentrum (mit digitalen Angeboten), als Arbeitsplatz (Sprach- und Lesekurse, digitale Kompetenzen, neue Technologien), als Gemeindezentrum (*Dritter Ort*) und als Zentrum für Staatsbürgerschaft und Gemeinschaftsbildung hinzu.

Natürlich ist diese Entwicklung noch nicht abgeschlossen und es gibt große Unterschiede zwischen Ländern und Regionen in Europa, sowie zwischen städtischen und ländlichen Gebieten. Auch werden die Möglichkeiten nachdrücklich durch die Höhe der Finanzierung der Bibliotheken bestimmt.

Gerade bei all diesen Veränderungen haben sich Bibliotheken als flexibel, kreativ und innovativ erwiesen und ihren Wert für die Gemeinschaften, denen sie dienen, bewahrt. Pessimisten hätten das vor 25 Jahren nicht vorhergesehen! Bibliotheken haben auch während der Pandemie ihre Kreativität und Innovationsfähigkeit bewiesen. Jetzt werden diese benötigt, um auf neue Weise eine integrative, gerechte und demokratische Gesellschaft anzustreben und aufrechtzuerhalten.

Was können Bibliotheken tun?

Demokratie ist kein einheitliches Konzept. In der Praxis habe ich mehrere Ebenen unterschieden, die als die Bereiche angesehen werden können, in denen Bibliotheken effektiv aktiv werden können.

---

[19] United Nations (2015).

Da ist zunächst einmal die *formale Demokratie*: das, was wir früher in der Schule als staatliche Einrichtung gelernt haben: aktives und passives Wahlrecht, repräsentative Demokratie, Parlament, Gewaltenteilung, Trennung von Kirche und Staat und so weiter.

Das Vertrauen der Bürger in dieses Regierungssystem schwankt erheblich. In Europa gibt es Länder, in denen eine schwache Wirtschaft und eine korrupte Elite das Vertrauen der Wähler untergraben haben. In anderen Ländern sehen wir, dass der blinde Glaube an das Funktionieren des Marktes in den letzten Jahrzehnten unter dem Neoliberalismus zum Zusammenbruch der sozialen Dienste und zu einem Rückgang des Vertrauens in die Regierung geführt hat. Die Covid-19-Pandemie hat zu allerlei Verschwörungstheorien geführt, die auch das Vertrauen in die Regierung untergraben haben. Ein Grund mehr, viel in die Bildung und das Wissen über das demokratische System zu investieren.

Eine Studie der Universität Amsterdam[20] zeigte jedoch, dass Schulen und Eltern wenig tun, um junge Menschen zur Demokratie zu erziehen; es kommt nur sporadisch vor. Beispielsweise wusste ein großer Teil der jungen Menschen nicht einmal, ob die Niederlande eine Demokratie ist.

Es gibt Bibliotheken, in denen Kurse für neue Mitbürger im Kontext der Integration stattfinden und darauf geachtet wird, auch dieses Wissen zu vermitteln.

In vielen Ländern beobachten wir auch, dass Bibliotheken den Wahlen Aufmerksamkeit schenken, indem sie Informationen bereitstellen und Debatten organisieren oder moderieren.

Insbesondere die Bibliotheken, die einen Zuschuss für den Betrieb einer Europa-Informationsstelle (Europe Direct) erhalten, tun dies auch für die Europawahl.

In der Utrechter Bibliothek wurde der Prozess, mit dem Politiker versuchen, den Bürgern ihre Ideen zu verkaufen, während der Kommunalwahlen umgekehrt. Die Bibliothek befragte die Bürger in den Stadtteilen, was sie am meisten beunruhigte und wozu sie die meisten Fragen hatten. Anschließend wurden in den lokalen Zweigstellen Debatten organisiert, bei denen die Nachbarschaftsthemen im Mittelpunkt standen und die Politiker ihre Antworten geben mussten.

In Berlin werden Bürger dazu eingeladen, in den Bezirksbibliotheken ein Planspiel[21] für einen fiktiven Stadtteil, aber anhand konkreter gesellschaftlicher Themen zu spielen und so echte Beteiligung zu üben.

In Brooklyn, USA wird in der Bibliothek bei der *Nacht der Philosophie*[22] ein anderes Publikum mit Gesprächen und Debatten bedient.

---

20 Van der Meer et.al. (2021).
21 Verbund der Öffentlichen Bibliotheken Berlin (2022).
22 Brooklyn Public Library (2023).

Demokratie bedeutet auch, dass Bürger und Gruppen in der Gesellschaft ihre Ansichten frei äußern und ihre Interessen zur Sprache bringen und untereinander diskutieren können. Wenn alles gut geht, ist diese gesellschaftliche Diskussion mit dem verknüpft, was in der offiziellen Politik passiert. Viele Bürger erleben hierbei jedoch eine Lücke und eine nationale Politik, die weit von der täglichen Praxis entfernt ist.

Darüber hinaus wird die gesellschaftliche Debatte durch die von Schick oben erwähnten Veränderungen in der Informationsgesellschaft erheblich gestört. Aufgrund der Informationsblasen ist sie oft zu einem *Gespräch zwischen Gehörlosen* geworden. In Kombination mit Verschwörungstheoretikern und der Störung durch große Wirtschaftsinteressen (z. B. durch Klimaleugner aus der Energiebranche oder durch agroindustrielle Interessen) kommt es schnell zu einer Polarisierung und es wird schwer, Themen zu diskutieren. Davon ist der Journalismus unmittelbar betroffen, denn seine Arbeit wird manchmal durch Leute unmöglich gemacht, die glauben, dass Journalisten nicht die richtigen Informationen liefern.

Steven de Waal[23] spricht über die Notwendigkeit einer neuen Art öffentlicher Führung, die in der Lage ist, diese disruptive Macht der Bürger in der heutigen Gesellschaft zu nutzen. Das ist noch eine ziemliche Herausforderung, aber die Bedeutung liegt darin, dass die neuen schnellen Möglichkeiten der Kommunikation und Reaktion der Bürger über soziale Medien nicht nur als Problem, sondern auch als Chance gesehen werden, sie in neuer Form zu nutzen für einen demokratischen Prozess und für neue Beziehungen zwischen Bürgern und ihren Regierungen. Die Anerkennung dieser Rolle der Bürger zeigt sich beispielsweise in der Europäischen Union[24], wo in der Quadrupel-Helix gefordert wird, dass neben Regierung, Wissenschaft und Wirtschaft auch die Bürger aktiv an der Entwicklung der Gesellschaft beteiligt werden müssen. Der Verband niederländischer Gemeinden[25] spricht in seiner Verbandsstrategie sogar von einer „Umkehr, bei der die Gemeinden die Themen aufgreifen, die das Lebensumfeld der Bewohner am meisten beeinflussen". Damit könnte die Bibliothek für die Kommunen zum idealen Gesprächspartner mit den Bürgern werden. Wie dies geschehen kann, wird später unter anderem in den Ansichten von David Lankes besprochen.

Eine weitere Entwicklung ist die zunehmende Beliebtheit von Bürgerbefragungen als Instrument zur Herstellung einer direkteren Verbindung zwischen Bürgern und dem Gesetzgeber. Bei einer Bürgerbefragung ist eine große Gruppe von Bürgern eingeladen, miteinander über ein Thema zu diskutieren und Empfehlungen an die Politik zu richten. In Frankreich und Irland konnte so ein Durch-

---

23 De Waal (2018).
24 Europäische Union (2016).
25 Vereniging Nederlandse Gemeenten (2023).

bruch für das politisch festgefahrene Dossier zu Sterbehilfe bzw. Abtreibung erzielt werden.

In einer hyperpolarisierten Gesellschaft wie der in den Vereinigten Staaten ist es – selbst in der Bibliothek – fast unmöglich, eine gesellschaftliche Debatte zu führen. In Europa sehen wir, dass Bibliotheken dies immer noch tun. Manchmal, wie in Alkmaar, in Zusammenarbeit mit der Gemeinde, um lokale Themen zu besprechen.

Bibliotheken entscheiden sich oft für weniger sensible Themen – zum Beispiel Verkehrsprobleme in der Nachbarschaft statt der Ankunft von Asylbewerbern, um nicht von der Polarisierung mitgerissen zu werden. Das ist ein komplizierter Balanceakt zwischen dem Eintreten für die eigenen Prinzipien und der gesellschaftlichen Aufgabe der Bibliothek einerseits und der Gefahr, dass – egal wie die Bibliothek das tut – die Bibliothek dennoch in einer polarisierten Perspektive dargestellt wird andererseits. Die Entwicklungen in den Vereinigten Staaten haben uns gelehrt, dass dies auch dann noch passieren kann, wenn die Bibliothek mit größter Sorgfalt vorgeht.

In Oslo war die Bibliothek mit einer zunehmenden öffentlichen Debatte über einen umstrittenen Redner in der Bibliothek konfrontiert. Die Bibliothek ergriff daraufhin die Initiative und organisierte eine Debatte mit Bürgern, gesellschaftlichen Gruppen und Politikern sowie mit dem Bibliothekspersonal darüber, ob eine solche Aktivität für die Bibliothek geeignet sei oder nicht, warum sie durchgeführt werden könnte oder nicht und wo die Grenzen liegen. Dadurch wurde aus einem Problem ein Gespräch über die Rolle der Bibliothek.

Die Möglichkeit, solche Gespräche erfolgreich zu organisieren, ist auch kulturell bedingt. In den skandinavischen Ländern, wo kleine Kinder schon in der Schule soziales Verhalten lernen, eben bevor sie lesen lernen, und wo Menschen aufgrund guter sozialer Vorsorge weniger in ihrer Existenz bedroht sind, scheint es mehr Raum für eine differenzierte Debatte mit Nuancen zu geben als in einer Gesellschaft wie der amerikanischen, in der jeden Tag die Gefahr besteht, dass eine fatale Kette von Arbeitsplatz-, Einkommens-, Krankenversicherungs- und Wohnungsverlusten in Gang gesetzt wird. Die Erfahrungen in dänischen Bibliotheken mit der Organisation von Gesprächen zwischen Menschen, die sich grundsätzlich sicher fühlen, sind sehr aufschlussreich, aber es ist nicht sicher, ob derselbe Ansatz in einem Kontext funktionieren würde, in dem die Gesellschaft für die Menschen weniger sicher ist und sie unter größerem Druck stehen.

In Deutschland ist mir in Gesprächen mit Bibliothekaren aufgefallen, dass die Geschichte einen großen Stellenwert hat und Bibliotheken manchmal aus Angst, etwas falsch zu machen, oder wegen der Gefahr, dass extreme Gruppen die Debatte dominieren könnten, Debatten und gesellschaftlichen Themen aus dem Weg gehen.

Unterdessen hat in den Vereinigten Staaten in der Bibliotheksgemeinschaft eine Diskussion über die Notwendigkeit und die Art und Weise begonnen, wie Bibliotheken sich auf antidemokratische Angriffe vorbereiten und sich ihnen widersetzen können. Im Juni 2023 hingen auf den Straßen größerer amerikanischer Städte Plakate des Freedom Forums[26], auf denen „Helden der freien Meinungsäußerung und des ersten Verfassungszusatzes" zu lesen waren, darunter auch in der Brooklyn Public Library.

Paul T. Jaeger und Allison Jennings[27] identifizieren in The Political Librarian die vermeintliche Neutralität von Bibliotheken und die daraus resultierende mangelnde Verbindung zum politischen Diskurs als Schwäche von Bibliotheken. Sie fordern eine Position, die sich nicht auf die einzelnen Elemente der Angriffe wie verbotene Bücher konzentriert, sondern auf den grundsätzlich undemokratischen Charakter der Bewegungen und die Verletzung des Rechts auf Entwicklung und Meinungsfreiheit. Sie fordern außerdem eine Politikgestaltung und Schulung, damit Bibliothekare nicht von solchen Angriffen überrascht werden. Und auch für die Solidarität innerhalb des Sektors, damit Bibliothekare nicht allein sind, wenn die Angriffe und die Öffentlichkeit sie treffen und ihre Arbeitsplätze, ihr Einkommen und ihre Sicherheit bedroht sind.

Ein dritter Aspekt betrifft die Fähigkeiten und das Selbstvertrauen, die für eine demokratische Teilnahme erforderlich sind. Nicht jeder traut sich, etwas zu sagen oder Stellung zu beziehen. Nicht jeder hat die Fähigkeiten oder das Selbstvertrauen, das zu tun. Und nicht jeder hat die Erfahrung oder den Glauben, dass es wichtig ist, Stellung zu beziehen oder sich Gehör zu verschaffen.

Die Bibliothek in Aarhus arbeitet daher Schritt für Schritt in Stadtdebatten und Themengesprächen daran, in Beteiligungsprozessen kleine positive Erfahrungen zu sammeln, um sowohl Kompetenzen als auch Selbstvertrauen aufzubauen. Sie stützen sich auf die Ideen von Hal Koch[28] aus dem Jahr 1945, der feststellte, dass Demokratie eine Lebensweise sei: „[...] Unsere Demokratie kann niemals garantiert werden. Es ist kein System, das umgesetzt werden muss, sondern ein Lebensstil, der erlernt werden muss. Es handelt sich um Dispositionen, die an jede neue Generation weitergegeben werden müssen."

David Lankes[29] argumentiert, dass die Bibliothek ein Forum sein kann, in dem gemeinschaftliche Gespräche stattfinden und in dem Bürgerbeteiligung stattfindet und erleichtert wird. Die Bibliothek als Agora der Demokratie. Hierbei handelt es sich um einen Prozess, der mit der Bestandsaufnahme und der Erläuterung

---

26 Freedom Forum (2023).
27 Political Librarian (2023).
28 Hal Koch (2023).
29 Lankes (2016).

der Bedürfnisse, Fragen und Probleme beginnt, die in der jeweiligen Gemeinschaft eine Rolle spielen. Anschließend werden Informationen hierzu gesammelt, reflektiert und auf die Situation vor Ort bezogen. Dies geschieht in einem Prozess der Beteiligung, so dass die Bürger Eigentümer ihres Prozesses sind und bleiben. Die Bibliothek spielt beim Sammeln (in ihrem Bibliotheksbestand) und bei der Nutzbarmachung dieser Informationen eine Rolle. Darüber hinaus übernimmt sie eine Coaching-Funktion gegenüber den Bürgern und leistet bei Bedarf Unterstützung beispielsweise bei der Stärkung der Informationskompetenz. Basierend auf den Informationen und Erkenntnissen entstehen persönliche Entwicklungs- und Handlungsperspektiven, die zu sozialem Handeln führen (können). Die Bibliothek kann nicht nur der physische Ort sein, an dem dies geschieht, sondern sie kann auch eine Rolle bei der *Bewahrung* des Prozesses spielen, indem sie das gesammelte Wissen und die gesammelten Erkenntnisse zum Bibliotheksbestand hinzufügt. Auf diese Weise bauen Bibliothekare in einem – hier idealerweise beschriebenen – Prozess gemeinsam mit Bürgern Themen auf, die in der Gesellschaft eine Rolle für die persönliche Entwicklung und das soziale Handeln spielen. Dieser Prozess deckt damit alle oben beschriebenen zusätzlichen neue Rollen für die Bibliothek ab.

Wichtig ist, dass die Bibliothek einerseits Mitarbeiter ausbildet und gewinnt, die sich an einem solchen Prozess beteiligen können, und andererseits – weil auch Bibliothekare nicht alles können – viel darin investiert, Kooperationen mit Partnern einzugehen, die unterstützend wirken können in diesen Prozessen.

Die Gespräche, die in der Bibliothek von Aarhus geführt werden, basieren mehr oder weniger auf diesem Modell.

Obwohl viele Menschen Harmonie mögen, ist es wichtig zu erkennen, dass es ein positives Zeichen dafür ist, dass die Menschen aufrichtig sind und es wagen, ihre Meinung zu sagen, wenn sie sich in Gesprächen widersprechen. Bibliotheken sollten daher in der Lage sein, diese Form des Meinungsstreits – in Grenzen – zu akzeptieren und willkommen zu heißen.

Die wichtigsten Entscheidungsfaktoren im Prozess sind die Beteiligung der Einwohner und die Eigenverantwortung für den Prozess, die bei den Einwohnern liegen sollte.

Entscheidend dafür ist die Anerkennung der Themen und Bedürfnisse, die in der Gesellschaft eine Rolle spielen. In unserer komplexen Gesellschaft mit vielen Dutzend Nationalitäten, sozialen Unterschieden und kulturellen Gruppen ist es eine Kunst für sich, daraus die Interessen und Bedürfnisse herauszuarbeiten. Oft sind es die Bibliothekare, die dazu eine Idee haben und dann eine Gruppe aus der Community zu diesem Thema suchen und finden. Auf diese Weise verlagert die Bibliothek sich nur mit einem begrenzten Schritt von der Buchbibliothek hin zu gemeinschaftlichem Engagement und echter Beteiligung. Dabei geht es nicht um gute Ideen, sondern um den Wunsch, gemeinsam mit den Bürgern zu suchen und zu finden, was benötigt wird. Die Kunst, sich wirklich mit dem zu verbinden, was in der Gesellschaft vor sich geht, ähnelt in etwa dem, was Michelangelo über die Skulptur gesagt hat: Die Skulptur ist bereits im Felsen, man muss sie nur herausarbeiten. Viele Bibliotheken investieren daher in Prozesse der Co-Creation und des Design Thinking.

Sie könnten auch von den Methoden der Gemeindearbeit und aus den Lehrplänen lernen, die für die Ausbildung dieser Gemeindearbeiter verwendet werden, für die Ausbildung von Bibliothekaren. Auch die Zusammenarbeit mit Partnern, bei denen dieses Wissen und diese Erfahrung vorhanden sind, bietet viele Möglichkeiten.

In Nepal habe ich gesehen, wie die Mitarbeiter in Read Nepal[30] das Thema von einer anderen Seite aus sehr methodisch angehen. Sie konzentrieren sich auf den Aufbau von Gemeinschaften und besprechen gemeinsam mit den Dorfbewohnern, was für den Aufbau von Gemeinschaften erforderlich ist. Sobald sich die Einwohner darüber im Klaren sind und Vereinbarungen darüber getroffen wurden, wie die Einwohner die Verantwortung für den Prozess übernehmen und behalten, und wie sie die Bibliothek pflegen werden, sobald sie entstanden ist, wird eine Bibliothek eingerichtet. Die Bibliothek ist dann ein Instrument zur Gemeinschaftsbildung und zielt darauf ab, diejenigen Bedürfnisse der Gesellschaft zu erfüllen, für die eine Bibliothek geeignet ist. Der Begriff Bibliothek wird weit ausgelegt und reicht von der Förderung der Lese- und Schreibkompetenz über die Vermittlung digitaler Kompetenzen bis hin zur Gründung einer Genossenschaft, die Mikrokredite an Frauen vergibt, die ein Unternehmen gründen möchten.

Europa ist nicht Nepal. Aber auch hier sind Eigenverantwortung und Beteiligung der Bürger an der Basis Grundlage einer gesünderen demokratischen Gesellschaft.

In Dänemark ist auch in Bibliotheken das *Democracy Fitness Training*[31] weit verbreitet und lädt Menschen ein, ihre *Demokratiemuskeln* zu trainieren. Die Trainingsübungen konzentrieren sich auf Empathie, aktives Zuhören, Meinungsumfragen, den Aufbau verbaler Sicherheit, die Fähigkeit, anderer Meinung zu sein, Kompromisse einzugehen, Mobilisierung und demokratisches Handeln.

Die Bibliothek von Tampere[32] in Finnland nutzt die Time Out-Methode, um eine strukturierte und konstruktive Debatte zu führen und arbeitet unter anderem mit Schulen zusammen. Sitra[33], der Entwickler der Time Out-Methode, expe-

---

30 Read Nepal (2023).
31 Democracy Fitness Training (2023).
32 Öffentliche Bibliothek Tampere (2023).
33 Sitra (2023).

rimentiert auch auf andere Weise mit der demokratischen Debatte in Bibliotheken. Mehr dazu finden Sie auf der Website.

Die von der Dialogstiftung[34] Utrecht organisierten Dialogtreffen bieten eine weitere Möglichkeit zur Kompetenzentwicklung, da sie auf eine strukturierte Art und Weise ablaufen, bei der alle beteiligt sind, ihnen zugehört wird und Erkenntnisse gewonnen werden.

Diese Fähigkeiten erweisen sich als nützlich bei Gesprächen und Debatten, die in Bibliotheken stattfinden.

Ein Merkmal der aktuellen Situation ist, dass es oft so aussieht, als hätten wir die Fähigkeit verloren, respektvoll anderer Meinung zu sein. In den Niederlanden war dies der Anlass, das Projekt *de Vreedzame School* (*Die friedliche Schule*)[35] zu starten, um Kindern ein größeres Handlungsrepertoire zu vermitteln, als Differenzen nur durch Streit miteinander lösen zu können. Es handelt sich um ein umfassendes Programm, das sich auf soziale Kompetenzen und Demokratie konzentriert. Kurz gesagt: Kinder lernen, Konflikte konstruktiv zu lösen und selbst Entscheidungen zu treffen, und sie werden geschult, anderen Kindern bei Bedarf als Vermittler zur Seite zu stehen.

Da es in der Utrechter Bibliothek zeitweise zu starken Belästigungen durch Kinder kam, wurde das gesamte Personal der Bibliothek in dieser Vorgehensweise geschult, um bei Problemen auf eine für die Kinder gewohnte Arbeitsweise zurückgreifen zu können. Da sich schließlich weitere Partner anschlossen, entstand eine *Friedliche Nachbarschaft*, in der Kinder überall bei diesem Aktionsrepertoire unterstützt werden.

Es gibt auch andere Möglichkeiten, Kindern positive Erfahrungen bei der Entscheidungsfindung zu vermitteln. Beispielsweise indem sie sich an einem Kinderrat der Bibliothek beteiligen oder – wie die Öffentliche Bibliothek Amsterdam – auch einen Kinderdirektor für die Bibliothek ernennen. Egal wie klein: Jede positive Erfahrung zählt.

Die Utrechter Bibliothek hat auch mit Grundschulen und der Stiftung *Discussieren kun je leren* (*Sie können lernen zu diskutieren*)[36] in einem gemeinsamen Debattenprogramm zusammengearbeitet. In allen Schulen lernten die Kinder zuzuhören, zu argumentieren und zu debattieren. Pro Schule fanden Vorrunden statt und die große Abschlussdebatte fand schließlich in der Bibliothek statt.

Die Rotterdamer Bibliothek verfügt über die größte Erasmus-Sammlung der Welt und verfolgt einen anderen Ansatz. Das Erbe dieses großen Humanisten wird in einem Tresor sicher aufbewahrt und ist daher nicht leicht zugänglich. Im

---

34 Stichting Utrecht in Dialoog (2023).
35 De Vreedzame School (2023).
36 Discussiëren kun je leren (2023).

Rahmen der *Erasmus Experience*[37] (*Erasmus-Erfahrung*) hat die Bibliothek einen Rundgang geschaffen, bei dem der Teilnehmer ein Etikett an einem Armband erhält und zu verschiedenen Themen seine Meinung zu Fragen und Vorschlägen kundtut. Die Themen beziehen sich auf das Werk des großen Humanisten wie Freiheit, Humor und Religion. Fragen, die gestellt werden, sind zum Beispiel: Kann jeder immer alles sagen? Ist kämpfen immer schlecht? Also Fragen, die auch heute aktuell sind.

Am Ende des Rundgangs spricht der Teilnehmer per Chat mit Erasmus über die von ihm gegebenen Antworten (*Erasmus tippt*) und kann ihm noch weitere Denkanstöße geben. Abschließend können die Antworten und Überlegungen der Teilnehmer virtuell im Safe neben den Ideen von Erasmus aufbewahrt werden.

Die *Erasmus Erfahrung* wird von vielen Schulklassen genutzt, was zur Entwicklung eines Kartenspiels geführt hat, bei dem Schüler, auch in der Schule, anhand von Alltagssituationen aus verschiedenen Rollen versuchen, darüber nachzudenken, wie Erasmus mit dieser Situation umgegangen wäre und starten eine Diskussion darüber.

Die *Rijnbrinkgroep*[38], eine Provinzeinrichtung zur Unterstützung von Bibliotheken, hat ein Programm mit zahlreichen Beispielen entwickelt, wie Bibliotheken zur Unterstützung der Demokratie beitragen können. Dazu gehört die Zusammenarbeit mit einem Kino, um Filme anzusehen und zu diskutieren oder einen speziell entwickelten *Escape Room* zum Thema Demokratie auszuleihen.

Es gibt weitere gute Beispiele für Aktivitäten in Bibliotheken, die die Entwicklung einer demokratischen Einstellung und demokratischer Kompetenzen unterstützen; sie werden oft nicht als solche bezeichnet.

Eine vierte Ebene bilden Werte und Ethik. Demokratie ist ein System, ein Prozess und eine Interaktion, die geschriebene und ungeschriebene Regeln hat. Wir sehen, dass dieses System ohne zugrunde liegende Werte und ethische Normen für undemokratische Ziele und zum persönlichen Vorteil missbraucht werden kann.

Es gab eine Zeit, in der amerikanische Mafiosi ihre Kinder nach Harvard und an andere renommierte Schulen schickten, damit sie ihr illegales Geschäft mit Kenntnissen über Gesetze und Vorschriften besser unterstützen konnten. Denn in diesen Kursen wurde alles Mögliche gelehrt, jedoch keine Ethik.

Mittlerweile sehen wir, dass einige Politiker ihre Teilnahme am demokratischen Prozess zu ihrem eigenen Vorteil oder zur Erlangung von Immunität in anhängigen Gerichtsverfahren nutzen. Wir sehen auch, dass beispielsweise die An-

---

37 Bibliotheek Rotterdam (2023).
38 Rijnbrinkgroep (2023).

hänger des ehemaligen Präsidenten Trump kein Problem mit dieser Situation zu haben scheinen und es wenig moralisches Bewusstsein gibt.

Aber auch in einem Land wie den Niederlanden scheint es einige Politiker zu geben, wie die des *Forum für Demokratie* (sic!), den demokratischen Prozess als Geschäftsmodell für ihren eigenen Vorteil[39] zu nutzen.

Demokratie ist fragil, wenn es keine gemeinsamen Grundwerte und keine ethischen Normen gibt. Auch Bibliotheken können dazu beitragen, die Demokratie zu stärken, indem sie darauf Acht geben. Nicht mit erhobenem Zeigefinger oder moralisierenden Texten, sondern indem wir in Ausstellungen, Vorträgen und Debatten den ethischen Fragen unserer Zeit Aufmerksamkeit schenken. Die oben erwähnte *Erasmus-Erfahrung* ist ein Beispiel dafür.

Fazit

Öffentliche Bibliotheken können auf vielfältige Weise zur Unterstützung der Demokratie beitragen. Dies kann dadurch geschehen, dass man sich auch mit großen gesellschaftlichen Themen beschäftigt, sofern die Situation in der Gesellschaft dies zulässt, und vor allem auch durch die Beachtung grundlegender Kenntnisse, Fähigkeiten, Einstellungen und Werte, die für die Demokratie wichtig sind. Bibliotheken sind Institutionen, die gesellschaftlichen Wert schaffen, und Institutionen mit einer Mission. In diesem Sinne sind sie nicht neutral, sondern sozial aktiv. Dies sollte nicht mit parteipolitisch aktiv verwechselt werden. Allerdings stellt sich die Frage, ob es den Bibliotheken in Europa auch in naher Zukunft gelingen wird, ihr unabhängige Image aufrechtzuerhalten. Die Entwicklungen in den USA zeigen, dass dies eher von (extremen) Gruppen in der Gesellschaft als von den Bibliotheken selbst bestimmt werden könnte.

Es kann gut sein, dass die Zeit kommen wird, in der Bibliotheken sich nachdrücklich für die Werte einsetzen müssen, die die Bibliotheksarbeit prägen. Dafür braucht es Bewusstsein und vor allem Mut. Mut des einzelnen Bibliothekars, sich in teilweise äußerst polarisierten Verhältnissen zu behaupten.

Aus diesem Grund ist es jetzt an der Zeit, dass Bibliotheksverbände Schulungen zur Vorbereitung des Bibliothekspersonals organisieren und Maßnahmen ergreifen, um die Solidarität zwischen Bibliothekaren zu organisieren, um die möglicherweise schwierigen Umstände in der Zukunft zu bewältigen.

Das haben nicht nur unsere Bibliothekare verdient.

Das hat auch unsere Demokratie verdient!

---

39 De Volkskrant (2019).

Literaturverzeichnis

American Library Association (2023): Our values. https://www.ala.org/aboutala/governance/policymanual/updatedpolicymanual/section2/40corevalues
Bibliotheek Rotterdam: Erasmus Experience. https://erasmushoudtjescherp.nl/en/
Brooklyn Public Library (2023): Philosophy Night. https://www.bklynlibrary.org/support/volunteer/night-of-philosophy
Council of Europe -EBLIDA (2023): Recommendation of the Committee of Ministers to member States on library legislation and policy in Europe. Straatsburg. https://search.coe.int/cm/Pages/result_details.aspx?ObjectID=0900001680aaced6
De Dijn, Annelien (2020): Freedom: an unruly history. Cambridge: Harvard University Press.
Democracy Fitness (2023). https://www.democracyfitness.eu
de Volkskrant (2019): Forum voor Democratie lijkt geldmachine voor partijtop. https://www.volkskrant.nl/nieuws-achtergrond/forum-voor-democratie-lijkt-geldmachine-voor-partijtop
de Volkskrant (2023): Kabinet passeert parlement voor miljarden, Amsterdam. https://www.volkskrant.nl/nieuws-achtergrond/kabinet-gaf-vorig-jaar-zonder-goedkeuring-van-parlement-bijna-21-miljard-euro-uit~b9150bf7/
De Vreedzame School (2023). https://www.devreedzame.school/
De Waal, Steven (2018): Civil Leadership as the Future of Leadership. Harnessing the disruptive power of citizens. Warden Press.
Discussiëren kun je leren (2023). https://www.discussierenkunjeleren.nl/
European Union (2016): Using the quadruple helix approach to accelerate the transfer of research and innovation results to regional growth. https://op.europa.eu/en/publication-detail/-/publication/6e54c161-36a9-11e6-a825-01aa75ed71a1
Februari, Maxim (2023): Doe zelf normaal. Prometheus, Amsterdam.
Foa, Roberto; Mounk, Yascha (2017): The Signs of Deconsolidation. In: Journal of Democracy, 28 (1), S. 5–16. https://www.journalofdemocracy.org/articles/the-signs-of-deconsolidation/
Fichtelius, Erik; Persson, Christina; Enarson, Eva (2019): The Treasure Trove of Democracy. Stockholm, National Library of Sweden. https://www.kb.se/samverkan-och-utveckling/biblioteksutveckling/nationell-biblioteksstrategi.html
Finlex (2016): Public Libraries Act, Helsinki. https://www.finlex.fi/en/laki/kaannokset/2016/en20161492.pdf
Freedom Forum. https://www.freedomforum.org/
Freedom House (2023): Freedom in the world. https://freedomhouse.org/report/freedom-world/2023/marking-50-years
Idea (2022): Global State of Democracy. https://idea.int/democracytracker/gsod-report-2022
IFLA-UNESCO (2022): Public Library Manifesto. https://repository.ifla.org/bitstream/123456789/2006/1/IFLA-UNESCO%20Public%20Library%20Manifesto%202022.pdf
Koch, Hal (2023): What is democracy? Gyldendal.
Lankes, R. David (2016): The New Librarianship Field Guide. https://davidlankes.org/category/participatory/field-guide
Raad van State (2021): Lessen uit de kinderopvangzaken, Den Haag. https://www.raadvanstate.nl/lessen-uit-de-kinderopvangtoeslagzaken

Raad voor de Rechtspraak (2021): Recht vinden bij de Rechtbank, Den Haag. https://www.rechtspraak.nl/Organisatie-en-contact/Organisatie/Raad-voor-de-rechtspraak/Nieuws/PublishingImages/WRT%20rapport%20Recht%20vinden%20bij%20de%20rechtbank%20DEF%20051021.pdf

Read Nepal (2023). https://www.read.org.np/

Rijnbrinkgroep (2021): Inspiratiegids programmeren rond democratie. https://www.rijnbrink.nl/wp-content/uploads/2021/09/Inspiratiegids_-_programmeren_rond_democratie_DEF_klein.pdf

Salon (2023): Defunding public libraries. https://www.salon.com/2023/04/13/defunding-public-libraries-republicans-on-reading-goes-nuclear/

Schick, Nina (2020): Deep fakes and the infocalypse. London: Monroy.

Sitra (2023): Time Out. https://www.sitra.fi/en/timeout/

Stichting Utrecht in Dialoog (2023). https://www.utrechtindialoog.nl/

Tampere Public Library (2023): Time Out Dialogues. http://www.tayk.fi/timeout-dialogues-with-high-school-students-learnings-and-perspectives-2/

The Political Librarian, Volume 6.1 2023: Every Library Institute. https://www.everylibraryinstitute.org/volume_6_issue_1_tpl_2023

United Nations (2015): The 17 Goals [Sustainable Development Goals]. https://sdgs.un.org/goals

United Nations (2020): Bridging the divide. https://www.un.org/en/un75/inequality-bridging-divide

Van der Meer, Tom; Wanders, Frank; Thijs, Paula; Mulder, Laura; Aizenberg, Ellis; ten Dam, Geert; van de Werfhorst, Herman (2021): Democratische kernwaarden in het voortgezet onderwijs. Adolescentenpanel Democratische Kernwaarden en Schoolloopbanen. Universiteit van Amsterdam. https://adks.nl/wp-content/uploads/2021/03/ADKS-rapport-jaar-2-Democratische-kernwaarden-in-het-voortgezet-onderwijs.pdf

Van Vlimmeren, Ton (2021): Bibliotheken für eine inklusive Demokratie. In: Bibliothek Forschung und Praxis, 2021,45(3): S. 401–411.

Verbund Öffentliche Bibliotheken Berlins (2023): Planspiel Bezirkspolitik. Https://planspiel-bezirkspolitik.de/

Vereniging Nederlandse Gemeenten (20230: Verenigingsstrategie 2030, Stap naar voren; Den Haag. https://vng.nl/sites/default/files/2023-04/11-verenigingsstrategie-vng-2030.pdf

Wettenbank Overheid (2022): Wet Stelsel openbare Bibliotheekvoorzieningen, Den Haag. https://wetten.overheid.nl/BWBR0035878/2022-07-01

Frank Mentrup und Dorothee Schlegel
Bibliotheken in der Mitte der Gesellschaft

In der Mitte der Gesellschaft zu sein, bedeutet zunächst Zugehörigkeit, Teilhabe, Bildungschancen zu erhalten, um damit die Zukunft eigenständig und selbstverantwortlich gestalten zu können, an Informationen jeglicher Art zu gelangen, sie verstehen zu können und verstanden zu werden, wenn Zugänge mit Hürden oder Fragen versehen sind. Diese sogenannte Mitte wird diverser und individueller und sollte gleichzeitig in solidarischer Verbundenheit gemeinsam Verantwortung für Gesellschaft und Staatswesen übernehmen – eine echte Herausforderung.

Denn unsere Gesellschaft befindet sich in einem immer schneller werdenden Wandel – dazu gehören die Vielfalt der Bildungswege und -zugänge, die Digitalisierung, die Internationalisierung und Globalisierung der Politik, der Wirtschaft und des Alltags. Dazu gehören das Älterwerden und der demografische Wandel, die Herausforderungen, denen wir uns in unserem Zusammenleben zu stellen haben, ob Finanz- oder Energiekrise, Klimawandel, Zuzug von Menschen nach Deutschland, die fragiler gewordene Friedensordnung, der Zusammenhalt in der Gesellschaft einerseits, aber auch das zunehmende Infragestellen unseres demokratischen Rechtsstaats andererseits.

Die Rolle der Bibliotheken

Die Aufgabe von öffentlichen Bibliotheken ist es zunächst, ein breitgefächertes Angebot an attraktiven, informativen und aktuellen Büchern, Zeitschriften, regionalen und überregionalen Tageszeitungen, digitalen Medien und Datenbanken bereitzuhalten. Somit sind sie mit ihrer informationellen Grundversorgung ein wichtiger Teil einer guten Infrastruktur in unseren Kommunen und erfüllen darüber hinaus einen Auftrag des Grundgesetzes. In ihrer Arbeit sind sie politisch, weltanschaulich und religiös vielseitig, den Werten unserer demokratischen Gesellschaft verpflichtet, stehen in der Tradition der Aufklärung, sind also faktenbasiert in ihrer medienpädagogischen Unterstützung, und stellen damit den Nutzer*innen auch unser kulturelles Erbe zur Verfügung.

In ihrer Weiterentwicklung, im Nutzungsverhalten und den sich daraus entwickelnden Anforderungen spiegeln Bibliotheken somit die Kultur und die Lebenswirklichkeit unserer vielfältigen Gesellschaft wider. Da werden Brett- und andere Gesellschaftsspiele bereitgehalten. Man trifft sich zum Senior*innen-Café.

Die junge kreative IT-Szene findet hier einen Rückzugsraum. Schüler*innen finden einen stabilen Internetzugang oder einen Raum für Hausaufgaben oder Gruppenarbeit.

Mancherorts werden Handwerkszeug und ähnliche „Dinge" ausgeliehen, womit Bibliotheken zudem dem Gedanken der Nachhaltigkeit gerecht werden. Saatgut-Leihe fördert den Erhalt und die solidarische Weiterentwicklung unserer biologischen Vielfalt. Hier finden kleinere kulturelle Formate ebenso ihren Platz wie Ausstellungen und Lesungen von Menschen „aus dem Quartier". Und manche*r ist froh über den Zugang zu den sanitären Räumen für eine kleine „Katzenwäsche". Und, und, und.

Bibliotheken haben sich in den vergangenen Jahrzehnten vielfältig gewandelt und sind mit über 220 Mio. Besucher*innen zu den frequentiertesten Bildungs- und Kultureinrichtungen geworden. Die meisten von ihnen sind schon lange keine reinen Buchausleihe-Orte mehr, sondern bieten genau die Dienste an, die es braucht, um Menschen vorurteils- und barrierefrei Teilhabe und Orientierung zu geben. Das gelingt über die kostenlose und niedrigschwellig zugängliche Möglichkeit, sich in einer Bibliothek aufhalten, vor Ort stöbern und lesen zu können und nicht verpflichtet zu sein, Mitglied zu werden, selbst nicht beim Besuch der weit über 400 000 Workshops, Lesungen oder Diskussionsveranstaltungen, Sprachkurse oder Vorleseaktionen.

Bibliotheken sind Treffpunkte auch gegen die Einsamkeit, um mit anderen Menschen, mit denen man sonst nie ins Gespräch kommen würde, zu sprechen und sich mit ihnen auszutauschen – im Sommer im Kühlen und im Winter im Warmen, ob in Café-Ecken, an Leseplätzen, in Erlebnislandschaften oder Vortrags- und Lernräumen. Als öffentliche Bibliotheken niedrigschwellig und erreichbar zu sein ist das „Sesam öffne dich" für alle Menschen jeglicher Herkunft und jeglichen Alters. Bibliotheken sind somit interkulturell, inklusiv und integrativ.

Bibliotheken haben sich auch für Geflüchtete zu einem wichtigen und vertrauenswürdigen Ort etabliert, an dem sie sich verlässlich und umfassend über unser Land und über die Weltlage informieren können, vielfach auch in ihrer Muttersprache.

Menschen kommen freiwillig in eine Bibliothek, aus freiem Willen. Und sie nutzen diese Freiheit, sich an all dem zu orientieren, was es in einer Bibliothek gibt. Ansprechpartner*innen sind dabei die Fachkräfte, die mit großem Sach- und Fachverstand als wahre Multitalente auf ihre Nutzer*innen eingehen, beraten, zum Verweilen einladen, Tipps geben, Medien vorschlagen und für die Ideen der Nutzer*innen, ob bei Buchanschaffungen oder Veranstaltungsmöglichkeiten, ein offenes Ohr haben, aber sich auch manche Not geduldig anhören.

Bibliotheken öffnen Welten und Weltsichten durch Sprache

Daher haben sie begleitend zu und in Kooperation mit Kitas und Schulen vor allem für Familien die Aufgabe der Vorlese-, der Lese- und damit der Sprachförderung und zunehmend auch der Medienkompetenzvermittlung. Die Angebote seitens der Bibliotheken und der Bibliotheksverbände sind hier sehr groß und sehr vielfältig.

Ob vom bundesweiten Vorlesetag oder von dem in Baden-Württemberg eingerichteten Frederick Tag, der der Maus Frederick aus dem gleichnamigen Kinderbuch von Leo Lionni gewidmet ist und zum Lesen und Vorlesen einlädt, ob es um Lesestart-Online-Seminare zur frühen Sprach- und Leseförderung oder dem seit Jahren schon bestehenden *„Total digital"* und jetzt *„Gemeinsam digital"*-Fördertopf, um Kindersoftwarepreise geht. Zahlreiche Bibliotheken bieten auch Alphabetisierungs- und Sprachkurse an. Neben und zusammen mit anderen Einrichtungen leisten sie somit einen wichtigen Beitrag zur Stärkung von Teilhabe- und Zukunftschancen.

Öffentliche Bibliotheken sind (auch) Bildungseinrichtungen

Daher müssen sie denselben Stellenwert erhalten wie wissenschaftliche Bibliotheken für Studierende, für Forschung, Lehre und Wissenschaft. Sie sind bereits Bildungseinrichtungen, und zwar für Erstleseratten bis hin zu Menschen, die sich außeruniversitär fort- und weiterbilden. Wenn zuhause kein Platz zum Lernen oder zum Schreiben der Abschlussarbeit ist, weil die Wohnung zu klein ist, die Schule in den Ferien geschlossen hat, es draußen regnet oder es keinen Internetanschluss gibt. Oder um fernab von der Unibibliothek mit anderen Kommiliton*innen arbeiten können.

Analoge Präsenz hat, weil nonverbale Kommunikation durch kein digitales Medium zu ersetzen ist, einen besonderen Wert. Und die Bibliothek ist Bildungseinrichtung für diejenigen, denen die Meinungsvielfalt wichtig ist, um durch das Informationsangebot „die andere Seite der Medaille" kennenzulernen, um danach bessere Entscheidungen und Alltagsurteile zu treffen.

Öffentliche Bibliotheken sind notwendig

Auch bei zunehmender Digitalisierung braucht es neben Medien in vielfältiger Form den physischen Ort und das psychische Wohlbefinden vor Ort. Daher haben Bibliotheken in den vergangenen Jahrzehnten immer mehr auf eine hohe Aufenthaltsqualität gesetzt, ob Leseecken, Arbeitsplätze, kleine Café-Nischen, Spielräumlichkeiten oder Vortragsbereiche. Bibliotheken haben, indem sie auch durch die Pandemie beschleunigt Wegweiser in die digitale Welt sind, einen Mehrwert für alle.

Wo sonst können Bürger*innen z. B. lernen, sich im Dschungel der zunehmenden Digitalisierung auch der Verwaltungen zu orientieren? Oder über Chancen und Risiken der Digitalisierung unabhängig, wertfrei und kostenlos aufgeklärt werden? Allerdings sind vor allem kleinere Bibliotheken in eher ländlich geprägten Regionen noch nicht überall mit angemessenen technischen Geräten oder Breitband ausgestattet und mancherorts braucht es mehr und vor allem ausreichend geschultes Personal.

Als *Dritter Ort*, der für die Menschen in unserer Gesellschaft möglichst flächendeckend da sein soll, muss es unserer Zeit angepasste familienfreundliche Öffnungszeiten geben, auch am gesamten Wochenende, was wiederum mit dem Arbeitsrecht und der Finanzierung zusammenhängt. Das ist neben vielen anderen Qualitäten, die Bibliotheken haben bzw. haben sollten, ein gewichtiger Faktor, der zwischen Sozial-, Finanz- und Kultus- bzw. Kulturhoheit zu klären ist. Weil uns die Bibliotheken viel wert sein müssen, brauchen sie Förderung und Unterstützung, von kommunaler Seite, von Betreiberseite, von Land und Bund.

Anders als andere kulturelle Einrichtungen, die meist eine bestimmte Zielgruppe erreichen und vielfach auch durch Fördervereine oder Freundeskreise unterstützt werden, finden sich für Öffentliche Bibliotheken weniger Wohltäter oder gar Mäzene. Ich behaupte aber, dass Bibliotheken „die Hochkultur unserer gesamten Gesellschaft" sind und es – mit Blick auf die Bibliothek in Alexandria – vielleicht schon immer waren. Noch besser verdeutlichen dies unsere Erfahrungen. Wo immer ich auf einer Festveranstaltung für Bibliotheken bin, beginnen sämtliche Redner*innen damit, welch große Bedeutung Bibliotheken und Bücher für sie in ihrer Kindheit und Jugend hatten.

Öffentliche Bibliotheken schonen kommunale Haushalte. Klingt paradox, ist aber so

Noch einmal komme ich zum Wort „freiwillig". Denn Bibliotheken zählen zu den freiwilligen Leistungen der Kommunen. Sobald es in einer Kommune zu Sparmaßnahmen kommt, wird es den Bibliotheken fast zum Verhängnis, „alles zu können": Kultur, Soziales, Bildung, Alltagsgestaltung und Demokratieförderung. Fehlen Finanzmittel, ist es schwierig, keinem Ressort ausschließlich zugeordnet zu sein. Würden Bibliotheken zur Chefsache von Gemeinderat und Stadtoberhaupt, würden sie auch zum „Fels in der Krisen-Brandung". Denn sie sind da und können von Kindertageseinrichtungen, Schulen, Berufsschulen, von Kultureinrichtungen, von Veranstaltern unterschiedlichster Couleur auf dem Boden unserer demokratischen Grundordnung, von Politik genutzt und eingebunden werden, bevor etwas Neues entstehen müsste bzw. andere Einrichtungen geschlossen zu werden drohen. Auf diese Weise könnten Bibliotheken sowohl in ihrer Bedeutung gestärkt aber auch noch mehr in den Mittelpunkt der Kommunen und der Menschen rücken und wesentlich dazu beitragen, die Gesellschaft in ihrer diversen Mitte zusammenzuhalten.

Öffentliche Bibliotheken: schon ein kommunaler Haushalte, klinge paradox, ist aber so

Boryano Rickum
Von Öffentlichkeit, Demokratie und Bibliotheken

„Wie der Buchdruck alle zu potenziellen Lesern gemacht hatte, so macht die Digitalisierung heute alle zu potenziellen Autoren. Aber wie lange hat es gedauert, bis alle lesen gelernt hatten?"
Jürgen Habermas

Viel ist im Sommer 2021 über die rechten Übergriffe im Eva-Maria-Buch-Haus in Berlin berichtet worden, unserer Zentralbibliothek im Bezirk Tempelhof-Schöneberg. Hier gab es wiederholt Funde von zerstörten Büchern, die gemein haben, sich kritisch mit rechtsextremen Bewegungen oder mit der Geschichte des Sozialismus auseinanderzusetzen. Mit der Veröffentlichung dieser Vorfälle über Twitter hatten die zerstörten Bücher bundesweit mediale Aufmerksamkeit erlangt und lösten eine große Welle der Empörung, aber auch der Solidarität für die Bibliothek aus.[1]

Dies gibt mir Anlass, das Postulat politischer Neutralität von Bibliotheken in Frage zu stellen. Mein Kollegium und ich, wir waren und sind uns einig: Dieser Akt der Zerstörung von Wissen kann nur als Angriff auf die Meinungsfreiheit und Demokratie verstanden werden. Und wir müssen uns eines solchen Angriffs erwehren.

Auch Richard Ovenden, Direktor der Bodleian Library in Oxford, vermittelt in seinem Manifest zur Geschichte bedrohter Bücher die klare Botschaft: Wenn Wissen und Wahrheit gezielt angegriffen werden, sind Bibliotheken starke Bollwerke zu ihrer Verteidigung.[2] Ovenden fokussiert sich auf die Funktion von Bibliotheken und Archive als bedeutsame Einrichtungen des kollektiven Gedächtnisses.[3] Mir kommt der weitere Gedanke: Wenn Bibliotheken existieren, um Wahrheit zu schützen, dann müssen sie ebenso Öffentlichkeit stärken. Denn wie können wir ohne Öffentlichkeit überhaupt feststellen, was Wahrheit ist? Wie können wir ohne Öffentlichkeit Wahrheit und Wirklichkeit von der Lüge, den *Fake*

---

1 Siehe u. a.: Schmoll (2021); Bachner (2021); Schäfer-Noske (2021)
2 Siehe hierzu: Ovenden (2021)
3 Empfohlen sei hier auch die Streaming-Aufzeichnung von Richard Ovendens Talk am 23.11.2022 in der Mittelpunktbibliothek in Schöneberg: https://youtu.be/xyGghcKrDq0 [30.12.2022]

Hinweis: Dieser Beitrag ist eine längere und wesentlich überarbeitete Fassung eines früheren Artikels, erstmalig erschienen in: Rickum 2022: 392–396.

https://doi.org/10.1515/9783111053240-005

News oder den so bezeichneten *alternativen Fakten* unterscheiden? Und was können Bibliotheken zur Bildung von Öffentlichkeit beitragen?

Mit Jürgen Habermas gesprochen: Bibliotheken müssen den Bürger_innen den Raum bieten, um über ihre privaten Belange hinaus zu räsonieren.[4] Räsonieren meint, eigene Urteile durch Lesen, Reflektion und schließlich durch Diskussion mit anderen zu bilden. Ganz so wie es nach Habermas den Bürger_innen einst die Kaffeehäuser und Salons – diese Dritten Orte des europäischen 19. Jahrhunderts – ermöglichten, sich in einer Monarchie von einer literarischen Gesellschaft in eine (jedoch noch männlich-weiß geprägte) demokratiefördernde Öffentlichkeit zu wandeln. Bibliotheken dürfen daher nicht neutral sein, sie müssen auch heute Sphären bieten, in denen sich gemäß Habermas die besseren Argumente mit ihrem zwanglosen Zwang durchsetzen, partikulare Interessen überwinden und Interessen des Gemeinwesens entwickeln lassen. Die Vorfälle der Bücherzerstörung lassen sich als einen vergeblichen Versuch lesen, das Entstehen solcher Öffentlichkeiten verhindern zu wollen. Vergeblich, weil wir in der Stadtbibliothek Tempelhof-Schöneberg die Motivation hinter dieser hässlichen Tat in ihr schönstes Gegenteil umkehren. Darauf komme ich gleich zurück.

Herausforderungen der Öffentlichkeit

Denn zunächst noch zugegeben: Diese alte Idee der bürgerlichen Öffentlichkeit von Habermas aufzugreifen, mag angesichts unbegrenzter, virtueller Sphären im heutigen 21. Jahrhundert, insbesondere durch Twitter, Facebook & Co. etwas *old fashioned* daherkommen. Nur hat sich dort sein Ideal von Öffentlichkeit als herrschaftsfreier Raum, in dem der egalitäre Austausch von Argumenten und Perspektiven möglich ist, bisher auch noch nicht verwirklicht. Zwar lassen sich virtuelle Öffentlichkeiten viel niedrigschwelliger und vernetzter begreifen. Jedoch bilden sie gerade für die gesellschaftliche Mitte allzu oft eine bürgerliche Sphäre für die Verbreitung von Hassrede, demokratiefeindlicher Hetze und wirklichkeitsfernen *fake news*. Die Erfahrungen von Bewegungen im Netz wie etwa der Gruppe #ichbinhier und anderen Aktivist_innen der *Gegenrede* belegen, dass der freie und respektvolle Austausch von Argumenten ohne Moderation und angesichts der sich ständig verändernden Darstellung der Kommentar- oder Beitragsspalten aufgrund intransparenter und automatisierter Algorithmen oftmals unmöglich ist.

Die Übernahme von Plattformen wie Twitter durch einzelne Privatpersonen bekräftigen zudem die Überlegungen von Habermas zum erneuten Strukturwan-

---

[4] Siehe hierzu: Habermas (2018)

del der öffentlichen Sphäre, der in diesem Kontext von einer Refeudalisierung der Öffentlichkeit spricht: Nicht wir Bürger_innen entscheiden über die Gestaltung unserer gemeinsamen öffentlichen Welt, sondern einzelne Konzerne oder gar Privatpersonen. Die Öffentlichkeit, so scheint es, sie wird uns vorgegeben.

Es scheint zudem grundsätzlich fragwürdig, ob sich derart voraussetzungsvolle politische Öffentlichkeiten im Sinne Habermas auf den kommerziellen *social media*-Plattformen wirkmächtig entfalten können. Alleine schon, weil dort Vernunft, Wahrheit und Wirklichkeit weniger durch den Austausch von neuen Perspektiven und besseren Argumenten bestimmt werden, sondern vielmehr durch die Anzahl von *likes*: Wahr und richtig ist bereits, was die meiste Zustimmung verbuchen kann. Und die meisten *likes* erhält, wer am besten affektiv *triggert*, ganz gleich mit welchem Inhalt. An die Stelle des zwanglosen Zwangs des besseren Arguments tritt der „zwanghafte Zwang des besseren Posts" wie Norman Marquardt im Deutschlandfunk treffend titelt.[5] In diesem Bewusstsein habe ich auch 2021 erstmals die Vorfälle zerstörter Bücher auf Twitter kommuniziert, der Auslöser für die große mediale Aufmerksamkeit der Bücherzerstörung in unserer Bibliothek, die bis heute anhält.[6]

Über die Netzöffentlichkeit hinaus zeigen zudem die gegenwärtigen identitätspolitischen Debatten zu größerer Repräsentationsmöglichkeit der vielfältigen Minderheiten in unserer Gesellschaft, dass nicht nur für sämtliche ihrer Milieus, sondern auch für die in ihnen enthaltenden diskriminierten Gruppen auf die Durchlässigkeit zu jeder Öffentlichkeit geachtet und bestehende Barrieren abgebaut werden müssen. Es ist längst nicht mehr zu vertreten, dass, wie einst im 19. Jahrhundert, nur weiße, heteronorme Männer Zugang zu öffentlichen Sphären erhalten.[7] Nur dürfen keine weiteren Ungerechtigkeiten geschaffen werden, indem Teile der Gesellschaft aufgrund umstrittener Merkmale oder zu starker Reglementierung aus den Öffentlichkeiten ausgeschlossen werden. Damit gefährden wir zusätzlich eine vernünftige Auseinandersetzung mit der *res publica*, unserem Gemeinwesen.

Schließlich hat der Soziologe Hartmut Rosa in seinen Überlegungen anschaulich herausgearbeitet, dass eine weitere Herausforderung in der Bildung sozialer Filterblasen liegt: Ihn beunruhigt „[...] die immer rigorosere Trennung der Lebenswelten unterschiedlicher Bevölkerungsgruppen oder -schichten und das progressive Auseinanderdriften ihrer kulturellen Praktiken und damit auch ihrer Meinungs- und Wissensbestände." Rosa sieht diese Drift nicht in erster Linie „[...] durch die prinzipielle Unvereinbarkeit der Praktiken oder Wissensbestände ge-

---

5 Siehe hierzu: Marquardt (2022)
6 Siehe hierzu etwa: rbb-Kulturradio (2022) oder ARD-Tagestehmen (2022)
7 Siehe hierzu: Kostra u. Roos (2021): 228–254

kennzeichnet, sondern vielmehr dadurch, dass die Bewegungs-, Praxis- und Informationsräume kaum mehr in Berührung und noch weniger in Austausch miteinander kommen."[8]

Manchmal versuche ich mir die Täter_innen vorzustellen, die unsere Bücher zerstörten und frage mich mit Unbehagen: Was, wenn sie sich in einer von allen getrennten und einzig mit Nachrichten aus Facebook und Co. gespeisten Lebenswelt befinden, mit ausschließlich rechtsextremen Informationsräumen, aus denen sie ein geschlossenes antidemokratisches Weltbild generieren? Und dann stellt sich mir die Frage, wie wir dieses Auseinanderdriften verhindern und wo diese Orte sind, an denen sich unsere vielen Lebenswelten wieder begegnen und in einen Austausch treten können.

Stärkung von Demokratie

Denn es bleibt: Angesichts der historischen Zivilisationsbrüche des 20. Jahrhunderts sowie den globalen Geschehnissen des noch jungen 21. Jahrhunderts bleibt es für unsere Gesellschaft unverzichtbar, die „Gegenwart anderer" erfahren zu können, „[...] die sehen, was wir sehen, und hören, was wir hören", wie Hannah Arendt in ihrer Schrift Vita Activa schreibt; denn sie „versichert uns der Realität der Welt und unser selbst."[9]

Gerade wegen den schier unendlichen Weiten der virtuellen Welten bedarf es neben dem zunehmenden Fokus auf die bereits erwähnten digitalen Plattformen stets auch einer Rückkoppelung mit – oder vielmehr *in* – den physischen Welten, also räumlichen Orten, um sich unserer gemeinsamen Realitäten zu versichern und eben auch, um die für eine deliberative, also auf Diskurse aufbauende, Demokratie notwendigen Öffentlichkeiten zu entfalten.

Genau hier kommen wir Öffentlichen Bibliotheken ins Spiel. In diesem Kontext lassen sich klare Rechte und Pflichten unserer bibliothekarischen Arbeit formulieren: Ganz gleich ob bei der Auswahl und Kuratierung der Bestände oder bei der Konzeption und Ausrichtung der kulturellen Programmarbeit und pädagogischen Vermittlung von Medien- und Informationskompetenz – stets müssen wir als Bibliothek das Recht auf unabhängiges Handeln beanspruchen, damit wir unsererseits einer unserer zentralen gesellschaftlichen Aufgaben nachgehen können, nämlich die Meinungsfreiheit zu stärken. Freilich erwächst dadurch zugleich sofort die parallele Pflicht, stets politisch für die Demokratie Position zu beziehen.

---

8 Rosa (2021): 261
9 Arendt (2019): 63

An anderer Stelle haben meine Berliner Kollegin Julia Weis und ich schon festgestellt, dass uns explizit die Funktion des Kommunikationsfördernden und Handlungsanstiftenden zukommt: Als emanzipatorisch handelnde Einrichtung müssen wir uns unseres Auftrags zur gesellschaftlichen Partizipation bewusst sein und politische Deutungsprozesse nicht nur durch Zugänglichmachung von Wissen und Informationen alleine ermöglichen, sondern selbst Teil dieser Prozesse sein und sie sowohl mit unserer Bestandsarbeit als auch programmatischen Arbeit prägen. Gute Bibliotheksarbeit bedeutet also auch, sich mit der Zivilgesellschaft zu vernetzen, gesellschaftliche Diskurse aufzugreifen und sich mit den Mitteln bibliothekarischer Arbeit an ihnen zu beteiligen.[10]

Demokratische Arbeit von Bibliotheken

Doch wie können Bibliotheken nun konkret die Entfaltung von Öffentlichkeiten fördern und damit die Idee einer deliberativen Demokratie stärken?

Im Kontext politischer Bildungsarbeit sehe ich zunächst die deutliche Stärke von Bibliotheken darin, dass sie aufgrund ihrer traditionell vielfältigen Medienbestände für das öffentliche Räsonieren eine sehr fundierte Basis anbieten. Freilich müssen sie auch den physischen Raum zur Verfügung stellen, in dem Menschen sich begegnen können, begleitet von einer Programmarbeit, die zu gemeinsamen Auseinandersetzungen mit dem Gemeinwesen ermuntert. Nach den Vorfällen der Bücherzerstörung haben wir die betroffenen Medien ersetzt, nicht zuletzt dank der Bücherspenden von Privatpersonen, betroffenen Verlagen und Autor_innen. Zudem setzten wir uns mit den betroffenen Inhalten auseinander und kuratierten eine kleine Ausstellung mit den betroffenen Büchern im Zentrum, die noch zu sehen ist. Vor allem haben wir mit einer Weiterentwicklung unserer programmatischen Arbeit reagiert und das Format *Starke Seiten* konzipiert. *Starke Seiten* geben den betroffenen Autor_innen ihre Stimme zurück und zugleich den Besucher_innen des Bezirks, unseren *Citoyens*, die Möglichkeit, mit ihnen in einen direkten Austausch zu gehen, mit ihnen auf Grundlage ihrer Texte räsonieren zu können. Und damit tun wir genau das, was die Täter_innen der Bücherzerstörung sicher nicht im Sinn hatten.

Schon vor diesen Vorfällen hatten wir in Tempelhof-Schöneberg dank des *hochdrei*-Programms der Kulturstiftung des Bundes die Möglichkeit, mit dem Thema *Begegnung* zu experimentieren: Ausgangspunkt unseres Projektes *Medienwerkstatt Encounters* war die Frage, wie es gelingen kann, aus den zufälligen Be-

---
10 Siehe hierzu: Weis u. Rickum (2019): 3–6

gegnungen zwischen Menschen in unseren Häusern immer wieder auch bewusste und sinnhafte Begegnungen entstehen zu lassen.[11] Dieses experimentelle Projekt sollte auch ein Lackmustest für die vielfach kommunizierte gesellschaftliche Niedrigschwelligkeit von öffentlicher Bibliothek sein, dessen Ergebnis aufgrund der Pandemie und den aus ihr folgenden physischen Begegnungsverboten leider nicht eindeutig genug ausgefallen ist. Dennoch versuchen wir die entstandenen Formate weiterzuentwickeln, um das Thema Begegnung und die Auseinandersetzung mit gesellschaftlichen Fragen in unserem Portfolio zu halten.

Ein erweiterter Blick in das öffentliche Bibliothekswesen in Deutschland zeigt, dass eine ganze Fülle an Ansätzen erwachsen ist, die das Entstehen von Öffentlichkeit fördern. Nennen möchte ich hier etwa die Aktivitäten gegen Desinformationen und *fake news* des dbv-Projektes *Netzwerk Bibliothek Medienbildung*[12] oder das Kooperationsprojekt *#dubisthier* der Bücherhallen Hamburg und ichbinhier e. V., das sich für ein positives Miteinander und gegen Hassrede im Netz einsetzt[13] sowie die gemeinsame Kooperation des VÖBB und den Berliner Stadtbibliotheken von Pankow und Tempelhof-Schöneberg mit dem Haus der Kulturen der Welt und ihrem *Archiv der Flucht*.[14]

Sollten ferner Bibliotheken neben physischen Räumen auch virtuelle Begegnungsorte, also eigene digitale Plattformen, der Öffentlichkeit zur Verfügung stellen? Angesichts der Dominanz kommerzieller Plattformen und ihrer anhaltend hohen Beliebtheit scheint diese Frage müßig. Ich möchte mir dennoch wenigstens einen kurzen Moment lang eine solche Plattform vorstellen: Eine, die Öffentlichkeit für unterschiedliche zivile Initiativen und (Kleinst-)Gruppen von der Hausgemeinschaft über Lerngruppen bis hin zu Bürger_inneninitiativen ermöglicht und diese gebührenfrei – auch nicht auf Kosten von persönlichen Daten – miteinander verknüpft unmittelbar in dem Moment, in dem ein Bibliotheksausweis ausgestellt wurde. Eingerichtet mit Algorithmen, technischen Mechanismen und Designprinzipien, die herrschaftsfreie Diskurse fördern, aber nicht kommerzielle Interessen von Großkonzernen, wirre Ansichten vermeintlicher Meinungsfreiheit einzelner Milliardäre, *Fake News* und antidemokratische Hassrede. Eine Plattform, die dabei auch als *Hub* fungiert, um diese Öffentlichkeit der erwähnten Gruppen und Initiativen mit bestehenden Bibliotheksangeboten zu verbinden und neue Informations- und Wissensangebote zu schaffen. Trifft diese Vorstellung nicht den

---

11 www.encounter-blog.com
12 https://netzwerk-bibliothek.de
13 https://dubisthiergegenhass.de
14 https://archivderflucht.hkw.de

Kern unseres heutigen Verständnisses als öffentliche Wissens- und Informationseinrichtung und wäre es uns nicht mal ein *Prototyping* wert?[15]

Um unsere Nutzer_innen zum gemeinsamen Räsonieren zu ermuntern, müssen aber nicht immer aufwendige, drittmittelfinanzierte Projekte aufgesetzt oder digitale Prototypen entwickelt werden. Das klassische Format eines Lesezirkels als niedrigschwelliger, moderierter und für alle offener, jedoch zugleich geschützter Raum zum freien Austausch über Texte und Themen, der über partikulare Interessen hinausführen kann, ist und bleibt schon ein wertvoller Beitrag zur Stärkung von Öffentlichkeiten und deliberativer Demokratie.

Es stimmt: Das Ideal von Habermas eines herrschaftsfreien Raumes zum Austausch von Argumenten hat es noch nie wirklich in Reinform gegeben. Und Bibliotheken alleine räumen nicht alle Hindernisse auf dem Weg dorthin zur Seite. Jeder noch so kleine Schritt ist (nicht nur) für Bibliotheken immer mit hohem Aufwand sowie Personaleinsatz verbunden und bedarf großer Resilienz. Der antidemokratische Rechtsruck in einigen Regierungen der Länder Skandinaviens, also jener Region, die uns in Deutschland bibliotheksfachlich weithin inspiriert und in unserer Entwicklung anspornt, mag uns zugleich die Grenzen der politischen Wirkungsmacht von modernen Bibliotheken aufzeigen. Schließlich lassen sich auch weitere Bücherzerstörungen bei uns in Tempelhof so nicht direkt verhindern. Öffentlichkeit zu stärken bleibt somit ein Wagnis.

Was aber bleibt uns anderes übrig?

Literaturverzeichnis

Bücher

Arendt, Hannah: Vita activa oder Vom tätigen Leben, Berlin: Piper 2019.
Habermas, Jürgen: Strukturwandel der Öffentlichkeit: Untersuchungen zu einer Kategorie der bürgerlichen Gesellschaft: mit einem Vorwort zur Neuauflage 1990, Frankfurt am Main: Suhrkamp 2018.
Ovenden, Richard: Bedrohte Bücher: eine Geschichte der Zerstörung und Bewahrung des Wissens, Berlin: Suhrkamp 2021.

---

15 Etwa auf Basis von Discourse, einer Open-Source-Diskussions-Plattform: https://www.discourse.org.

Zeitschriften

Rickum, Boryano: Bibliotheken dürfen nicht neutral sein! In: Bub, Forum Bibliothek und Information, (07/2022), S. 392–396.

Beiträge

Kostra, Sandra u. Roos, Christof: Identitätspolitik als neue Dynamik im Strukturwandel der Öffentlichkeit – Egalitäre Zugänge für Individuen oder für Merkmalgruppen? In: Seeliger, Martin, u. Sevignani, Sebastian (Hrsg.): Ein neuer Strukturwandel der Öffentlichkeit? Baden-Baden: Leviathan Sonderband 37 2021, S. 228–254.

Rosa, Hartmut: Demokratischer Begegnungsraum oder lebensweltliche Filterblase – Resonanztheoretische Überlegungen zum Strukturwandel der Öffentlichkeit im 21. Jahrhundert. In: Seeliger, Martin, u. Sevignani, Sebastian (Hrsg.): Ein neuer Strukturwandel der Öffentlichkeit? Baden-Baden: Leviathan Sonderband 37 2021, S. 255–277.

Weis, Julia u. Rickum, Boryano, Ach, Bartleby! – Über Bibliotheken als emanzipatorische Orte des freien Handelns. In Hauke, Petra (Hg.): Öffentliche Bibliothek 2030. Herausforderungen – Konzepte – Visionen, Bad Honnef: Bock + Herchen 2019, S. 3–6.

Internetdokumente

ARD-Tagesthemen: Mittendrin, Sendung vom 22.11.2022: Berlin: Attacke auf Bücher, https://www.youtube.com/watch?v=g5z8MBYDew8 [30.12.2022].

Bachner, Frank u. Salmen, Ingo, Tagesspiegel vom 12.08.2021: Bücher zerschnitten, Parolen geschmiert: Haben Reichsbürger es auf eine Berliner Bezirksbibliothek abgesehen?https://www.tagesspiegel.de/berlin/haben-reichsburger-es-auf-eine-berliner-bezirksbibliothek-abgesehen-4270060.html [30.12.2022].

Marquardt, Norman: Deutschlandfunk Kultur – Sein und Streit, Sendung vom 11.09.2022: Jürgen Habermas: „Ein neuer Strukturwandel der Öffentlichkeit" – Der zwanghafte Zwang des besseren Posts, https://www.deutschlandfunkkultur.de/besprechung-juergen-habermas-der-neue-strukturwandel-der-oeffentlichkeit-100.html [30.12.2022].

rbb-Kulturradio: Der Tag, Sendung vom 16.09.2022: Büchereien wegen ihrer Portfolios unter Druck, https://www.rbb-online.de/rbbkultur/radio/programm/schema/sendungen/der_tag/archiv/20220916_1600/kultur_aktuell_1610.html [30.12.2022].

Schäfer-Noske, Doris: Deutschlandfunk-Kultur heute vom 24.10.2021: Tag der Bibliotheken: Boryano Rickum zu zerstörten Büchern in seiner Bibliothek, https://www.deutschlandfunk.de/tag-der-bibliotheken-boryano-rickum-zu-zerstoerten-buechern-in-seiner-bibliothek-dlf-5e23ea68-100.html [30.12.2022].

Schmoll, Thomas: Spiegel vom 13.08.2021: Attacke auf Bücher in Berliner Bibliothek „Hinter der Tat sehe ich eine deutliche rechtsextreme Motivation", https://www.spiegel.de/kultur/literatur/attacke-auf-buecher-in-berliner-bibliothek-hinter-der-tat-sehe-ich-eine-deutliche-rechtsextreme-motivation-a-54dbaebf-3570-45e2-905e-f9941ec7bacc [30.12.2022].

Susanne Keuchel
Öffentliche Bibliotheken als *Dritte Orte*?

Zu den gesellschaftlichen Herausforderungen non-formaler kultureller Bildungsträger

Die Entwicklung der Kultur- und kulturellen Bildungseinrichtungen unterlag in den letzten Jahrzehnten einem permanenten gesellschaftlichen Wandel. Von Orten, die die wichtigen und richtigen Kulturgüter bewahren und zugänglich machen, hin zu mehr Öffnung im Sinne der Bereitstellung einer Vielfalt an Medien, von einer zunehmenden Ökonomisierung im Kontext von Dienstleistung hin zu einem stärkeren kulturellen Bildungsverständnis sowie von einer zunehmenden Eingebundenheit in kommunale oder regionale Bildungslandschaften zur Stärkung von gesellschaftlicher Teilhabe und Zusammenhalt.

Dabei bewegen sich Bibliotheken – wie auch die Museen – wesentlich stärker an der Schnittstelle zwischen Kultur- und Bildungsauftrag als andere Kultureinrichtungen. „Wurde nach der Gründung der Bundesrepublik Deutschland über Jahrzehnte hinweg die Öffentliche Bibliothek ausschließlich als Kultureinrichtung gesehen und so auch von Politik und Öffentlichkeit eingeordnet, so vollzieht sich seit der Wiedervereinigung ein Wandel hin zu ihrer Anerkennung als Bildungseinrichtung."[1]

Im folgenden Beitrag werden nach einer grundsätzlichen Verortung der Institution Öffentliche Bibliothek und ihres rechtlichen Auftrags Wandlung und Veränderungen, die die Bibliotheken in den letzten Jahrzehnten vollzogen haben, betrachtet. Dabei wird ein besonderer Fokus auf die Veränderungen der Bibliotheken im Feld der Kulturellen Bildung und ihrer Bedeutung als *Dritte Orte* gelegt. Es werden in Folge aktuelle gesellschaftliche Herausforderungen aufgezeigt, denen sich heute Kultur-, kulturelle Bildungseinrichtungen und damit auch Bibliotheken, im Sinne anstehender Transformationsprozesse, stellen müssen, um dann abschließend in einem Fazit Empfehlungen auszusprechen, wie sich Bibliotheken künftig als gesellschaftlich relevante *Dritte Orte* aufstellen und non-formale kulturelle Bildungserfahrungen ermöglichen können.

---

1 Seefeldt (2018)

Ausganssituation: Zum institutionellem Rahmen und rechtlichen Auftrag öffentlich geförderter Bibliotheken

Die Öffentlichen Bibliotheken sind in der Regel kommunale Einrichtungen und obliegen den freiwilligen Aufgaben einer Kommune wie andere kommunale Kultureinrichtungen auch, beispielsweise Museen, Theater oder Musikschulen. Im Gegensatz beispielsweise zu Theatern oder Orchestern sind sie jedoch wesentlich flächendeckender in Deutschland verankert: „In allen Großstädten, in rund 94 % der Mittelstädte und etwas mehr als 40 % der Städte mit 5000 bis unter 20 000 Einwohnern bestehen Öffentliche Bibliotheken mit hauptamtlichem Personal. [...] Insgesamt leben knapp 70 % der Bevölkerung in Deutschland in Orten mit Bibliotheken, in denen hauptamtliches Personal für Dienstleistungen zur Verfügung steht."[2]

Es gibt kein einheitliches Bibliotheksgesetz in Deutschland, da hier die Befugnis der Kulturhoheit der Länder greift. Nachdem die Enquete-Kommission *Kultur in Deutschland*[3] den Bundesländern angeraten hat, Bibliotheksgesetze zu erstellen, haben mittlerweile sechs Bundesländer Bibliotheksgesetze beschlossen.[4]

Bei einer historischen Betrachtung der Erlasse und Gesetze, mit Bezug zu den Aufgabenstellungen, kann ein Perspektivwechsel festgestellt werden, der sich ansatzweise auch in den Empfehlungen der Enquete-Kommission widerspiegelt, beispielsweise wenn empfohlen wird, „einen länderübergreifenden Bibliotheksentwicklungsplan" zu erstellen, der „bildungspolitische Zielsetzungen und Qualitätsstandards" beinhalten soll und auch „Kooperationen zwischen Schulen, Vorschulen, Kindergärten und anderen Bildungs- und Kultureinrichtungen" einzugehen.[5] Wird in diesem Sinne exemplarisch § 1 Abs. 3 im „Gesetz zur Förderung der Weiterbildung und des Bibliothekswesens (Weiterbildungsförderungsgesetz)" des Landes Baden-Württemberg in der Fassung vom 20. März 1980[6] zur Stellung und Aufgaben der Weiterbildung und des Bibliothekswesens betrachtet, so heißt es dort:

> Öffentliche Bibliotheken haben die Aufgabe, durch einen entsprechenden Literatur- und Informationsdienst den Zielen der Weiterbildung im Sinne von Absatz 2 zu dienen und der

---

2 Umlauf online
3 Kurth (2009) 108–112
4 DBV Bibliotheksgesetze https://www.bibliotheksverband.de/bibliotheksgesetze
5 Deutscher Bundestag (2007) 132
6 Beck online

Bevölkerung die Aneignung von allgemeiner Bildung sowie von Kenntnissen für Leben und Beruf zu ermöglichen. Sie bieten allen Erwachsenen und Jugendlichen Bücher, Zeitschriften, Zeitungen, Musikalien und audiovisuelle Medien auf allen Gebieten der Weiterbildung an.[7]

Die Aufgabenbeschreibung des Thüringer Bibliotheksrechtsgesetz (ThürBibRG) vom 16. Juli 2008 setzt dabei schon deutlich andere Akzente:

> Bibliotheken sind Bildungseinrichtungen und als solche Partner für lebenslanges Lernen. Sie sind Orte der Wissenschaft, der Begegnung und der Kommunikation. Sie fördern Wissen und gesellschaftliche Integration und stärken die Lese-, Informations- und Medienkompetenz ihrer Nutzer durch geeignete Maßnahmen sowie durch die Zusammenarbeit mit Schulen und anderen Bildungseinrichtungen. [8]

Im folgenden Kapitel soll dieser Wechsel an Aufgaben der Bibliotheken, weg von der Bereitstellung von Literatur, Wissen und Informationen hin zu einem „Partner für lebenslanges Lernen", der Förderung von Wissen, gesellschaftlicher Integration oder auch der Lese- und Medienkompetenzen, ausführlicher betrachtet werden.

Bibliotheken im gesellschaftlichen Wandel: Vom Kulturtempel, zu Lernorten hin zu *Dritten Orten*?

Nach Konrad Umlauf verfolgten Bibliotheken lange Zeit einen expliziten, kuratorischen Anspruch, wichtige und gute Literatur der Öffentlichkeit zugänglich zu machen[9]. Mit dem kulturpolitischen Wandel in den 1970er und 1980er Jahren, in der sowohl ein feststehender Kulturkanon als auch der Anspruch den Einzelnen „zu einer Kultur [zu] erziehe[n]"[10] zunehmend in Frage gestellt wurde, änderte sich dies. Mit Hilmar Hoffmanns damaligen Aufruf „Kultur für alle"[11] galt es, verstärkt breite Bevölkerungsgruppen in den Blick zu nehmen.

Mit dieser Liberalisierung von Kultur und kulturellen Lebensstilen verliert die Legitimation durch das Bereitstellen spezifischer ausgewählter Kulturgüter, hier Medien, an Bedeutung, stattdessen rücken die Interessen der Bürger in den Fokus. Dies verstärkt sich Anfang der 1990er Jahre im Zuge der zunehmenden

---

7 WeitBiFöG BW (1980) §1 (3)
8 ThürBibRG (2008) §3 Bildung und Medienkompetenz
9 Umlauf online
10 Liebau u. Zirfas (2004) 579
11 Hoffmann (1984)

Ökonomisierung gesellschaftlicher Handlungsfelder und öffentlicher Verwaltung[12]. Eines der ersten größeren Projekte in Deutschland, die die Interessen der Bürger in den Fokus rückte, war das Projekt der Bertelsmann-Stiftung *Kultur im Bürgerurteil*[13], indem Besucherumfragen zu Interessen und Akzeptanz von Angeboten in Kultureinrichtungen durchgeführt wurden. Neben der stärkeren Forderung, die inhaltlichen Interessen der Bürger stärker zu berücksichtigen, ging es auch allgemein um die Zufriedenheit der Bürger im Servicebereich, vom Kartenerwerb bis hin zum Pausenangebot. Dies war die Zeit, wo sich erste Kulturmanagement-Studiengänge etablierten, und diese Entwicklungen beeinflussten auch die Weiterentwicklung der Bibliotheken. Nach Konrad Umlauf „verstanden sich die Öffentlichen Bibliotheken (zunehmend) als Informationszentrum, weiteten die Sach- und Fachbuchbestände massiv aus"[14], hier auch vergleichsweise früh mediale Angebote, DVD, CD's etc.

Die zunehmende Spaltung der Gesellschaft, die auch in Deutschland bis heute im Zuge von Ökonomisierung und Globalisierung beobachtet werden kann, führte dann in einem weiteren Schritt zu einer stärkeren Perspektive auf kulturelle Teilhabe. In Studien wie PISA[15] oder beispielsweise auch im *1. Jugend-KulturBarometer*[16] konnte zu Beginn 2000 aufgezeigt werden, dass es im Kontext des Bildungshintergrundes des Elternhauses verstärkt zu Bildungsbenachteiligung und fehlenden kulturellen Teilhabechancen kommt. Dies – zusammen mit der Beobachtung, dass klassische Kultureinrichtungen immer weniger von jüngeren Generationen aufgesucht werden –, führte auf der einen Seite im Bereich der Kulturellen Bildung zu einem stärkeren Engagement heterogenere Bildungsgruppen zu erreichen und zugleich das Kulturpublikum von Morgen zu binden – aber auf der anderen Seite auch zu einem Wandel der Kultureinrichtungen von einem Informationszentrum hin zu einem stärkeren Wohlfühl- und Kommunikationsort, der in Bibliotheken auch verbunden wird mit eigenen kulturellen Veranstaltungen[17]. Dabei spielt vermehrt der Diskurs um so genannte *Dritte Orte*[18] eine wichtige Rolle.

---

12 Bogumil (2004) 209–231
13 Keuchel (1998)
14 Umlauf online
15 OECD (2014)
16 Keuchel und Wiesand (2006)
17 Umlauf online
18 Oldenburg (1999)

Zur Rolle der Kulturellen Bildung

Seit der Durchführung des schon erwähnten *1. Jugend-KulturBarometers*[19] 2004, der eine hohe kulturelle Teilhabeungerechtigkeit bei Kindern und Jugendlichen im Kontext der Bildung des Elternhauses feststellte, konnte eine deutliche Zunahme an kulturellen Bildungsformaten innerhalb aller Kultureinrichtungen beobachtet werden.[20] *Kinder zum Olymp*[21], eine Initiative der Kulturstiftung der Länder ging an den Start, die Kultureinrichtungen mit Schulen vernetzte, oder auch das Programm *Ideen für mehr! Ganztägig lernen*, das den Ausbau der Ganztagsschule und damit auch Kooperationen zwischen formaler und non-formaler (kultureller) Bildung förderte. Auch die Bibliotheken weiteten seit 2004 ihre kulturellen Bildungsaktivitäten deutlich aus.[22] So lautete beispielsweise das Statement des deutschen Bibliotheksverbands auf der Didacta-Bildungsmesse 2008 in Stuttgart: „Bibliotheken bilden... von Anfang an."[23] Mit diesem Statement wurde nicht nur das verstärkte Bildungsengagement der Bibliotheken in den Vordergrund gerückt, sondern auch ihr Fokus, der sich im Vergleich zu anderen Kultureinrichtungsarten eher auch auf sehr junge Zielgruppen konzentrierte.

Dass eine frühe biographische Einbindung, bereits ab Geburt erfolgen kann, zeigt exemplarisch die 2003 entwickelte Briloner Leselatte. Dabei handelt es sich um eine Messlatte, die mit Zentimeterangaben von 60 bis 150 cm das Durchschnittsalter der Kinder angibt und zu jeder Altersstufe Informationen darüber liefert, wie Eltern, Lehrer und Erzieher die Lesekompetenz ihrer Kinder und Schüler entsprechend fördern können. Diese wird seit 2006 jeder Mutter, die in Brilon ein Kind zur Welt bringt, zusammen mit einem Lese-Start Paket übermittelt. 2007 wurde die Briloner Leselatte auch in deutsch-türkischer Sprache und später in zehn weiteren Übersetzungen ermöglicht.

Die stärkere Einbeziehung von Bevölkerungsgruppen mit Migrationshintergrund[24] ist zu dieser Zeit noch wenig ausgeprägt und auch hier haben die Bibliotheken im Vergleich zu den anderen Kultureinrichtungen schon sehr früh angefangen, sich zu engagieren, indem sie Literaturbestände aus typischen Herkunftsländern in den bestehenden Bibliotheksbestand aufnahmen.

Seit 2004 wird in den Bibliotheken ein zunehmend breiteres kulturelles Bildungsangebot entwickelt, das von Lesungen, über Filmvorführungen bis hin zu

---

19 Keuchel und Wiesand (2006)
20 Keuchel und Weil (2010)
21 Kinder zum Olymp: https://www.kulturstiftung.de/kinder-zum-olymp/
22 Keuchel und Weil (2010) 17
23 Didacta (2008)
24 Keuchel (2012)

Medienprojekten und einer Vielzahl künstlerisch-kreativer Bildungsformate reicht.[25] Ein künstlerisch-kreatives Bildungsformat, das eine Verbindung zum Bestand der Bibliotheken aufbaut, ist das Kunstprojekt *Artothek* der Stadtbibliothek Langenfeld, bei dem Schüler einer angrenzenden Schule eigene Kunstwerke nach Originalkunstwerken der *Artothek* erstellen. Bibliotheken bieten auch – mehr als andere Kultureinrichtungen – Club- und Freizeittreffs in ihren Räumlichkeiten an; auch das ist als Bildungsangebot zu werten. Die Bibliothekszeitschrift „Mäggie; der Stadtbibliothek Greiz ist hierfür beispielhaft. Schüler*innen treffen sich regelmäßig in ihrem Redaktionsclub, um sich über neue Zeitschriftenbeiträge abzustimmen. Auch Lesungen finden nicht nur im Kontext von Autor*innen als rezeptives Format, sondern auch als künstlerisch-kreatives Format statt, in Form von Vorlese- bzw. Schulwettbewerben wie beispielsweise der Vorlesewettbewerb der Stadtbücherei Baesweiler, bei dem der beste Vorleser der vierten Klassen im Stadtgebiet ermittelt wird. Ein anderes Beispiel ist der Rap-Workshop des Medienzentrums in Heidenheim, um Schüler*innen der örtlichen Berufsschulen, den Umgang mit Texten näherzubringen[26].

Bei der kulturellen Bildungsarbeit der Bibliotheken kann auch der Sozialraum miteinbezogen werden, wie beispielsweise bei dem Projekt der Landeshauptstadt Potsdam: *Was ist denn heut bei FUNDUS los?*[27]. 16 Kinder zwischen sieben und 12 Jahren entdeckten hier 2018 im Babelsberger Park einen fiktiven, uralten Zeitungsausschnitt zum Schloss Babelsberg und eine alte Schatzkiste, in der sich Rätsel und andere Dinge, die die Fantasie anregen, fanden.

Einen zunehmend wichtigen Stellenwert innerhalb der kulturellen Bildungsarbeit in Bibliotheken nimmt auch die Medienkompetenzförderung ein. Ein Beispiel hierfür ist das Medienkompetenzprojekt für Grundschüler*innen der Mediathek Denzlingen.[28] Inspiriert von der Buchreihe „Forschen, Bauen, Staunen von A bis Z" wurde an einzelnen Terminen jeweils ein neues Konzept vorgestellt, beispielsweise wurde unter dem Motto „D wie 3D" mit iPad-Apps und Büchern mit 3D-Effekten sowie „Augmented Reality" experimentiert oder in „T wie Technik" wurden Lego WeDo Maschinen gebaut.

Dass Bibliotheken nicht nur frühe Zielgruppen einbinden, sondern dabei durchaus die Thematisierung neuerer Technologien nicht scheuen, bewies die Bibliothek Reichenbach in einem Robotik-Projekt für fünf- bis 12-Jährige. Im Rahmen eines Sommerferienprogramms konnten sich Kinder hier intensiv mit den Themen Robotik und Programmieren beschäftigen. Dabei kam es beispielsweise

---

25 Keuchel und Weil (2010) 54–62
26 Rap Workshop im Medienzentrum in Heidenheim https://youtu.be/Fjk9Hmbwzd0
27 Was ist denn heut bei FUNDUS los? https://youtu.be/Y6bFmJyu0Ms
28 ÖBiB (2018)

zu Interaktionen mit kleinen Blue Bots und zum Bau von eigenen Robotern. Ein weiteres kreatives Beispiel für kulturelle Bildungsarbeit in Bibliotheken ist das Projekt *Das geheimnisvolle Buch* der Stadtbücherei Münster[29], in dem 10- bis 12-Jährige einen selbstgedachten Detektiv-Film erstellten, wobei die Bibliothek zum Tatort wurde.

Diese Art der Bibliotheksarbeit bedingt natürlich eine ganz andere Ausbildung als die der bisherigen Bibliothekar*innen. Insgesamt zeigen die Beispiele die deutlich gestiegenen Anforderungen an Bibliothekar*innen und damit einhergehend einen hohen Bedarf an Fortbildungen. Das ist einer der Gründe, warum sich beispielsweise in der Akademie der Kulturellen Bildung in Kooperation mit dem Bundesverband Leseförderung e. V. die Qualifizierung zur Literaturpädagogik[30] etablierte.

Der institutionelle Wandel vom Funktions- zum Erlebnisort als *Dritten Ort*

Sowohl der wachsende Anspruch kulturelle Bildungsangebote in Bibliotheken durchzuführen, um kulturelle Teilhabe zu verbessern und zugleich ein Publikum zu generieren, als auch Trends der Ökonomisierung – hier mehr Bürgerservice und Audience Development[31] – haben die Entwicklung der Bibliotheken zu einem sogenannten *Dritten Ort* befördert. Der Begriff *Dritter Ort* wurde von dem Soziologen Ray Oldenburg[32] in den 1990er Jahren eingeführt. Er geht davon aus, dass *Dritte Orte* als Alternative zum Zuhause und dem Arbeitsplatz eine zunehmend wichtige Rolle in der Gemeinschaft spielen als „Anker des Gemeinschaftslebens"[33]. *Dritte Orte* ermöglichen das Treffen von bekannten wie noch nicht bekannten Menschen und zwar ohne großen Aufwand und dem Zwang zu konsumieren: „Gemeint ist ein Raum, der durch seine Offenheit die Begegnung von Menschen unabhängig von ihren privaten oder beruflichen Kontexten sowie den damit verbundenen Rollen und Privilegien ermöglicht."[34]

---

[29] Das geheimnisvolle Buch https://youtu.be/9elInWUgYIQ?list=PLjA2CPQcrNFDQbpXazSLm93 WYacOM2gBm
[30] Qualifizierung Literaturpädagogik ARS https://kulturellebildung.de/kurse/qualifizierung-litera turpaedagogik-ars/
[31] Mandel (2013)
[32] Oldenburg (1989)
[33] Bangert (2020) 373
[34] Thiele und Klagge (2020) 555

So trägt die Zunahme an kulturellen Bildungsangeboten in Bibliotheken auch dazu bei, dass vor allem jüngere Zielgruppen die Bibliothek nicht mehr ausschließlich als Ausleih-, sondern auch als Erlebnisort wahrnehmen, welches sich für ältere Zielgruppen durch Lesungen und andere kulturelle Angebote verstärkt.

Die steigende Dienstleistungsmentalität – und hier auch Audience-Development Grundlagen – haben vielfach auch dazu geführt, dass Bibliotheken eigene gastronomische Angebote etabliert haben, um die Aufenthaltsqualität zu verbessern. Auch damit verschiebt sich die Wahrnehmung weg von einem primären Ort der Medienausleihe hin zu einem *Dritten Ort*, in dem nicht mehr die Ausleihe den primären Besuchsgrund darstellt, sondern der, einen Kaffee an einem vertrauensvollen Ort zu trinken. Der offene Buchbestand lädt dann möglicherweise erst im zweiten Schritt dazu ein, sich mit diesem intensiver auseinanderzusetzen.

Eine weitere Strategie der Bibliotheken, Besucher an den Ort zu binden, liegt in der Bereitstellung von Internetzugängen in Bibliotheken. Stellte das Internet als eigene Wissensplattform zunächst eine gewisse Konkurrenz zu Bibliotheken dar, stellten sie eben diese damit in den Dienst der eigenen Sache, indem sie eigene digitale Arbeits- und Rechercheplätze mit Internetzugang in den Bibliotheken vor Ort allen zur Verfügung stellten, die sie aufsuchten. In Deutschland, wo im Gegensatz zu anderen Ländern bis heute kein flächendeckendes offenes Internet zur Verfügung steht, war dies lange Zeit ein sehr attraktives Angebot. Das Angebot digitaler Arbeitsplätze hat möglicherweise dazu beigetragen, dass Schüler*innen, die im Elternhaus über keine entsprechenden Ressourcen verfügen, vermehrt die Bibliotheken für Hausarbeiten aufsuchen.

Eine weitere Strategie, die sich zunehmend in Bibliotheken etabliert, ist neben der Einbindung von kulturellen Events wie Lesungen, Ausstellungen oder Konzerten die Einrichtung von Spielecken für kleinere Kinder. Dies ermöglicht vor allem Eltern, sich ungestörter den Buchbeständen zu widmen und/oder einen Kaffee vor Ort zu trinken. Mittlerweile gibt es auch einige Bibliotheken, die mit Raumgestaltung und Mobiliar dazu beitragen als *Wohlfühlort* wahrgenommen zu werden.

Dies kann durch ungewöhnliche Öffnungszeiten, beispielsweise Sonntagmorgen mit Angeboten für Familien oder Freitagabend mit entsprechenden kulturellen Angeboten, noch weiter unterstützt werden. Hierdurch erhöhen sich jedoch die Ansprüche an die Bibliotheksmitarbeitenden vor Ort – beispielsweise in ihrer Interaktion mit den Besucher*innen, die in der Vergangenheit eher der Kontrolle glich, ob alle Bücher ordnungsgemäß zurückgegeben wurden. Die heutige Erlebniswelt einer modernen Bibliothek als *Dritter Ort* erfordert dagegen eine offene und zugewandte Haltung.

Aktuelle gesellschaftliche Herausforderungen

Welchen gesellschaftlichen Herausforderungen müssen sich Bibliotheken künftig stellen? Es sind vor allem die digitalen technologischen Entwicklungen, die den rasanten gesellschaftlichen Wandel mitbestimmen, neben der wachsenden Sorge um die Begrenztheit der Ressourcen und des Klimawandels. So überholt sich aktuell beispielsweise die Strategie, freie digitale Internetzugänge in Bibliotheken anzubieten, aufgrund der Zunahme an mobilen Endgeräten mit Internetflatrate. Zugleich stellt sich die Frage, ob sich damit die Notwendigkeit analoger *Dritter Orte* noch verstärkt?

Spannend ist in diesem Kontext die im Rahmen der portugiesischen EU-Ratspräsidentschaft entstandene *Porto-Santo-Charter*[35], die sich stark mit der Frage einer Demokratisierung der Kulturpolitik als Antwort auf den gesellschaftlichen Wandel auseinandersetzt. Diese zeichnet ein ähnliches, wenn auch sehr partizipativ gestaltetes Bild *Dritter Orte* für Kultureinrichtungen, fordert aber zugleich auch, dass die Kultureinrichtungen für *digital territories*[36] Verantwortung übernehmen. Dies betrifft laut der Charter auch die Schaffung von Strategien für den digitalen Zugang, Inklusion und die Alphabetisierung. Die Aufforderung der Verantwortungsübernahme für *digital territories* kann dabei sehr breit gefasst sein. So lag und liegt bisher die digitale Angebotsgestaltung weitgehend in den Händen der weltweit agierenden Medienkonzerne. Es stellt sich dabei durchaus die berechtigte Frage: Müssten hier Bibliotheken in ihrem Selbstverständnis als Informations- und Wissensorte künftig nicht viel stärker Verantwortung übernehmen? Darf der Zugang zu digitalem Wissen weiterhin primär in den Händen kommerzieller Konzerne liegen? Oder müsste dies nicht ein öffentlicher Verantwortungsbereich sein? Katja Thiele und Britta Klagge betonen insbesondere im Kontext der Pandemiefolgen und Fragen der Bildungsgerechtigkeit,

> dass das deutsche Grundgesetz eine digitale Dimension enthält, insofern, als dass der Zugang zu digitalen Infrastrukturen und die Beteiligung an der Fortentwicklung von Informationstechnik heute zentrale Elemente der Teilhabe an Gesellschaft im Allgemeinen sind[37].

Damit sollten hier auch Bibliotheken Verantwortung übernehmen und zwar nicht nur für Fertigkeiten im Umgang mit digitalen Medien, sondern auch für die Inhaltsgestaltung, hier beispielsweise das Bereitstellen von Wissensbeständen zu lokalen Besonderheiten des eigenen Standortes, aber auch in Kooperation mit ande-

---

35 Porto Santo Charter https://portosantocharter.eu/
36 Porto Santo Charter (2021) 9 https://portosantocharter.eu/the-charter/
37 Thiele und Klagge (2020) 557

ren Bibliotheken die Verbreitung überregionalen Wissens, hier auch möglicherweise globales im Kontext internationaler Kooperationen.

Eine zunehmend wichtige Rolle, die auch in der Porto Santo Charter hervorgehoben wird, ist die Auseinandersetzung mit Fragen zur Diversität. Es wird angesichts der zunehmenden Fragilität der Gesellschaft immer wichtiger, nicht eine Vielzahl an Bürger*innen, sondern eine Vielfalt an Bürger*innen einzubinden. Das heißt im Umkehrschluss, es reicht nicht aus ein *Dritter Ort* zu sein. Entscheidend wird sein, ob dieser *Dritte Ort* ein Ort ist, der Vielfalt abbildet. Dies stellt insbesondere in urbanen Kontexten, wo *Dritte Orte* oft sehr milieuspezifisch zusammengesetzt sind, eine sichtliche Herausforderung dar. Aktuell sind es vielfach spezifische Milieus, die Kultur- und kulturelle Bildungseinrichtungen als *Dritte Orte* entdecken.

Ein Schlüssel sieht die *Porto Santo Charter* hier in demokratischen Beteiligungsprozessen. Diese sollen so weit gehen, dass *bürgerliche Beratungsgremien* innerhalb der Einrichtungen eingebunden werden. Dies würde für Bibliotheken eine zusätzliche, viel stärkere Vernetzungsaktivität mit zivilgesellschaftlichen und bürgerlichen Gruppen und Vereinen vorsehen, die dann auch entsprechend an der Ressourcenplanung zu beteiligen wären: Wer kann wann, welche Orte bespielen? Oder auch den Wunsch nach spezifischen Angeboten oder Literatur einbringen? Natürlich liegt darin auch die Chance, dass sich Vereine und Bürger*innengruppen dann auch aktiv an der Erstellung eines kulturellen Angebots in Bibliotheken beteiligen.

Diese Form der aktiven Beteiligung kann zugleich ein Garant für mehr Diversität von Beteiligten und Inhalten sein. Aktive Wünsche an den Buchbestand, beispielsweise von Menschen mit Migrationshintergrund, können nicht nur dazu beitragen, dass der mehrsprachige Bestand einer Bibliothek noch stärker auf die Bedürfnisse der Bürger*innen eines Stadtteils zugeschnitten wird, sondern auch dazu beitragen, dass ein*e iranische*r oder ukrainische*r Autor*in auch in der deutschen oder englischen Übersetzung für alle in einem Stadtteil verfügbar wird. Lesungen, die Bürger*innengruppen selbst initiieren, um ihnen wichtige Bücher vorzustellen, können ebenfalls dazu beitragen, dass der Zugriff auf Bücher und Medien globaler wird. Auch die Einbindung von Bürger*innengruppen von Menschen mit Behinderung könnte ebenfalls zu mehr Inklusion und Partizipation in der Einrichtung führen.

Eine stärkere kommunale Vernetzungsarbeit könnte zugleich auch den Aufbau von – heute oft geforderten – kulturellen Bildungslandschaften[38] vorantreiben. Eine systematische Vernetzung mit anderen kommunalen Einrichtungen wie

---

[38] Gumz u a. (2019)

Kitas, Schulen, Ausbildungsstätten, Hochschulen, Kultur- und weiteren Bildungseinrichtungen kann nicht nur das Erreichen einer Vielzahl von Bürger*innen vereinfachen. Es besteht damit zugleich die Chance, Bürger*innen in ihrer kulturellen Teilhabeentwicklung biografisch in den Blick zu nehmen und so eine am Lebenslauf orientierte Angebotsstruktur zu entwickeln, beispielsweise die vorausgehend skizzierten Leselatten in der Kita zu implementieren, mit der Grundschule Leseangebote in Bibliotheken oder auch mobil vor Ort zu ermöglichen und in der weiterführenden Schule Lesewettbewerbe zu veranstalten. Entsprechende Konzepte existieren schon in einigen Kommunen im Rahmen Kommunaler Gesamtkonzepte Kultureller Bildung[39]. Diese systematische Vernetzung mit kommunalen Bildungseinrichtungen ist aktuell auch im Kontext des Rechtsanspruchs auf Ganztag[40] wieder stärker im Gespräch, hier die Gestaltung des nonformalen Ganztags im Sinne der Erweiterung des Sozialraums zu gestalten.

Gelingt es, sich als Bibliotheken bzw. Kultureinrichtungen systematisch mit lokalen Einrichtungen und Netzwerken zu vernetzen und insbesondere Bürger*innennetzwerke an die eigene Einrichtung im Sinne eines *Dritten Ortes* zu binden, werden diese auch zu einem kulturellen Diskursraum, in dem aktuelle gesellschaftliche Herausforderungen behandelt und ausgehandelt werden können, wie beispielsweise der Umgang mit Künstlicher Intelligenz (KI) oder die Transformation zu einer nachhaltigen Gesellschaft, unter Bezugnahme der speziellen künstlerischen Ausdrucksformen und Medien, hier die Wissensbestände einer Bibliothek.

Fazit – Empfehlungen für die Bibliothek der Zukunft

Die vorausgehende Betrachtung hat den allgemeinen Wandel der Bibliotheken und Kultureinrichtungen verdeutlicht: von Einrichtungen, die den Diskurs relevanter kultureller Angebote maßgeblich mitbestimmen, hin zu Einrichtungen, die sich den Bürger*inneninteressen öffnen; in einem ersten Schritt in der Serviceorientierung und in einem zweiten Schritt inhaltlich. Zunehmend stehen die Kultureinrichtungen in der Verantwortung, kulturelle Teilhabe durch kulturelle Bildungsangebote zu stärken und den Ausbau der Bibliotheken als *Dritte Orte* voranzutreiben. Allein mit Blick auf den rasanten technologischen Wandel, der zugleich

---

39 Keuchel (2014)
40 Keuchel (2019) und Interview (2023)

auch gesellschaftliche Entwicklungen beeinflusst, ist davon auszugehen, dass sich der gesellschaftliche und damit auch der Transformationsprozess der Kultur- und Bildungseinrichtungen weiterhin rasant gestalten wird.

Zurzeit bilden sich vor allem vier Strategien für Kultur- und kulturelle Bildungseinrichtungen als wegweisend im Zuge von Transformationsprozessen heraus: 1. *digitales Territorium* gewinnen, 2. sich zugleich als *Dritter Ort* zu etablieren, 3. *Kulturelle Bildungsangebote* zu ermöglichen sowie 4. *Beteiligungsprozesse* im Zuge der Vernetzung mit Bürger*innennetzwerken zu initiieren. Mit Blick auf die vorausgehend skizzierten gesellschaftlichen Herausforderungen könnten dabei konkret folgende Maßnahmen empfohlen werden:

- den digitalen Raum als erweitertes Handlungsfeld bezogen auf alle Einrichtungsaufgaben mit einbeziehen
- als *Dritter Ort* agieren, der Vielfalt abbildet
- Förderung von Kultureller Bildung innerhalb breiter Bevölkerungsgruppen
- Schaffen von Beteiligungsformaten für Inhalte und Angebote
- Vernetzen mit Bürger*innengruppen und Vereinen
- Vernetzen mit Kultur- und Bildungseinrichtungen im Sinne kommunaler Bildungslandschaften und
- Diskursräume schaffen für aktuelle gesellschaftliche Themen.

Mit Blick auf den eben erwähnten rasanten technologischen Wandel ist es dabei durchaus denkbar, dass sich auch diese Empfehlungen zeitnah überholen könnten. Allein die Herausforderungen, die sich im Zuge von KI oder Fragen der Nachhaltigkeit stellen, können die Notwendigkeit neuer beschleunigter Transformationsprozesse mit sich bringen. Es wird daher für Kultureinrichtungen sehr wichtig sein, nicht nur für Bürger*innen Diskurräume für gesellschaftliche Aushandlungsprozesse, bezogen auf den gesellschaftlichen Wandel, zu ermöglichen, sondern sich selbst als Kultur- und Bildungseinrichtung auf Grundlage notwendiger Transformationsprozesse kontinuierlich zu reflektieren.

Literaturverzeichnis

Bangert, Hanne: Soziokultur und „Dritte Orte". In: Jahrbuch für Kulturpolitik 2019/20: Thema: Kultur. Macht. Heimaten. Heimat als kulturpolitische Herausforderung. Hrsg. von Norbert Sievers, Ulrike Blumenreich, Sabine Dengel und Christine Wingert. Bielefeld: transcript Verlag 2020, 373–378. https://doi.org/10.1515/9783839444917-052

Beck online: Weiterbildungsgesetz Bawü. https://beck-online.beck.de/?vpath=bibdata/ges/BWWBIFOEG/cont/BWWBIFOEG.htm#FNAID0EABJAACA (13.03.2023)

Bogumil, Jörg: Ökonomisierung der Verwaltung. Konzepte, Praxis, Auswirkungen und Probleme einer effizienzorientierten Verwaltungsmodernisierung. In: *Politik und Markt* (2004). Vol. 34. S. 209–231.

Das geheimnisvolle Buch https://youtu.be/9ellnWUgYIQ?list=PLjA2CPQcrNFDQbpXazSLm93WYacOM2gBm

DBV Bibliotheksgesetze https://www.bibliotheksverband.de/bibliotheksgesetze

Deutscher Bundestag 16. Wahlperiode: Schlussbericht der Enquete-Kommission „Kultur in Deutschland". Drucksache 16/7000. Köln: Bundesanzeiger Verlagsgesellschaft 2007

Didacta: Bibliotheken bilden. Bibliothekspädagogische Angebote deutscher Bibliotheken. Vortrag des Deutschen Bibliotheksverbands auf der Didacta 2008, Stuttgart. https://docplayer.org/54008434-Bibliotheken-bilden-bibliothekspaedagogische-angebote-deutscher-bibliotheken.html

Gumz, Heike, Julia Rohde und Werner Thole: Bildungslandschaften und Kulturelle Bildung (2019). In: Kulturelle Bildung online https://www.kubi-online.de/artikel/bildungslandschaften-kulturelle-bildung (15.03.2023)

Hoffmann, Hilmar: Kultur für alle. Perspektiven und Modelle. Frankfurt a. M.: Fischer Verlag 1984

Interview: Gespräch mit Susanne Keuchel. In: Das baugerüst. 2023 (2). „Jugendarbeit und Schule". Hrsg. Verein zur Förderung evangelischer Jugendarbeit e. V., die Arbeitsgemeinschaft der Evangelischen Jugend in Deutschland e. V. (aej) und das Amt für Evangelische Jugendarbeit in Bayern. Erscheinungsdatum 15.05.2023

Keuchel, Susanne und Andreas J. Wiesand: Das 1. Jugend-KulturBarometer. Bonn: ARCultu Media 2006

Keuchel, Susanne und Benjamin Weil: Lernorte oder Kulturtempel. Köln: ARCult Media 2010

Keuchel, Susanne: Chancen und Herausforderungen für non-formale kulturelle Bildungskooperationen im Ganztag – Zu Wirkungsfragen formaler, non-formaler und informeller kultureller Bildungspraxis (2019). In: Kulturelle Bildung online https://www.kubi-online.de/artikel/chancen-herausforderungen-kulturelle-bildungskooperationen-ganztag-wirkungsfragen-formaler (15.03.2023)

Keuchel, Susanne: Das 1. InterKulturBarometer. Köln: ARCult Media 2012

Keuchel, Susanne: Im Fadenkreuz der Forschung – Bügerinteressen im Kultur- und Freizeitbereich. Perspektiven der Freizeitstadt. Hrsg. vom Kulturbüro Stadt Dortmund. 1998. S. 39–49

Keuchel, Susanne: Quo Vadis – Empirische Analyse von kommunalen Gesamtkonzepten für Kulturelle Bildung. In: Gut vernetzt?! Kulturelle Bildung in lokalen Bildungslandschaften. Hrsg. von Viola Kelb. München: Kopaed 2014. S. 95–113

Kinder zum Olymp https://www.kulturstiftung.de/kinder-zum-olymp/ (07.09.2023)

Kurth, Undine. Die Bibliotheken in der Arbeit der Enquete-Kommission ‚Kultur in Deutschland'. Bibliothek – Forschung und Praxis (2009) Bd. 33. H. 1. S. 108–112. https://doi.org/10.1515/bfup.2009.010

Liebau, Eckart und Jörg Zirfas: Kulturpädagogik, pädagogische Ethnographie und kulturelle Stile. *Pädagogische Rundschau* 58 (2004) 5. S. 579–592

Mandel, Birgit: Interkulturelles Audience Development. Zukunftsstrategien für öffentlich geförderte Kultureinrichtungen (Schriften zum Kultur- und Museumsmanagement). Bielefeld: transcript 2013

ÖBiB Öffentliche Bibliotheken in Bayern (2018) https://www.oebib.de/beitraege/anna-log-und-diggital-bibliotheken-entdecken-und-erleben-teil-ii/ (15.03.2023)

OECD: PISA 2012 Ergebnisse. Exzellenz durch Chancengerechtigkeit (Band II): Allen Schülerinnen und Schülern die Voraussetzungen zum Erfolg sichern. Bielefeld: W. Bertelsmann 2014. DOI: http://dx.doi.org/10.1787/9789264207486-de

Oldenburg, Ray: The Great Good Place. Coffee Shops, Community Centers, Beauty Parlors, General Stores, Bars, Hangouts and How They Get You Through the Day. Saint Paul, MN: Paragon house 1989

Porto Santo Charter Website https://portosantocharter.eu/

Porto Santo Charter: Culture and the Promotion of Democracy: Towards a European Cultural Citizenship, Porto Santo Conference 25.04.2021 https://portosantocharter.eu/the-charter/

Qualifizierung Literaturpädagogik https://kulturellebildung.de/kurse/qualifizierung-literaturpaedagogik-ars/

Rap Workshop im Medienzentrum in Heidenheim https://youtu.be/Fjk9Hmbwzd0

Seefeldt, Jürgen: Öffentliche Bibliotheken und ihre Rolle für Bildung und Kultur in ländlichen Räumen (2018). In: Kulturelle Bildung online https://www.kubi-online.de/artikel/oeffentliche-bibliotheken-ihre-rolle-bildung-kultur-laendlichen-raeumen (15.03.2023)

Thiele, Katja und Britta Klagge: Öffentliche Bibliotheken als dritte Orte und Bildungsgerechtigkeit in Zeiten von Covid-19. In: Bibliothek – Forschung und Praxis 2020. Bd 44. H. 3. S. 552–559. 555

ThürBibRG Thüringer Gesetz zum Erlass und zur Änderung bibliotheksrechtlicher Vorschriften – Thüringer Bibliotheksrechtsgesetz (ThürBibRG), vom 16. Juli 2008 https://www.bibliotheksverband.de/sites/default/files/2021-01/Bibliotheksgesetz_Th%C3%BCringen.pdf (15.03.2023)

Umlauf, Konrad: Öffentliche Bibliotheken als Lernort. https://www.die-bonn.de/efil/expertisen/umlauf00_00.htm#_Toc494155790

Was ist denn heut bei FUNDUS los? https://youtu.be/Y6bFmJyu0Ms

WeibiFöG BW Gesetz zur Förderung der Weiterbildung und des Bibliothekswesens (Weiterbildungsförderungsgesetz) in der Fassung vom 20. März 1980 https://www.landesrecht-bw.de/jportal/?quelle=jlink&docid=jlr-WeitBiF%C3%B6GBW1980rahmen&psml=bsbawueprod.psml&max=true (15.03.2023)

Frauke Untiedt
Teilhabe sichern – Digital- und Lesekompetenzvermittlung

Kirsten Boie, Hamburger Kinderbuchautorin und Ehrenbürgerin der Stadt Hamburg, initiierte am 14. August 2018 die Petition *Jedes Kind muss lesen lernen*, die die Bedeutung von Lesekompetenz mehr als deutlich macht: „Knapp ein Fünftel der Zehnjährigen in Deutschland kann nicht so lesen, dass der Text dabei auch verstanden wird (18,9 %, Internationale IGLU-Studie 2016). [...] Wer nach der Grundschulzeit nicht sinnentnehmend lesen kann, wird es in den weiterführenden Schulen nicht lernen. Denn hier wird Lesen nicht mehr gelehrt, sondern vorausgesetzt."[1] Die Liste der Erstunterzeichnenden umfasste Hamburger Persönlichkeiten aus Kultur, Bildung und Politik und zeigte damit, dass ein außerschulisches Interesse an der Vermittlung von Lesekompetenz nie alleine nur Bibliotheken berührt. Die IGLU-Studie 2023 hat gezeigt, dass Corona-Pandemie und möglicherweise auch andere Einflüsse diesen Wert weiter verschlechtert haben. Mittlerweile ist der Anteil der Zehnjährigen in Deutschland unterhalb der Kompetenzstufe III (Lesen um zu lernen ist möglich) auf 25,4 % gestiegen.[2]

Schulische Bemühungen sind also nicht genug, wenn Kinder eine Lesekompetenz entwickeln sollen, die sie zum *Lesen um zu Lernen* befähigt. Politische Strategie kann deswegen nur dann eine Besserung der jetzigen Situation erreichen, wenn außerschulische Bildungsmaßnahmen konsequent unterstützt werden. Neben vielen anderen außerschulischen Angeboten sind auch die Angebote öffentlicher Bibliotheken eine freiwillige Leistung der Kommune. Besonders in ländlichen Regionen sind Kommunen durch sinkende Bevölkerungszahlen mit sinkenden Steuereinnahmen konfrontiert. Eine Investition in die Vermittlung von Lese-, Medien- und Digitalkompetenz ist also nicht allein kommunalpolitisch lösbar. Projekthafte Förderungen durch das BMBF über das Projekt *Netzwerk Bibliothek Medienbildung*[3] oder auch Landesförderungen werden zur Unterstützung benötigt. Die Bedeutung von Bibliotheken bei der Vermittlung von Lesekompetenz und da-

---

1 Boie, Kirsten: Jedes Kind muss lesen lernen! https://www.change.org/p/jedes-kind-muss-lesen-lernen (29.01.2023)
2 Stark-Watzinger, Bettina und Günther-Wünsch, Katharina: Lesen ist das Fundament für Bildungserfolg. Pressemitteilung: https://www.bmbf.de/bmbf/shareddocs/pressemitteilungen/de/2023/05/160523-IGLU21.html (02.07.2023)
3 Netzwerk Bibliothek Medienbildung: Über das Projekt, https://netzwerk-bibliothek.de/de_DE/info (21.04.2023)

durch in der Folge auch von anderen Kompetenzen, für die Lesen die Grundlage bildet, ist besonders hoch. Dafür sprechen mehrere Gründe:

Der Auftrag an sich: Wer Bücher (und andere Medien) sammelt, erschließt und verleiht, hat ein immanentes Interesse daran, dass diese Dienstleistung abgefordert werden kann. Häufig sind Bibliotheken gegründet worden, um Menschen bei ihren Bildungsinteressen aktiv zu unterstützen. In der Satzung der Stiftung Hamburger Öffentliche Bücherhallen heißt es explizit: „Zweck der Stiftung ist die Förderung der Volksbildung."[4] Bildungskarrieren sind ohne Lesefähigkeit nur schwer denkbar. Bildungskarrieren, die nicht durch die Strukturen bildungsaffiner Elternhäuser unterstützt werden, sind trotz sich verändernder Schulstrukturen immer noch schwerer zu realisieren. Hier sind neben Schulen vor allen Dingen auch Bibliotheken als niedrigschwellige Lernorte von unschätzbarem Wert.

Das Überregionale: Das Konzept von Bibliothek ist bekannt, eingeübt und an vielen Orten vorhanden. Wer Institutionen bei der Förderung von Kompetenzen stützen will, kann neben vielen lokal aktiven und exzellenten Organisationen bei diesem Thema immer auch Bibliotheken ansprechen. Der Deutsche Bibliotheksverband ist bundesweit Multiplikator für Vorhaben und Projekte, engagiert sich in Kooperationen und unterstützt nicht zuletzt mit den Projekten *Netzwerk Bibliothek Medienbildung* I und II Programme, die auch die Fähigkeiten des Bibliothekspersonals weiter fördern.

Die Infrastruktur: Bibliotheken bieten Räume für Medien und für Menschen. Ihre Möglichkeiten, kostenfreie Räume in der Stadt für Vorhaben zu öffnen, die ihrem Zweck entsprechen, erleichtern viele Projekte und ermöglichen ein Andocken der unterschiedlichsten Institutionen und Einzelpersonen. Starke Automatisierungsprozesse haben außerdem den Arbeitsalltag der Beschäftigten in Bibliotheken verändert. Geringere Zeitanteile für stereotype Aufgaben wie Ausleihe und Rückgabe von Medien oder Bezahlvorgänge und stärkere Zeitanteile für die Vermittlungsaufgaben der Bibliotheken ermöglichen häufig trotz gleichbleibender oder sogar sinkender Personalressourcen eine Intensivierung von Kontakten und Programmen.

Die im Folgenden beschriebene Entwicklung und Vermittlung von Angeboten in der Lese- und Digitalkompetenz bedient sich auch bei Beispielen der Bücherhallen Hamburg, da der Autorin diese besonders gut bekannt sind. Sie sollten beispielhaft gelesen werden, da durch Kreativität und Schlagkraft sehr häufig gerade auch in kleineren Städten und Institutionen Angebote mit Vorbildcharakter entwickelt werden.

---

4 Stiftung Hamburger Öffentliche Bücherhallen: § 2 der Satzung vom 04.07.2014 https://www.buecherhallen.de/ueber-uns.html (29.01.2023)

Fortbildung und Weiterqualifizierung des vorhandenen Personals

Wichtigste Voraussetzung für ein gelingendes Vermittlungsprogramm in den Bibliotheken ist das Personal. Ansprache von Zielgruppen, Einbindung von Kooperationspartnern und die Verbindung von Themen und Formaten mit dem Medienbestand sind anspruchsvolle Aufgaben, die den Bibliotheksalltag im Publikumsbetrieb zunehmend dominieren. Neben Personal aus den einschlägigen bibliothekarischen Studiengängen und Fachangestellten für Medien- und Informationsdienste (FaMIs) arbeiten in Bibliotheken vermehrt auch Menschen aus verwandten Studiengängen und Ausbildungen. Nicht alle diese Personen haben Vermittlungsformate im Rahmen von Studium und Ausbildung kennengelernt. Zudem ist es bei langjährigen Mitarbeitenden nicht selbstverständlich, dass diese in ihrem Berufsleben kontinuierlich Berührung mit Vermittlungsarbeit gehabt haben.

Beispiel Bücherhallen: Die Bücherhallen konzipieren seit 2014 interne Qualifizierungen, die bis zu 20 Seminartage umfassen. Zielgruppe sind vor allen Dingen Beschäftigte aus den Ausbildungsberufen (FaMI und verwandte Berufe). Ziel aller Qualifizierungen ist es, mehr Beschäftigte in Vermittlungsformaten einzusetzen. Drei der bisher umgesetzten Qualifizierungen bereichern vorrangig die Veranstaltungsarbeit mit Kindern und Jugendlichen: Die Zertifizierung zu KinderBuch-Werkstatt-PädagogInnen, die medienpädagogische Qualifizierung „Medienkompetenzcluster" sowie das „Gesellschaftsspielecluster", mit dem das Bildungsmedium Gesellschaftsspiel in die Veranstaltungsarbeit eingeführt wird. Wenn die erlernten Fähigkeiten in der Praxis umgesetzt werden, erhalten FaMIs – gebunden an diese Aufgabe – eine Zulage zu ihrer Eingruppierung. Alle werden mit 25 Prozent ihrer wöchentlichen Arbeitszeit für die Vorbereitung neuer und die Durchführung vorhandener Formate freigestellt. Alle Veranstaltungsangebote sind über einen Gesamtkatalog buchbar, sodass die Qualifizierung einzelner Personen dem gesamten System zugutekommt.

Für große Bibliotheken ist eine solche interne Strategie der Weiterqualifizierung abbildbar. Häufig arbeitet auch spezialisiertes Personal in diesen Bibliotheken, das die beschriebenen Fähigkeiten mitbringt. Personal in kleineren Bibliotheken kann sich weniger stark spezialisieren und muss viele unterschiedliche Aufgaben in der eigenen Kommune bedienen. Um auch hier entsprechende medienpädagogische Grundlagen zu vermitteln, hat der Deutsche Bibliotheksverband (dbv) mit dem Qualifizierungsprojekt *Netzwerk Bibliothek Medienbildung* in der Förderphase 2022 bis 2025 besonders kleine Bibliotheken in ländlichen Räumen in den Blick genommen. Das Projekt wird vom Bundesministerium für Bildung und Wissenschaft (BMBF) gefördert und hat zum Ziel, Mitarbeitende kleiner

Bibliotheken in ländlichen Räumen dabei zu unterstützen, „eigene medienpädagogische Angebote auszubauen und Kooperationen mit Schulen und Kitas auf diesem Feld zu professionalisieren". Neben einem solchen Projekt mit expliziter Zielrichtung zahlen auch zahlreiche andere Aktivitäten des dbv darauf ein, die Vermittlung von Lese- und Medienkompetenz zu befördern.

Vermittlung von Lesekompetenz

Es gibt keine gesicherten Zahlen zu den Zielgruppenanteilen, wenn es um die Vermittlung von Lesekompetenz geht. Es ist davon auszugehen, dass sich die bei weitem überwiegende Anzahl der Formate auf die Zielgruppe Kinder und Jugendliche konzentriert. Auch wenn sich Bibliotheken an Formaten wie beispielsweise zum Weltalphabetisierungstag am 8. September beteiligen, werden Veranstaltungsformate für Erwachsene in der Regel nicht mit dem Fokus der Lesekompetenzvermittlung geplant.

Für Kinder und Jugendliche aller Altersstufen lässt sich eine Vielfalt von Formaten benennen, die die Lust am Lesen wecken können. Eines der prominentesten Beispiele, das sich der Unterstützung auch der Bibliotheken bedient, ist das seit 2011 existierende bundesweite Programm *Lesestart 1-2-3*[5] der Stiftung Lesen. Zielgruppe sind Familien mit Kindern zwischen ein und drei Jahren. Das Programm dient der frühen Sprach- und Leseförderung, wird vom Bundesministerium für Bildung und Wissenschaft (BMBF) gefördert und von der Stiftung Lesen umgesetzt. Nach den Lesestart-Sets für Ein- und Zweijährige, die in kinderärztlichen Praxen ausgegeben werden, werden für die Ansprache der Eltern von dreijährigen Kindern Bibliotheken genutzt, die idealerweise Familien gezielt mit Veranstaltungen ansprechen und in diesem Kontext die Buchstart-Sets verteilen. Im Stadtstaat Hamburg wird *Lesestart 1-2-3* teilweise ersetzt und ergänzt durch das Programm *Buchstart*[6]. *Buchstart 1* spricht seit 2007 die Eltern einjähriger Kinder an und wird ergänzt durch das Programm *Gedichte für Wichte*, mit dem in Bibliotheken, Stadtteilkulturzentren und anderen Orten in der Stadt meist wöchentliche Veranstaltungsformate angeboten werden. Im Alter von 4 ½ wiederum, wenn die Kinder im Übergang von der Kita zur Vorschule das Vorstellungsverfahren durchlaufen, erhalten die Familien seit 2020 mit dem Hamburger Geschichten-Buch ein Vorlesebuch, dessen Geschichten sich in dem Begleitprogramm rund um den jährlich stattfindenden Geschichtenfinder-Tag widerspiegeln. Familien, bei deren

---

5 Stiftung Lesen: Lesestart 1-2-3, https://www.lesestart.de/ (31.03.2023)
6 Seiteneinsteiger e. V.: Buchstart https://buchstart-hamburg.de/ (31.03.2023)

Kind ein erhöhter Sprachförderbedarf festgestellt wird, erhalten zusätzlich einen Gutschein für eine Bücherhallen-Karte, um einen Anreiz für die Nutzung der Bibliothek und der dort angebotenen Vermittlungsformate zu geben. Gerade im frühkindlichen und Vorschulalter sind Vermittlungsformate für Kinder also häufig auch Formate, die Eltern gleichermaßen adressieren und sie dazu animieren, Bilderbücher zu nutzen und ihren Kindern vorzulesen.

Kinder selbst für das Lesen zu begeistern wird in vielen Bibliotheken unter anderem mit Leseclubs umgesetzt. Prominentes Beispiel dafür ist der Sommerleseclub in Nordrhein-Westfalen, der 2002 erstmalig in der Stadtbibliothek Brilon umgesetzt wurde und als Vorbild den *Summer Reading Club* Los Angeles hatte. Während anfänglich die Zugehörigkeit zum *Club* vor allen Dingen die Möglichkeit des exklusiven Zugriffs in den Sommerferien auf ausgewählte Bücher umfasste, änderte sich dies mit den Jahren zunehmend. Im Rahmen des Sommerleseclubs wurden stärker auch Vermittlungsformate wie Schreibwerkstätten, Club-Treffen, Übernachtungsaktionen in der Bibliothek und Auftakt- und Abschlussveranstaltungen angeboten. In Nordrhein-Westfalen wird der Sommerleseclub seit 2005 vom Kultursekretariat NRW Gütersloh betreut und hat in 2017 seine Konzeption noch einmal überarbeitet, um Familien stärker anzusprechen. Dies geschieht mit dem Aufruf zu generationenübergreifenden Lese-Teams von bis zu 5 Personen, die aus dem Medienbestand der Bibliothek Bücher und Hörbücher entleihen und ihre Lese-Erfahrungen in einem Logbuch festhalten. Weiterhin starke Komponente sind begleitende Vermittlungsformate von der Bibliotheksrallye bis hin zu Workshops. Die Bibliotheken in Hamburg und Bremen setzen nach dem Vorbild der Sommerleseclubs das Sommerferienprogramm *53°* um. Hier steht immer ein Thema im Vordergrund, mit dem ein ausgewählter und exklusiver Medienbestand angeboten und mit Vermittlungsformaten begleitet wird.

Auch außerhalb von solchen Club-Formaten sind Schreibwerkstätten, Comic-Workshops oder Lesungen Teil von Lesekompetenzvermittlung in Bibliotheken. Sie ergänzen Termine, die mit Kita oder Schule regelhaft stattfinden und Kinder mit dem Ort Bibliothek vertraut machen. In Kita und Grundschule wird dabei häufig mit Bilderbuchkinos oder Kamishibai gearbeitet. Bebilderte Geschichten werden gezeigt und gleichzeitig vorgelesen.

Die Kooperation mit Schule oder Kita stellt sicher, dass Kinder aller Einkommensschichten und Milieus erreicht werden. Die so entstehenden Formate müssen aber gleichzeitig so gestaltet sein, dass Kinder, die durch ihre Eltern keine zusätzliche Förderung erfahren, den Ort Bibliothek positiv – auch außerhalb von Schule – konnotieren und ihn selbständig im Rahmen ihrer Möglichkeiten aufsuchen. Nur so kann Teilhabe unabhängig von der Förderintensität durch das Elternhaus erreicht werden. Liegt eine Bibliothek in der fußläufigen Nachbarschaft, wird sie schon von Kindern im Alter von sieben bis acht Jahren selbständig aufgesucht. Infrastruktur ist also immens wichtig. Bibliotheken müssen zentral gelegen und einfach aufzusuchen sein, ihre Zugänglichkeit muss sich an den Bedürfnissen ihrer Nachbarschaft orientieren. Ohne solche Rahmenbedingungen kann die Ressource Bibliothek nicht optimal auf teilhabeorientierte Vermittlungsziele einzahlen.

Vermittlungsformate, die sich Kindern mit Leseschwierigkeiten in einem 1:1-Betreuungsverhältnis widmen, sind im Bibliotheksalltag nur über ehrenamtliches Engagement zu realisieren. Stellvertretend für viele möglicherweise ähnliche Formate sind hier „MENTOR – die Leselernhelfer" zu nennen, die 2001 als erster Verein in Hannover entstanden. Mit zunehmenden lokalen Vereinsgründungen wurde 2008 der MENTOR – Die Leselernhelfer Bundesverband e. V. gegründet. 2023 gibt es 113 Vereine, deren Mitglieder sich wöchentlich mit einem Kind zum gemeinsamen Lesen treffen. Die Kontakte werden häufig über Schulen geknüpft. Die Treffen finden nicht nur in Schulen oder am heimischen Küchentisch, sondern häufig auch in Bibliotheken statt. Auch Vorleseformate werden häufig von ehrenamtlich Tätigen getragen und bereichern so die Veranstaltungsarbeit in Kinderbibliotheken.

Vermittlung von Digitalkompetenz

Für den Begriff *Digitalkompetenz* existieren unterschiedliche Definitionen, die in ihren jeweiligen Kontexten Schwerpunkte setzen. Grundsätzlich umfasst Digitalkompetenz verschiedene Kompetenzen, die ein Individuum benötigt, um in einer digital geprägten Gesellschaft leben, lernen und arbeiten zu können.[7] Dazu gehören Medienkompetenz, digitale Kommunikation und Kollaboration, digitale Identität und Karriereplanung, IT-Kompetenz, Digitales Lernen und Lehren, Informationskompetenz und digitale Wissenschaft.

Während bei der Vermittlung von Lesekompetenz vor allen Dingen allgemein zugängliche Bibliotheken in kommunaler Trägerschaft angesprochen sind, sind in der Vermittlung von Digitalkompetenzen die Zielgruppen und damit auch die für sie arbeitenden Bibliotheken deutlich breiter gefächert. Bei der Vermittlung der genannten Kompetenzen nehmen Medien- und Informationskompetenz breiten Raum ein. Aber auch durch den Betrieb von Universitätsverlagen, die Wissenschaftler*innen bei der elektronischen Publikation wissenschaftlicher Erkenntnis-

---

[7] Übersetzt aus: Joint Information Systems Committee (JISC): Developing Digital Literacies, https://www.jisc.ac.uk/guides/developing-digital-literacies (archiviert 2018)

se unterstützen, unterstützen Bibliotheken beispielsweise bei der Vermittlung von Digitalkompetenz.

Bibliotheken, die digitale Kompetenzen vermitteln, ermöglichen damit Teilhabe in einer digital geprägten Gesellschaft. Angebote von Bibliotheken konzentrieren sich vor allen Dingen auf Informations- und Medienkompetenz. Sie sind (nicht nur finanziell) niedrigschwellig. Damit werden auch Menschen erreicht, die aus unterschiedlichen Gründen keinen einfachen Zugang zu einer digital geprägten Infrastruktur haben. Computerarbeitsplätze und freies WLAN sind Teil der Infrastruktur von Bibliotheken. Gruppenarbeitsräume mit Smartboards und weitere Technik bis hin zu den schon häufig beschriebenen 3D-Druckern, aber auch CNC-Fräsen, Roboter und Aufnahmegeräte für Video und Audio sind immer häufiger in Bibliotheken anzutreffen. Damit schaffen Bibliotheken Berührungspunkte, die Menschen unterschiedlicher Einkommensschichten ein Kennenlernen und Ausprobieren von jeweils aktueller Technik ermöglichen. Gleichzeitig haben sie damit auch die Grundlage für die Vermittlung von Digitalkompetenz geschaffen.

Informationskompetenz in einer digital geprägten Welt

Der Wert von Informationskompetenz unabhängig vom Alter der Zielgruppe ist für Bibliotheken selbstverständlich. Konzentrierten sich die angebotenen Vermittlungsformate jedoch vor allen Dingen bis in die 2000er Jahre noch auf die erfolgreiche Literaturrecherche und die Verifikation von Presse- oder anderen Fakteninformationen, haben nicht zuletzt diverse über soziale Netzwerke verbreitete Verschwörungstheorien (z. B. zu den Hintergründen der Anschläge auf das World Trade Center, zu Chemtrails und zu Reptiloiden auf dem Weg zur Weltherrschaft) und natürlich auch das politische Klima der Trump-Ära weit über die USA hinaus dafür gesorgt, dass Informationskompetenz in Bibliotheken auch die erfolgreiche Demaskierung salonfähig gewordener *alternativer Fakten*[8] beinhaltet.

Einen Schwerpunkt hat hier das Projekt *Die Faktenforscher*innen* der Stadt- und Regionalbibliothek Erfurt gesetzt. Das Projekt wird über den Fonds *hochdrei – Stadtbibliotheken verändern* der Kulturstiftung des Bundes gefördert und bietet zahlreiche Workshops zu Themen wie digitale Meinungsbildung, Fake-News entlarven, Manipulation von Informationen an. Ebenfalls über *hochdrei* gefördert

---

[8] Alternative Fakten (englisch alternative facts) ist eine Formulierung von Kellyanne Conway, Beraterin des seinerzeitigen US-Präsidenten Donald Trump von 2017 bis August 2020.

wurde das Projekt *#dubisthier* der Bücherhallen Hamburg und des Vereins ichbinhier, das sich gegen Hassrede im Netz eingesetzt hat und von 2019 bis 2022 diverse Diskursformate auch zu faktenbasiertem Diskussionen und guter Kommunikation eingesetzt und etabliert hat.

Die Relevanz guter Informationskompetenz kann auch breit beworben werden. Die neunte *Nacht der Bibliotheken* am 19. März 2021 fand in knapp 180 Bibliotheken aus Nordrhein-Westfalen und 40 Bibliotheken aus Schleswig-Holstein unter dem Motto *Mitmischen* statt. Mit Elke Büdenbender konnte für das Jahr 2021 eine prominente Schirmherrin für die *Nacht der Bibliotheken* gewonnen werden. Ein vielfältiges Programm betonte dabei den gesellschaftspolitischen Aspekt guter Argumente, gesicherter Informationen und zuverlässiger Quellen. Pressewirksam wurde so betont, dass Bibliotheken in Zeiten, in denen Minderheiten vor allem im Internet Fake News verbreiten und Unsicherheit erzeugen, wichtiger denn je sind.[9]

Für das Erkennen von Falschnachrichten bietet sich auch ein Zusammenspiel mit journalistischen Angeboten an. Beispielhaft zu nennen wären hier die RiffReporter, ein genossenschaftlich organisierter Zusammenschluss von Journalist*innen, der Bibliotheken neben Vermittlungsformaten auch eine Datenbank mit ausführlichen Recherchen zu gesellschaftlich-sozialen und naturwissenschaftlichen Themen anbietet. Auch die *Reporterfabrik*, ein Bildungsprojekt der CORRECTIV – Recherchen für die Gesellschaft gemeinnützige GmbH in Essen, kooperiert gerne mit Bibliotheken.

Für Schüler*innen der 8. Klasse hat die Büchereizentrale Schleswig-Holstein 2018 das Planspiel *FakeHunter*[10] entwickelt, mit dem Methoden zum Erkennen von Falschinformationen erlernt werden können. Dabei werden Online-Meldungen eines fiktiven Nachrichten-Portals mithilfe von Prüfwerkzeugen und verlässlichen Quellen aus Internet, Datenbanken oder Bibliotheken überprüft. Für die Umsetzung des Planspiels kooperieren Bibliotheken und Schulen. Die Ansprache über die Institution Schule garantiert ein Erreichen von Jugendlichen aller Milieus. Die Bibliothek ist Bildungspartner der Schule, um systematisch einen kritischen und sachgerechten Umgang mit digitalen und analogen Medien zu vermitteln. Die *FakeHunter* haben eine starke Verbreitung in Bibliotheken weit über Schleswig-Holstein hinausgefunden. Es gibt sie mittlerweile auch für andere Altersstufen und als Online-Variante, sie gehören in vielen Bibliotheken zum regulä-

---

9 Sauerland-Kurier: Rätseln, Loslesen, Bilderbuchkino, https://www.sauerlandkurier.de/hochsauerlandkreis/brilon/buechereien-olsberg-brilon-und-meschede-laden-zur-nacht-der-bibliotheken-90246397.html (23.04.2023)
10 Büchereizentrale Schleswig-Holstein: Die FakeHunter, https://www.diefakehunter.de/ (22.04.2023)

ren Vermittlungsangebot. Der Bildungspartner Bibliothek kann mit solchen Formaten Schulen bei der Umsetzung der Strategie der Kultusministerkonferenz *Bildung in der digitalen Welt*[11] unterstützen, die bei der Überarbeitung von Bildungsplänen in den Ländern Eingang findet und unter anderem zum Ziel hat, kritische Reflektion in Bezug auf den Umgang mit Medien zu erlernen.

Medienkompetenz in einer digital geprägten Welt

Ein kompetenter Umgang mit unterschiedlichen Medien umfasst neben dem Wissen um die Existenz und Funktionsweise auch den kritischen und reflektierten Umgang und die kreative Anwendung. Das Verleihen von kleinen Robotern beispielsweise ist damit nur die Grundlage für die Entwicklung von Medienkompetenz. Erst mit dem Setzen von Kontext und der Ermutigung und auch Anleitung zu einer eigenen Anwendung kann das Medium Roboter besser begriffen werden. Genau hier hat die Stadtbibliothek Gotha mit ihrer *Robothek*[12] angesetzt. Sie will Kinder und Jugendliche für MINT (Mathematik, Informatik, Naturwissenschaften und Technik) begeistern. Dafür gibt es neben der offenen Forscherwerkstatt regelmäßige Workshops, AGs, Einführungen für Schulklassen, Aktionstage und Wettbewerbe. Schüler*innen, die sich mit MINT-Themen in ihren Seminarfacharbeiten beschäftigen, erhalten zusätzliche Unterstützung. *Robothek* und Schülerforschungszentrum Gotha wurden 2021 als Gemeinschaftsprojekt der Stadtbibliothek Gotha und der Stiftung für Technologie, Innovation und Forschung Thüringen (STIFT) ins Leben gerufen.

Einen ähnlichen Ansatz verfolgen die Bücherhallen mit dem *Remote RoboLab*[13], das ebenfalls 2021 als Projekt im Rahmen der Förderung über den Fonds *dive.in. Programm für digitale Interaktionen* der Kulturstiftung des Bundes initiiert wurde und seit 2023 als regelhaftes Angebot der Bücherhallen weiter betrieben wird. Die Funktionsweise eines Roboters kann auch in Remote-Workshops ausprobiert werden. Seit der Einführung des *RoboLabs* wurden diverse auch für den schulischen Einsatz taugliche Roboter in den Medienbestand der Bücherhallen integriert. Lehrkräfte können sie im Klassensatz entleihen und mit zusätzlichen Anregungen für die Unterrichtsgestaltung nutzen. Interessierte Kinder und Erwach-

---

11 Kultusministerkonferenz: Bildung in der digitalen Welt, https://www.kmk.org/fileadmin/Dateien/pdf/PresseUndAktuelles/2018/Digitalstrategie_2017_mit_Weiterbildung.pdf (2016)
12 Stadtbibliothek Gotha: Robothek, https://www.gotha.de/buergerservice/stadtbibliothek/robothek/ (24.04.2023)
13 Bücherhallen Hamburg: RoboLab, https://robolab.hamburg/ (24.04.2023)

sene können die Roboter ebenfalls entleihen. Das *RoboLab* ist außerdem nicht an einen Ort (Zentralbibliothek) gebunden, sondern wird von einer Gruppe von Mitarbeitenden aus dem gesamten Bibliothekssystem (MINT-AG) unterstützt, die regelhaft in den dezentralen Bücherhallen Vermittlungsformate zu Robotik und naturwissenschaftlichen Themen anbietet.

Für einen niedrigschwelligen Einstieg in die Welt des Programmierens steht neben vielen anderen Coding-Formaten von *Jugend hackt* bis *Coding Da Vinci* die *Code Week*[14], die Teil der *EU Code Week* ist. Zielgruppe sind Kinder, Jugendliche und Erwachsene. Die *Code Week Hamburg* entstand mit Unterstützung der Körber Stiftung in 2013. Ebenfalls unterstützt von der Körber Stiftung werden die in den letzten Jahren neu entstandenen *RegioHubs*, die an mittlerweile zehn Standorten in Deutschland existieren. Die *Code Week* ist als Graswurzel-Bewegung offen für alle. Es engagieren sich neben Bibliotheken auch Bildungsinitiativen, Stiftungen, Hochschulen, Unternehmen und Wirtschaftsförderungen. Besonders mit dem Fokus auf Kinder und Jugendliche sind aber Bibliotheken stark beteiligt. Insgesamt zeigt die *Code Week* auch, wie wertvoll die Verbindung verschiedener Institutionen ist, wenn im Sinne von Teilhabe möglichst viele unterschiedliche Zielgruppen angesprochen werden sollen.

Wie eine starke Beteiligung der Öffentlichkeit gelingen kann, hat die Stadtbibliothek Köln mit dem MINT-Festival *MINTköln*[15] gezeigt. Mit Statements aus Politik und Gesellschaft wurde die *MINTköln* auch in 2022 beworben. Die *MINTköln* ist das erste Festival, das über Selbermachen und Ausprobieren den Zugang zu Naturwissenschaft und Technik ermöglicht. In 2022 wurde das Schwerpunktthema Nachhaltigkeit gewählt. Jeder Tag des Festivals war einem der 17 Ziele für nachhaltige Entwicklung der Agenda 2030 gewidmet. Damit hat die Stadtbibliothek Köln das Thema MINT geschickt von seinem eher technischen Ansatz gelöst und damit auch Personen ohne dezidiertes Interesse an MINT-Themen auf ihre Angebote aufmerksam machen können. Teilhabe in der Vermittlung von Medienkompetenz wird auch über Ansprache und Kontextualisierung hergestellt.

Mit dem Projekt *Sisters Network*[16] ist das letzte Beispiel einem sehr grundlegenden Vermittlungsformat gewidmet. *Sisters Network* bietet jungen Frauen mit Migrationsgeschichte in der Übergangsphase von Schule zu Beruf Unterstützung an. Die wöchentlichen Treffen fanden mehrere Jahre in der Zentralbibliothek der Bücherhallen statt. Im Rahmen dieser Treffen initiierte die Organisatorin der Treffen einen Grundlagen-Computerkurs. Denn: „Alle Sisters verfügen über Smartphones und können routiniert mit sozialen Medien umgehen. Fast alle ha-

---

14 Code Week, https://www.codeweek.de/ (24.04.2023)
15 Stadtbibliothek Köln: MINTköln, https://mint-festival.de/ (24.04.2023)
16 Sisters Network: Blog https://sistersnetwork.de/blog (25.04.2023)

ben in den vergangenen Monaten die Aufgaben beim Homeschooling mit den Smartphones gemeistert. Wie jedoch ein Rechner aufgebaut ist, wie dieser sinnvoll für die schulischen Aufgaben genutzt werden kann, ist eine ganz andere Anforderung."

Fazit

Erfolgreiche Formate in der Vermittlung von Digitalkompetenz benötigen immer mehrere Bausteine, um erfolgreich zu werden. Diese lassen sich an den vorgestellten Beispielen gut ablesen. Ohne Kooperationen mit anderen Institutionen wären viele Formate nicht möglich. Bibliotheken können nicht in allen Themen mit fachkundigem eigenen Personal in erfolgreiche Formate einsteigen. Viel wichtiger ist die Bereitschaft, sich mit neuen Themen unvoreingenommen zu beschäftigen, Grundwissen zu sichern und Fachwissen über Kooperationen oder auch Honorarkräfte zu ergänzen. Gute Kooperationen sind gleichzeitig auch gute Presse und sorgen für einen höheren Bekanntheitsgrad, als die Bibliothek alleine ihn herstellen könnte. Dazu werden neben den traditionellen Zielgruppen auch neue Zielgruppen angesprochen, die Bibliotheken mit dem Anspruch *für alle* auch ansprechen müssen. Denn in dem Anspruch, niedrigschwellig und für alle zugänglich sein, liegt auch die Herausforderung, diesen Anspruch einzulösen.

Renate Künast
Desinformation, Demokratie und die Bücherei nebenan

Die Verbreitung von Falschinformationen bedroht die Grundlagen unserer Demokratie. Durch ihre Streuung soll der öffentliche Diskurs gestört und das Gemeinwesen geschwächt werden. Desinformation wird strategisch und systematisch eingesetzt. Ebenso müssen wir zielgerichtet als Gesellschaft Strategien dagegen entwickeln. Es gilt also öffentliche Debattenräume zum Meinungsaustausch zu schützen. Bibliotheken sind dabei in einer herausragenden Position, bei der Bekämpfung von Falschinformationen eine zentrale Rolle einzunehmen. Wie Bibliotheken unsere Gesellschaft gegen Falschinformation *impfen* können, möchte ich hier beschreiben.

Desinformation hat System

Über viele Jahre hat die Annahme einer gewissen Harmlosigkeit von Falschmeldungen dazu geführt, dass die dahinter stehenden Mechanismen kaum Beachtung fanden. Richtig ist, dass Falschinformationen zu oft das Ergebnis gezielter Desinformation ist, also der systematischen Verbreitung nicht zutreffender Informationen wider besseren Wissens. Wenn jemand aus unserem Bekanntenkreis eine Falschnachricht mit uns teilt, dann ist das nur der letzte Schritt in einer Kette, mit der möglichst viele Menschen erreicht werden sollen.

Am Anfang dieser Kette stehen unterschiedliche Akteure, die vielfältige politische oder auch ökonomische Ziele verfolgen und dafür die Aufmerksamkeit für ihre Inhalte maximieren wollen. Ziel kann sein, die Wehrhaftigkeit des Kriegsgegners zu schwächen, oder eine gesellschaftliche Debatte zu verzerren. Oder sie profitieren von der Aufmerksamkeit, die ihre Falschmeldungen generieren, etwa indem sie Werbeeinnahmen für ihre Plattform erhalten.

Gemeinsam ist den Desinformantinnen und Desinformanten neben den Methoden auch die Ablehnung unserer demokratischen Strukturen. Desinformation wird gezielt eingesetzt von antidemokratischen Kräften im In- und Ausland. Wir haben es bei Trump-Wahlen gesehen, aber auch mitten in der EU, als für den Brexit agitiert wurde. Insbesondere in Zeiten, in denen es Geschlossenheit und gesellschaftlichen Zusammenhalt braucht, damit wir die aktuellen Krisen bewältigen und die großen Herausforderungen unserer Zeit angehen müssen, darf uns dieser Angriff auf die Demokratie nicht gleichgültig sein.

Warum verbreiten sich Falschinformationen so gut?

Verdrehte Tatsachen können im schlimmsten Fall tödlich sein. Während der COVID-19-Pandemie haben gezielt gestreute Falschinformationen viele Menschen davon abgehalten, wichtige Schutzmaßnahmen zu ergreifen. Wie viele deshalb erkrankt, oder – schlimmer noch – verstorben sind, lässt sich nicht beziffern. Doch es wurde so deutlich wie zu keinem Zeitpunkt davor, dass das Internet insgesamt und soziale Medien im Besonderen dazu verwendet werden, um so genannte *Fake News* zu verbreiten. Und das mit einigem Erfolg. Millionen Menschen haben die falschen Meldungen zur Pandemie gesehen.[1]

Das Ausmaß der Verbreitung und die zunehmende Bedeutung des Phänomens haben im Wesentlichen zwei Ursachen: Der Aufbau und die Funktionsweise sozialer Medien und eine zunehmende Professionalisierung derer, die Desinformationen verbreiten.

Soziale Medien sind so aufgebaut, dass sie möglichst viel Aufmerksamkeit generieren. Je mehr Zeit wir auf ihnen verbringen, desto mehr Werbeeinnahmen erhalten die Konzerne. Nicht der Wahrheitsgehalt oder der Wert eines Arguments zählen, wie prominent ein Beitrag angezeigt wird – wie sollte das auch durch einen Algorithmus bestimmt werden können –, sondern wie viele Nutzerinnen und Nutzer darauf reagieren, es geteilt oder kommentiert haben. Eine naive Annahme wäre, dass Inhalte mit dem höchsten Maß an Interaktion die wichtigsten oder verlässlichsten wären. Das Netz funktioniert anders.

Zum einen gibt es psychologische Effekte, nämlich dass Beiträge, die wütend oder ängstlich machen, mehr Aufmerksamkeit erhalten, als solche, die beruhigen oder Zufriedenheit auslösen. Zum anderen lässt sich diese Maschinerie aber auch austricksen, indem man genügend Interaktionen generiert, bis die Reichweite ein bestimmtes Maß erreicht hat. Letzteres funktioniert mit vielen echten Menschen, die sich hierzu zusammenschließen oder bezahlt werden, es kann aber auch mit so genannten Bots, also automatisierten Accounts bewerkstelligt werden. Rechtsextreme nutzen beides systematisch.

---

1 https://www.tagesschau.de/investigativ/ndr-wdr/fake-news-corona-101.html

Mit ihren Entscheidungen zum Design und durch Algorithmen fördern die Plattformen somit die Verbreitung von Desinformation. Mehr *traffic* heisst dann mehr Werbegelder so verdienen sie an ihrer Verbreitung mit.[2] So lange sie ihr Geschäftsmodell auf eine Maximierung von Aufmerksamkeit ausrichten können, haben sie auch keinen Anreiz, die Funktionsweise ihrer Plattformen grundlegend zu ändern.

Verschiedene Akteure haben sich längst auf die Verbreitung von Desinformationen spezialisiert und arbeiten zunehmend professionell. Da sind zunächst die auch von Staaten wie Russland finanzierten Akteure, die Desinformationskampagnen sorgfältig planen und ausführen und denen dabei eine breite Auswahl von Täuschungsmethoden und Vermeidungstaktiken zur Verfügung stehen. Falschmeldungen werden gezielt so formuliert und präsentiert, dass sie nur mit einem gewissen Aufwand widerlegt werden können. Über ein Netzwerk von Accounts und Medien werden die Falschinformationen dann gestreut und dabei immer wieder aufeinander bezogen.

Über weniger Ressourcen verfügen nicht-staatliche Netzwerke und Einzelpersonen. Doch auch sie sind in der Lage, ganze Kampagnen der Desinformationen umzusetzen. In diesem Feld hat sich auch so etwas wie ein neuer Berufsstand der Desinformations-Entrepreneure gebildet. Sie nutzen Falschmeldungen, um Aufmerksamkeit zu generieren, um dann mit Werbeeinnahmen oder durch den direkten Verkauf von Waren Geld zu verdienen.

Was jetzt geschehen muss

Fakten sind eine notwendige, solide Grundlage für politische Diskurse. Und zwar die echten, nicht die sogenannten *alternativen Fakten*. Deshalb müssen wir uns auf den Weg machen, Desinformationen effektiv zu bekämpfen. Dafür braucht es mehrere Ansätze. Der Übersicht halber sind sie hier nach drei Dimensionen aufgeteilt: Technik, Recht und Gesellschaft.

Technische Lösungsansätze

Die Konzerne, die hinter großen sozialen Medien stehen, haben Plattformen geschaffen, mit denen die Verbreitung falscher Informationen massiv erleichtert wird. Sie haben deshalb auch die Möglichkeiten, sie so umzugestalten, dass es

---

2 https://www.propublica.org/article/google-alphabet-ads-fund-disinformation-covid-elections

schwieriger wird, Aufmerksamkeit und Reichweite für Falschmeldungen zu erzielen. Die Whistleblowerin Frances Haugen, eine ehemalige Mitarbeiterin von Facebook, hat Dokumente öffentlich gemacht, die belegen, dass der Konzern mit vielen Stellschrauben an der Benutzeroberfläche und an den zugrundliegenden Algorithmen dafür sorgt, dass die Nutzerinnen und Nutzer möglichst lange auf der Plattform bleiben. Aus den Dokumenten geht auch hervor, dass Facebook und seinem Mutterkonzern Meta dabei sehr bewusst ist, welche negativen Folgen dies für das Gemeinwohl hat. Es liegen sogar Lösungsvorschläge für Schutzmaßnahmen gegen diese Negativeffekte vor. Doch diese Lösungen bleiben in der Schublade, denn sie widersprechen den Profitinteressen des Unternehmens. Sie würden nicht mehr, sondern weniger Werbeeinnahmen generieren und werden deshalb nicht umgesetzt.

Hinzu kommt, dass es in versteckten Menüs und mit eingeschränkten Optionen bewusst schwer gemacht wird, falsche und gefährliche Inhalte zu melden. Es braucht daher einen niedrigschwelligen und nutzerfreundlichen Zugang, der es allen ermöglicht anzuzeigen, wenn Falschinformationen verbreitet werden. Nutzerfreundlich bedeutet beispielsweise, die Plattform sollte die Beweise, also Screenshots und Links automatisch erstellen, eine einfache Menüführung haben und auch zulassen, dass man ganze Kampagnen und Trends meldet, wenn einem etwas auffällt. Es sollte eben mindestens genau so einfach sein, Falschinformationen zu melden, wie es ist, sie zu verbreiten.

Mit Recht gegen Desinformation

Um die Plattformen zum Handeln zu zwingen, braucht es Gesetze, die die Plattformen zur effektiven Mitarbeit verpflichten. Offensichtlich falsche Inhalte aus den Plattformen zu entfernen bzw. ihre Sichtbarkeit einzuschränken, ist so ein schnellerer und effektiverer Ansatz. Dieses Ziel verfolgt der neue Digital Services Act (DSA) der EU. Er verpflichtet die großen Plattformen, Risiken wie etwa Desinformationskampagnen zu identifizieren und Gegenmaßnahmen zu ergreifen. Der DSA funktioniert in Verbindung mit dem 2022 aktualisierten Verhaltenskodex zur Bekämpfung von Desinformation. Darin verpflichten sich die großen Plattformen dazu, ihrer Verantwortung nachzukommen und effektiv gegen die Verbreitung von Falschinformationen vorzugehen. Der DSA errichtet eine staatliche Aufsichtsarchitektur, mit der sichergestellt werden soll, dass die Plattformen sich an die Verpflichtungen halten. Tun sie das nicht, drohen empfindliche Strafzahlungen bis zum Verbot des Dienstes in der EU. Anfang 2024 tritt der DSA in Kraft. Dann werden wir genau beobachten, wie sich die Verbreitung von Desinformation entwickelt und wo ggfs. nachgebessert muss.

Die gesellschaftliche Ebene

Die rechtlichen und technischen Lösungsansätze sorgen für eine geringere Verbreitung von Falschinformationen im Netz, indem sie soziale Netzwerke eingrenzen. Aber auch als Gesellschaft sollten wir uns gegen Desinformation immunisieren. Was eingangs als *Impfung gegen Desinformation* bezeichnet wurde, wird oftmals unter dem englischen Begriff des *prebunking* diskutiert. Es geht darum, diejenigen, die mit Falschinformationen in Kontakt kommen könnten, noch vor diesem Kontakt mit dem nötigen Methodenwissen auszustatten, um Falschmeldungen zu erkennen und zu reagieren. Das Entlarven (*debunking*) wird so schon vor (pre) dem Wahrnehmen der Meldung antrainiert. Dahinter steckt im Grunde, dass wir in der Breite der Bevölkerung ein Bewusstsein für die Gefahren der Desinformation schaffen und Medienkompetenz vermitteln, damit möglichst viele Menschen erkennen können, was falsch ist und nicht geteilt, sondern gemeldet werden sollte. Je mehr Menschen diese Medienkompetenz aufweisen, desto weniger Chancen haben Falschinformationen verbreitet zu werden. Es braucht dazu Bildungseinrichtungen, zivilgesellschaftliche Organisationen und engagierte Individuen, die sich für die Vermittlung dieser Kompetenzen und damit auch für unser demokratisches Gemeinwesen einsetzen. Und es braucht Bibliotheken.

Bibliotheken – natürliche Widersacher gegen Desinformation

Bibliotheken sind in einer herausragenden Position, um sich gegen die Verbreitung von Falschinformationen zu stellen. Sie sind mit ihrer technischen Ausstattung, ihrem Zugang zu Faktenwissen und mit ihrem spezialisierten Personal so gut geeignet, wie kaum ein anderer Ort. Bibliotheken sind in jedem Ort, jedem Kiez und in jeder Region. Bibliotheken sind Orte, in denen nicht nur Bücher gelesen werden. In Bibliotheken wird der Zugang zu Wissen ermöglicht und Kompetenzen vermittelt. Wie man eine Antwort auf eine Wissensfrage findet, kann in der Bibliothek gelernt werden. Wie man Informationen überprüft und welchen Quellen man trauen kann, das kann auch in der Bibliothek gelernt werden.

Diese herausragende Position wird von immer mehr Bibliotheken genutzt, um spezialisierte Angebote an Interessierte zu machen. Workshops, Debattenrunden und individuelle Beratung für diejenigen, die sich gegen Desinformationen wappnen und den richtigen Umgang damit erlernen wollen. Dieses Momentum gilt es zu nutzen, damit Angebote dieser Art in der Fläche ankommen.

Zeit für starke Partnerschaften

Ein Projekt mit Vorbildcharakter ist *Land.schafft.Demokratie – Vielfalt und Dialog in der Bibliothek*[3]. Diese Kooperation zwischen dem Deutschen Bibliotheksverband (dbv) und der Bundeszentrale für politische Bildung (bpb) ist das ideale Beispiel dafür, wie die Stärken der Bibliotheken mit den Stärken anderer Institutionen verbunden werden können. In diesem Projekt werden in Bibliotheken im ländlichen Raum passgenaue Angebote zur Demokratieförderung entwickelt – Lesungen, Diskussionsrunden, Workshops und Netzwerk-Events. Materialien, die hier erarbeitet werden, können anderen Bibliotheken zur Verfügung gestellt werden und somit immer größere Nutzerkreise finden.

Bibliotheken sind ein niedrigschwelliger Ort. Geeignet wie kaum ein anderer, um zu erkennen und zu erlernen, was Fakten sind. Und sie sind mitten drin im Leben eigentlich aller Altersgruppen. Deshalb wäre es gut, noch stärker einzusteigen in Bündnisse und Kooperationen mit Organisationen und Zivilgesellschaft, die unsere demokratischen Prozesse verteidigen.

---

3 https://www.bibliotheksverband.de/landschafftdemokratie

Jens-Peter Gaul und Jacobus Bracker
Urheberrecht im Kontext moderner Wissenschaft. Bemerkungen aus hochschulpolitischer und kulturtheoretischer Sicht

Im 18. Jahrhundert steht der gebürtige Genfer Marc-Michel Rey stellvertretend für einen Verleger-Typus, der kommerzielle Interessen mit einem starken Bewusstsein für das Meinungsbildungsmonopol des Buches verbindet. Wie in den vorhergehenden Jahrhunderten von Reformation und Humanismus, so ist auch in der Aufklärung das (gedruckte) Buch das entscheidende Medium für die politische und wissenschaftliche Auseinandersetzung. Rey weiß, dass die Botschaft der Aufklärung die Mächtigen in Staat und Kirche herausfordert, er baut sein Verlagshaus auch deswegen in Amsterdam in den liberalen Niederlanden auf. Dort erscheinen nach und nach viele wichtige Werke der europäischen Aufklärung, insbesondere die meisten der politisch und philosophisch bahnbrechenden Texte Jean-Jacques Rousseaus. Der im Umgang schwierige Genfer Philosoph respektierte Rey sehr und nahm, nach allerlei Schwankungen im Verhältnis der Landsleute, schließlich auch dessen weitsichtige Anregung auf, sein Leben aufzuzeichnen.[1] Mit den *Bekenntnissen* entsteht Rousseaus letzter vollendeter Text und ein Zentralwerk der modernen Autobiographie, das – erschienen erst nach Rousseaus Tod 1778 – mit Blick auf seine Entstehung gewissermaßen exemplarisch Zeugnis ablegt für eine der geschichtlich wirkmächtigsten Partnerschaften zwischen Verleger und wissenschaftlichem Autor.

Verbindungen dieser Art und mit großer Tragweite gab es historisch mehrfach, und es gibt sie auch heute noch. Dennoch hat sich das Verhältnis von Wissenschaft und Verlagswelt in den letzten etwa dreißig Jahren grundlegend geändert. Inzwischen ist es als problematisch markiert, die gemeinsame Erfolgsgeschichte vorerst beendet. Auffällig ist dabei, dass sich der Konflikt nicht auf das Kernverhältnis des Forschenden zum Verlag beschränkt[2], sondern auf die das System (nicht nur das Wissenschaftssystem) strukturierenden Institutionen wie etwa

---
[1] Vgl. Rey an Rousseau, Brief vom 31.12.1761, Leigh CC 9/1619.
[2] Wie es etwa im Falle des größten Wissenschaftsverlages Elsevier durch Niederlegung der Herausgebertätigkeit für Zeitschriften zum Ausdruck kam.

die Bibliotheken übergegriffen hat.[3] Auf jeder Tagesordnung der Hochschulrektorenkonferenz (HRK), die mit den Hochschulen die „Organisationszentren"[4] und das „Herz des Wissenschaftssystems"[5] repräsentiert, ist das Thema „Verhältnis Wissenschaft und Verlagswelt" seit einigen Jahren gesetzt und stets kritisch konnotiert.

Das Problem ist komplex, aber im Kern lassen sich zwei gedankliche Orte ausmachen, an denen der Konflikt besonders deutlich zum Ausdruck kommt: Die Ablösung des traditionellen Subskriptionsmodells durch die Umstellung des wissenschaftlichen Publikationswesens auf die Prinzipien von Open Access und eine veränderte Interpretation der Anforderungen der Wissenschaft an ein modernes Urheberrecht. Diese Themenbereiche sind zunächst klar zu unterscheiden; dennoch sind sie über verschiedene politische und rechtliche Aspekte verbunden. Es ist dann auch wenig erstaunlich, dass die Gründe für die zunehmenden Interessengegensätze auf beiden Feldern im Kern identisch sind. Worum geht es?

Die Zeit nach 1900 ist zum „Jahrhundert der Wissenschaft"[6] ausgerufen worden, und das noch leidlich junge 21. Jahrhundert baut darauf auf. Heute leben etwa 90 Prozent aller Wissenschaftlerinnen und Wissenschaftler, die bislang historisch überhaupt existierten,[7] die globale akademische Wissensproduktion wächst mit Blick auf die beiden letzten Jahrzehnte um gut 4 Prozent jährlich,[8] und konsequenterweise sind die aktuellen Bestände der Bibliotheken ungeachtet ihres objektiv gewaltigen Umfangs so fragmentarisch wie nie zuvor. Diese Befunde spiegeln die kontinuierlich steigende Bedeutung jeglichen Wissens und seiner Vorstufen (wie Information und Daten). Beschworen als „neuer Rohstoff" und seit den 1960er-Jahren Namensgeber für die moderne „Wissensgesellschaft",[9] übersetzt sich die Bedeutung von wissenschaftlichem Wissen in Deutschland in der kollektiven politischen Praxis vor allem in eine entsprechende Ausrichtung des Forschungs- und Bildungssystems.

Die Forschung in Deutschland hat ihre Publikationstätigkeit innerhalb der letzten zwei Jahrzehnte etwa verdoppelt[10] und liegt im weltweiten Vergleich zurzeit auf Platz vier.[11] Mit Blick auf die forschungsbasierte Lehre wiederum ist die

---

[3] So belastet unter anderem die aktuelle Diskussion um den Verleih von E-Books auch das traditionell sehr stabile Verhältnis zwischen Verlagen und Bibliotheken.
[4] Wissenschaftsrat (2013) 28.
[5] Bundesregierung (2021) 16.
[6] Vgl. Powell et al. (2019).
[7] Vgl. Kumar (2018).
[8] Vgl. Web of Science (2023a).
[9] Dazu umfassend Engelhardt und Kajetzke (2010).
[10] Vgl. Datenportal BMBF (2023).
[11] Vgl. Web of Science (2023b).

Aneignung von akademischen Fachkenntnissen in einem Hochschulstudium bereits vor mehr als einem Jahrzehnt der Regelausbildungsweg geworden. Die Studienanfängerquote liegt seit 2011 deutlich über 50 Prozent, das OECD-Ziel von 40 Prozent[12] ist schon seit 2008 erreicht.[13] Das Hochschulsystem kommt seinem auch verfassungsrechtlich festgestellten Auftrag[14], Menschen auch und gerade für anspruchsvolle Aufgaben in der Gesellschaft zu qualifizieren, heute in historisch bislang einmaligem Umfang nach.

Die Nachfrage nach wissenschaftlichem Wissen und dieses Wissen tragenden Personen entspringt allen gesellschaftlichen Sektoren und ist stets mit einem Dringlichkeitsappell versehen: Wissen ist entscheidend, es muss passgenau und sofort verfügbar sein. In spektakulärer Weise ist dieser schon länger existierende Zusammenhang[15] ab 2020 deutlich geworden, gebrochen durch das Prisma der Corona-Pandemie. Die Bedarfe der Politik nach rascher Orientierung aus der Wissenschaft waren und sind so hoch, dass sich in Deutschland neben den inhaltlichen Fragen zwischenzeitlich eine eigenständige Diskussion über die formale und organisatorische Seite der wissenschaftlichen Politikberatung entwickelt hatte.[16] Grundiert ist diese Diskussion mindestens implizit von der erheblichen staatlichen Finanzierung der öffentlichen Wissenschaft, der generell gestiegenen Erwartung an deren Problemlösungskapazität und -bereitschaft sowie der gesellschaftlichen Annahme, dass Wissen im Zeitalter globaler Vernetzung umfassend zugänglich ist und sein muss.[17] Begrifflich übersetzt wird diese Bewegung im Kontext der Wissenschaftspolitik in das globale Paradigma von Open Science.[18]

Die Werkzeuge, mit deren Hilfe wissenschaftliches Wissen im Sinne eines Age of Access[19] vollständig und rasch verfügbar gemacht werden kann, stammen aus der Welt der Digitalität. Die Liste der Beispiele für diesen Zusammenhang ist beliebig lang; exemplarisch sollen hier die Computerprogramme für die Forschungsmethode des Text- und Datamining (TDM) und der Betrieb von Open-Access-Serverstrukturen bei Hochschulen und Verlagen genannt werden.

---

12 Als nationales Ziel: Bundesregierung (2002) 28, erneuert in der Qualifizierungsinitiative (2008) 12.
13 Vgl. Statista (2022). Das einschlägige EU-Ziel (EU [2021] 65) ist allerdings noch weit entfernt. Demnach sollten bis 2025 mindestens 45 Prozent der Altersgruppe 25–34 einen tertiären Abschluss haben. In Deutschland waren das im Jahr 2021 lediglich 35,7 Prozent (EU-Durchschnitt: 41,2 Prozent), vgl. EC (2022).
14 Anschaulich BVerfGE 35, 79 Rn. 111.
15 Umfassend Mayntz et al. (2008); nach der Corona-Pandemie akzentuiert etwa Bogner (2021).
16 Exemplarisch Schmutte und Kroemer (2021).
17 Im medialen Raum repräsentativ in seiner Fraglosigkeit notiert z. B. bei Kutsche (2019).
18 Vgl. UNESCO (2021).
19 Umfassend Schüller-Zwierlein et al. (Reihe, ab 2012).

Bemerkenswert ist nun, wie fallbezogen unterschiedlich die Wissenschaft mit der geschilderten, in ihrem Ursprung einheitlichen Drucksituation umgeht. Während sich die Open-Access-Bewegung als weltweites Netzwerk organisiert, das Standards und Herausforderungen im steten internationalen Abgleich definiert, früh den potenziell disruptiven Charakter ihrer Arbeit einschließlich der entsprechenden Marktveränderungen betont hat[20] und teilweise die Partnerschaft von Wissenschaft und Verlagen ganz in Frage stellt,[21] wird die Diskussion um das Urheberrecht von Seiten der Wissenschaft vergleichsweise verhalten und eher national orientiert geführt. Zwar gab und gibt es im politisch-medialen Raum gelegentlich den Ruf nach einer „Abschaffung des Urheberrechts"[22], aber die in Verbänden organisierte Wissenschaft hat stets vermieden, das Urheberrecht selbst, den Vergütungsanspruch des Urhebers und die das heutige System konstituierenden Elemente wie die Existenz von Verwertungsgesellschaften in Frage zu stellen.[23]

Im ersten Zugriff ist dieser Befund erstaunlich. Das Urheberrecht ist ein junges, in seiner Entstehung als Rechtsgebiet von der modernen Wissenschaft unabhängiges Konstrukt[24], das „geistige Eigentum" über den im Vergleich zum verfassungsrechtlichen Schutz der Wissenschaftsfreiheit nur schwachen Eigentumsschutz des Grundgesetzes wenig abgesichert. Die seit Jahren ergebnislosen Verhandlungen zwischen Kultusministerkonferenz und VG Wort[25] vor allem über die Vergütung der Nutzung von urheberrechtlich geschützten Materialien für Lehre und Forschung an den Hochschulen binden finanzielle und planerische Ressourcen, der aktuellen Generation der Studierenden und Forschenden als Digital Natives sind Nutzungseinschränkungen von Werken kaum mehr verständlich zu machen, der wirtschaftlich und rechtlich nur eingeschränkt handlungsfähigen und stets auch grundrechtsverpflichteten Wissenschaft müssen zur Erfüllung ihrer Aufgaben die nötigen Instrumente zur Verfügung stehen. Es läge nahe, auch auf dem Gebiet des Urheberrechts mit einem eher disruptiven Ansatz zu arbeiten und den entsprechenden Paradigmenwechsel im Sinne einer inzwischen habituel-

---

20 Vgl. etwa zum erwünschten Wandel der wissenschaftlichen Verlage zu Publikationsdienstleistern Berlin Declaration (2003): „significantly modify the nature of scientific publishing [...]."
21 Unter Begriffen wie Diamond Open Access oder non-commercial Open Access firmieren Projekte, Initiativen, Plattformen und Verlage, die von der Wissenschaft oft parallel zu gemeinsamen Open-Access-Projekten mit kommerziellen Verlagen unterstützt werden. Anschaulich etwa UB Frankfurt/Main (2022).
22 Exemplarisch Laaf und Weber (2012).
23 Aus der Wissenschaft kritisch gegenüber dem individuellen Urheberrecht mit unterschiedlichen Ansätzen etwa Smiers und van Schijndel (2012); Kuhlen (2020).
24 Zur Geschichte des Urheberrechts insgesamt etwa Meder (2018), Wadle (2012).
25 Dazu dbv (2021).

len *endless frontier*-Rhetorik[26] vom Gesetzgeber einzufordern. Was hält die Wissenschaft zurück?

Die Geschichte des Umgangs mit Werken oder ihren Bausteinen im Zeichen der Digitalisierung variiert je nach Art der Schöpfung an der Oberfläche erheblich.[27] Unmittelbar vergleichbar ist lediglich, dass allein die Bewerkstelligung der schöpferischen Leistung mit neuen Mitteln noch keine direkte Wirkung auf das Urheberrecht hat.[28] Betrachtet man aber den folgenden historischen Prozess, lassen sich vor allem auf zwei Ebenen massive Auswirkungen auf den Schutz von Werken erkennen: unmittelbar für das Einzelwerk und systemisch für den ökonomischen Werterhalt.

Sehr weit fortgeschritten ist dieser Prozess in der Musik. Anfang der 80er-Jahre stand mit der Compact Disc (CD, und den entsprechenden Abspielgeräten[29]) ein digitaler Träger bereit, der den verlustfreien Zugriff auf jede verfügbare Musik erlaubte und die ursprünglich aus der Musique concrète stammende Collage- und Recycling-Technik des Hip-Hops technisch stark vereinfachte; digitale sog. Sampler zur Bearbeitung der Klänge waren ab Mitte der 1980er Jahre in der Fläche verfügbar. Die Nutzung eines Samples (Klangausschnitts) aus einem älteren Stück von Gilbert O'Sullivan durch den Hip-Hop-Künstler Biz Markie Anfang der 1990er Jahre hat eine bis heute andauernde Auseinandersetzung über das Urheberrecht und seine Nebenrechte ausgelöst, die sich zum Teil in jahrzehntelangen Gerichtsprozessen zwischen Musikschaffenden, Ausführenden, Tonträgerunternehmen und Verlagen entlädt.[30] Während sich auf dieser Ebene noch argumentieren lässt, dass das Urheberecht sich im Einzelfall zugunsten eines Werkes wirksam in Stellung bringen lässt, muss dieser Befund mit Blick auf die Veränderungen des Gesamtmarktes in seiner Bedeutung stark relativiert und systemisch als Rückzugsgefecht eingeordnet werden. In etwa zeitgleich mit dem geschilderten Präzedenzfall werden das Internet, dann rasch der CD-Rohling und schließlich die mp3-Technologie verfügbar und damit die qualitativ fast verlustfreie, massenhafte Reprodu-

---

26 Bush (1945).
27 Oder ist noch nicht erzählt, wie die aktuell anlaufende Diskussion um die urheberrechtlichen Folgen der Bildgenerierung durch sog. Künstliche Intelligenz zeigen, vgl. Der Spiegel (2023).
28 In anderer Hinsicht zeitigten der breitenwirksame Beginn elektronischer Musik (Kraftwerk: Autobahn, 1974), digitaler Fotographie (Dycam: Model 1, 1991) oder synthetischer Filmproduktion (Computeranimation: Disney: Tron, 1982; digitaler Film: Lucasfilm: Star Wars Episode II, 2002) allerdings teilweise weitreichende Folgen in den damit verbundenen Märkten und gesellschaftlichen Sektoren.
29 Zuerst Sony: CDP-1, 1982.
30 Zum Leistungsschutzrecht spektakulär durch alle Instanzen und bis heute nicht beendet: Kraftwerk vs. Moses Pelham zu „Metall auf Metall" (Kraftwerk hat erneut Revision eingelegt unter BGH, Az. I ZR 74/22).

zierbarkeit und Verteilbarkeit von Musik. Etwa ein Jahrzehnt später ist die CD als zentrales Klangmedium von den ersten Mechanismen einer Sharing Economy abgelöst. Der rasche juristische Sieg der Rechteverwerter gegen die Musiktauschbörse Napster ebnet innerhalb kurzer Zeit den Weg für das heutige sog. Streaming, schafft ein völlig neues Preis-Leistungsverhältnis für den Genuss von Musik und justiert die Anteile des verbleibenden Marktes zwischen den Beteiligten so, dass vor allem Plattformen, große Tonträgerunternehmen und wenige exponierte Musikschaffende profitieren. Für die Masse der Urheber und ihre Verlage aber ist die Neuordnung im Ergebnis ökonomisch vergeblich und zugleich Ausdruck der auch gesellschaftlichen Entwertung von Musik.[31]

Blickt man vor diesem Hintergrund von der Musik auf das geschriebene/gedruckte Wort, das die Wissenschaft mit der Verlagswelt primär verbindet, dann lassen sich im ersten Zugriff deutliche Unterschiede beschreiben. Als Kulturgut in Deutschland auch in digitaler Form (E-Book) geschützt durch Buchpreisbindung und Steuerrecht, generiert das Buch bisher und auch in absehbarer Zeit stabil Umsätze (wenn auch sektoral schwankend),[32] Vergleichbares gilt für die Entwicklung der Zeitschriften der wissenschaftlichen Verlage.[33] Ein dem Zusammenbruch der traditionellen Musikindustrie entsprechender Einschnitt kraft Digitalisierung ist für das geschriebene/gedruckte Wort bislang ausgeblieben.[34]

Auf den zweiten Blick ist die Situation der Verlage und der Urheber im Bereich Wort allerdings im Kern nicht anders strukturiert als auf dem Feld der Musik. Der sog. *Heidelberger Appell*[35] von Verlegern und Autoren von 2009 zur Verteidigung des Urheberrechts war inhaltlich und politisch fehlgeleitet[36] und wirkt aus heutiger Sicht bizarr, doch es ist kein Zufall, dass seine überschießende Rhetorik seitdem kommunikativer Standard in der Verlagswelt ist.[37] Tatsächlich hatte die internationale Auseinandersetzung um das *Google Books Projekt*, das auch Gegen-

---

31 Zur entsprechenden Situation auf dem deutschen Streaming-Markt zuletzt GEMA (2022).
32 Vgl. Statista (2022a); Börsenverein (2022).
33 Vgl. Mittermaier (2021). Anders der schrittweise schrumpfende Zeitungsmarkt, Quelle: Statista (2022b).
34 Zum Medium Buch der Börsenverein (2022a): „Das Buch ist krisenfest". Zur schrittweisen und fachspezifischen Verschiebung im Nutzungsverhalten an den Hochschulbibliotheken von print zu digital ZEIT online (2023).
35 Heidelberger Appell (2009).
36 Vgl. Allianz (2009).
37 Die einschlägige Rhetorik bis hin zur Formulierung „Niedergang der Schriftkultur" ist dokumentiert bei Pingel (ohne Jahr). Zuletzt Carsten Knop (zitiert nach Wefing und Heuser [2021]): „Zwangskollektivierung und Enteignung", oder Corint Media: „Ausbeutung" (zitiert nach Greis [2023]). Auch in der Binnenauseinandersetzung um die gemeinsame Rechtewahrnehmung ist die Rhetorik präsent: Martin Vogel: „Enteignung der Urheber" durch die VG Wort, zitiert nach buchreport (2013).

stand des *Heidelberger Appells* ist, für die Verlagswelt die Funktion, den Napster-Effekt in der Musikindustrie um jeden Preis zu vermeiden und in eine rhetorisch-politische Offensivposition zu gelangen. Seitdem wird versucht, diese Position zu halten und die als bedrohlich wahrgenommenen Elemente der Veränderung deutlich zu markieren.[38] Diese entsprechen den Faktoren aus dem Fall der Musikindustrie: nicht national kontrollierbare Technologien, Identifikation von Digitalität mit (grenzenloser) Kopierbarkeit und der damit verbundene Verlust der sicheren Zählbarkeit von Werken und ihrer ökonomischen Verwertung. Die kritische Haltung ist sehr stabil und wird von Verlags- und Urheberseite auch dann kaum modifiziert, wenn nach gravierenden Einschnitten – *Google Books* gewinnt 2016 die urheberrechtliche Auseinandersetzung gegen die amerikanischen Autoren, in Deutschland startet 2018 der erste Transformationsvertrag zu Open Access, Politik und Gesellschaft einigen sich 2022 im Rahmen der UNESCO weltweit auf *Open Access als Publikationsstandard* usw. – zwar Marktveränderungen eintreten, disruptive Wirkungen aber nicht feststellbar sind.

Und die Wissenschaft? Sie kann und darf nicht das politische und ökonomische Risiko des Wandels von der Verlagswelt fernhalten, aber sie erkennt sich in der heutigen Gegenseite gerade mit Blick auf das Urheberrecht durchaus wieder. Basis dafür ist sicher, dass auch Forschende Urheber sind. Dieser Aspekt trägt nicht unbegrenzt, weil die Publikation in der Wissenschaft die zentrale Währung im Kontext des meritokratischen Systems und, außerhalb überschaubarer Gruppen, keine relevante Einkommensquelle darstellt.[39] Gleichwohl ist die Wissenschaft geübt im steten Rollenwechsel, der sich in der Dialektik von Begutachten und Begutachtet-Werden manifestiert und sich in Schreiben, Lesen und Gelesen-Werden fortsetzt: Werke schaffen und Werke nutzen. Verstärkt wird die Nähe zum Urheberschutz durch die historische Verbindung, die sich zum Ende des Mittelalters aus der Entstehung des Buchdrucks und dem damit korrespondierenden Anspruch eigener Autorenschaft ergibt und die sich in die bis heute wichtige Bedeutung der Person des Forschenden und der ihm unmittelbar zugeordneten Idee/Entdeckung übersetzt – klassisch formuliert im sog. Harnack-Prinzip[40], illustriert durch eine Vielzahl von sichtbaren Wissenschaftspreisen und öffentlich demonstriert durch die auch gesellschaftlich einmütige Verurteilung des wissenschaftlichen Plagiats. Konsequenterweise schafft dann auch die zunehmende und mindestens latente Entkopplung von Idee und Person weitere Berührungsflächen mit dem Schutz der Urheberschaft, wenn Teile der gegenwärtigen Wissenschaftspolitik kooperative Arbeitsweisen, Partizipationselemente und Sharing-Modelle

---

38 Treffend dazu Banse (2009).
39 Vgl. dbv (2021).
40 Vgl. vom Brocke (1996).

gegen die jahrhundertelang stabile Wettbewerbsorientierung der Forschung in Stellung bringen.[41] Über diesen gesellschaftlichen Veränderungsdruck hinaus sieht die Wissenschaft schließlich die Gefährdung ihrer zentralen Ressource gerade auch in den Instrumenten der digitalen Welt. Tatsächlich hat der globale Digital Turn länger existierenden Problemen wie ein den Grundsätzen guter wissenschaftlicher Praxis widersprechender Umgang mit Daten oder der Etablierung obskurer wissenschaftlicher Zeitschriften ohne akzeptierte Qualitätssicherung (Predatory Journals) eine neue Dimension verliehen und die aktuelle Konfrontation mit KI-generierten Texten ohne Werkqualität und künstlich reformulierten Forschungsartikeln gar erst möglich gemacht. Mit der Einsicht in die fundamentale Schwächung der Zuordnung von Urheberschaft und Leistung/Aussage geht für die Wissenschaft ein Erlebnis von zunehmendem Kontrollverlust einher, das sich zwar weniger defensiv vermittelt, aber strukturell insoweit nicht von der Wahrnehmung der Verlagswelt unterscheidet.[42]

Vor diesem Hintergrund fordert die Wissenschaft von der Verlagswelt durchaus Veränderungen, die grundlegend sind und das Selbstverständnis sowie die bisherigen Geschäftsmodelle berühren. Sie setzt sich aber im Bereich des Urheberrechts lediglich für eine substanzielle Modifikation, nicht für eine generelle Revision der Rechtssystematik und der Inhalte ein. Wohl am deutlichsten erkennbar ist dies an der Regelung des § 60 h Abs. 3 UrhG, für die sich die Wissenschaft bei der letzten Novellierung des Gesetzes besonders engagiert hat.[43] Angemessen, aber pauschal muss die Vergütung für Nutzungen in Forschung und Lehre aus Sicht der Wissenschaft sein, und diese Forderung ist nicht nur dem in einem großen und maximal heterogenen System nicht leistbaren und in der Sache unverhältnismäßigem Dokumentationsaufwand geschuldet. Vielmehr entspricht der gesetzliche Abschied vom prinzipiellen Vorrang der Einzelfallvergütung der neuen Notwendigkeit, im Bereich der Wissenschaft ohne Hürden und rasch auf Inhalte zuzugreifen und diese im Sinne der Aufgaben zu verwenden. Auch diese Art der Nutzung muss angemessen vergütet werden, kann aber konkrete Verwendungen, Titel, Marktanteile und ähnliches nicht abbilden; mit gutem Grund lassen sich Auskunftsansprüche, die sich aus den Binnenbedarfen etwa der kollektiven Rechtewahrnehmung ableiten[44], nicht mit Hilfe des Urheberechts realisieren. Jüngst hat der Deutsche Bibliotheksverband (dbv) die hier skizzierte Haltung mit Blick

---

41 Vgl. CoARA (2022).
42 Ein Ende der Herausforderungen für die Verlagswelt ist nicht in Sicht. Jüngst zum Leistungsschutzrecht und zu den Folgen von KI-Sprachmodulen Greis (2023).
43 Vgl. Allianz (2017).
44 Aus dieser Sicht ist die zitierte Causa „Vogel vs. VG Wort" schon deswegen ein Anachronismus, weil sie pauschale Verteilmodelle re-individualisiert hat.

auf die mit der Verlagsseite streitige Frage nach der (auch für die Wissenschaft) wichtigen[45] Lizensierung von E-Books noch einmal eindrucksvoll demonstriert: Es darf keine zeitlichen Zugriffsschranken für digitale Buchinhalte geben. Im Gegenzug muss aber die Vergütung (Bibliothekstantieme) auf die Ausleihe von E-Books ausgedehnt und in der Summe erhöht werden.[46]

Der Koalitionsvertrag der aktuellen Bundesregierung stellt ein wissenschaftsfreundlicheres Urheberecht in Aussicht[47], und die Wissenschaft wird dies einfordern, um ihre Aufgaben erfüllen zu können. Dabei orientieren sich die bisher vorgelegten Maßnahmenkataloge[48] systematisch an der Vorstellung, versperrte oder verzögerte Zugänge zu Inhalten aufzuheben und mit zentralen Lizensierungen und pauschaler Vergütung zu einem fairen Ausgleich zwischen Nutzern, Verlagen und Urhebern zu kommen. Neben der notwendigen Präzisierung der Regelung zur pauschalen Vergütung sind dabei weitere Aspekte der aktuellen Gesetzeslage technisch modifikationsbedürftig und im Übrigen inhaltlich auf der Basis des Gesagten zu rekontextualisieren.

Beim Inkrafttreten des aktuell gültigen Urheberrechts wurde ein spezifischer Regelungsbedarf daraus abgeleitet, dass Unterricht und Wissenschaft seit jeher intensiv urheberrechtlich geschützte Werke und Leistungen nutzten und gleichzeitig die vertraglichen Systeme keinen ausbalancierten Interessensausgleich zu schaffen vermochten. Die Lektüre der Fachliteratur, sei es im eigenen Bestand oder aus der Bibliothek, sei seit jeher wesentlicher Teil des Arbeitsprozesses, in dem vorhandenes Wissen weitergegeben und neues Wissen erzeugt werde, und dieser Prozess sei zugleich die Grundlage des Fortschritts; denn Neues entstehe selten aus dem Nichts, sondern in der Regel auf Grundlage dessen, was bereits von anderen erdacht worden sei.[49] Wissensvermittlung in Bildungseinrichtungen sei auf Bezugnahmen auf die Kunst, die Kultur und wissenschaftliche Erkenntnisse angewiesen, und für Hochschullehre und Forschung sei es daher wichtig, kreative Leistungen für diese Zwecke nutzen zu können.[50] Zu den erlaubten Verwendungen in den nun seit gut fünf Jahren geltenden neuen Vorschriften gehören unter anderem die Nutzung von bis zu 15 Prozent eines Werkes zur Veranschaulichung des Unterrichts und der Lehre an Bildungseinrichtungen zu nicht kommer-

---

45 Vgl. Statista (2022c): Auf insgesamt niedrigem Gesamtniveau steigt der Anteil von E-Books am Publikumsmarkt stark an.
46 Vgl. Schleihagen (2022); zur Gegenposition umfassend Börsenverein (ohne Jahr).
47 Bundesregierung (2021) 18.
48 Vgl. Allianz (2021), dbv (2021).
49 Begründung (2017) 1.
50 BMBF (2019) 2.

ziellen Zwecken (§ 60 a UrhG) und die in gleicher Weise reglementierte Nutzung zum Zweck der nicht kommerziellen wissenschaftlichen Forschung (§ 60 c UrhG).

Als die mit dem Urheberrechts-Wissensgesellschafts-Gesetz geschaffenen Regelungen gültig wurden, lag die Coronapandemie mit all ihren Folgen wie der weitreichenden Verlegung des Hochschulbetriebs in den digitalen Raum sowie die sich anschließenden multiplen globalen Krisen aber noch in unbekannter Zukunft, so dass diese Begründung und die damit verbundenen gesetzgeberischen Entscheidungen auch vor diesem veränderten Hintergrund neu zu bewerten sind. Die HRK hat dazu deutlich gemacht, dass die dauerhafte Bewältigung der Situation eines wissenschaftsfreundlichen Urheberrechts bedarf: Exzellente Bildung und Forschung – insbesondere im digitalen Zeitalter – benötigten einen rechtlichen Rahmen, der resilientes und barrierefreies Forschen, Lehren und Lernen unter uneingeschränkter Verfügbarkeit digitaler und digitalisierter Forschungsliteratur, Lehr- und Lernmaterialien ermögliche. Es sei daher insbesondere anzustreben, die gesetzlich erlaubten Nutzungen für die Wissenschaft (Forschung und Lehre) gemäß §§ 60 a ff. UrhG auszuweiten und die sachfremden prozentualen Schranken für die erlaubten Nutzungsumfänge aufzuheben sowie die sog. Kioskzeitschriften wieder für Forschung und Lehre zugänglich zu machen.[51]

Die „aktuellen Erfordernisse", die das UrhWissG im Namen trägt, haben sich also seit 2017 noch einmal erheblich gewandelt.[52] Der Appell der Hochschulen, das Wissenschaftsurheberrecht auch und gerade im Angesicht existenzieller globaler Krisen weiterzuentwickeln, richtet sich darauf, den Innovationen, die jetzt in vielen Bereichen dringend benötigt werden, in Form einer breiten, frei und rasch verfügbaren Wissensbasis den Boden zu bereiten. Das ist kulturtheoretisch folgerichtig. Wissen ist Teil dessen, was kultursemiotisch als Kultur gefasst wird, also der von den Menschen selbstgesponnenen Bedeutungsgewebe, in die sie verstrickt sind.[53] Innovationen – neue Bedeutungen, neues Wissen – haben den fruchtbarsten Boden dort, wo ein semiotischer Reichtum in Form der Verfügbarkeit einer Vielzahl kultureller Gewebe besteht, der die unterschiedlichsten Semiosen (Zeichenprozesse) ermöglicht. In diesen Zonen können verschieden semantisierte und strukturierte Gewebe aufeinandertreffen[54], und ist Raum für die Relek-

---

51 HRK (2022) 7.
52 Die Lizensierung als Instrument ist diesen Veränderungen nun erst recht nicht mehr gewachsen, dazu dbv (2021).
53 Zum semiotischen Kulturbegriff vgl. Geertz (1973) 5. – Im sog. Anthropozän, das die vor allem in westlichen Weltanschauungen verbreitete Dichotomie von Natur und Kultur ins Wanken gebracht hat, wird nun auch mit zu bedenken sein, dass diese Gewebe nicht zwangsläufig nur von Menschen gesponnen werden, wie es Abram (1996, IX) bereits voraussetzt.
54 Lotman (1990) 136: „But the hottest spots for semioticizing processes are the boundaries of the semiosphere." – Ähnlich wie bei der ästhetischen Botschaft Ecos (2002, 146) sorgt insbesondere

türe oder Neubetrachtung von Wissensbeständen durch Vergleich miteinander und von Reflexions- und Aushandlungsprozessen.[55] Bedeutung und Wissen werden gesellschaftlich durch Kommunikation geteilt und verwoben.[56] Kommunikation, der Transfer mentaler Inhalte von Mensch zu Mensch, bedarf immer eines materiellen Vehikels, des Mediums,[57] also beispielsweise der in Schwingung gesetzten Luft, des gedruckten Buches oder des auf einem Speichermedium vorhandenen und durch Wiedergabegeräte rezipierbaren Onlineartikels. Medien sind, wenn sie sich als Materialisierungen persönlicher geistiger Schöpfungen gemäß § 2 Abs. 2 UrhG zeigen, zugleich Werke im Sinne des Urheberrechts.[58]

Wer also einen Quell innovativer Ideen gewährleisten möchte, muss einerseits dafür sorgen, dass eine breite medialisierte Wissensbasis vorgehalten wird – etwa durch eine hervorragend ausgestattete Bibliothek –, und andererseits dafür, dass die vorgehaltenen Medien so frei und schnell wie möglich verfügbar sind, damit das in ihnen verkörperte Wissen möglichst vielfältige Semiosen in den Rezipierenden anstoßen kann. Die Coronakrise hat noch einmal verdeutlicht, dass eine auf digitale Formate angewiesene Lehre praktisch nicht durchführbar ist, wenn Studierenden Werke, die das für sie aufgrund der jeweiligen Studieninhalte maßgebliche Wissen verkörpern, nach § 60a UrhG nur zu 15 Prozent zur Verfügung gestellt werden dürfen. Eine existentiell auf Innovationen angewiesene Gesellschaft kann es sich aber auch nicht erlauben, dass Forschende sich auf 15 Prozent, also auf Einleitung und Zusammenfassung eines für ihre Arbeit essenziellen Werkes, beschränken müssen. Schon die Begründung des Regierungsentwurfs des UrhWissG betont, dass es zum guten wissenschaftlichen Standard gehöre, sich jedenfalls mit den relevanten Werken der Disziplin auseinanderzusetzen. Das wissenschaftliche Werk sei – anders als das für die Unterhaltung geschaffene – in der Regel unverzichtbar, woraus folge: Insbesondere die Wissenschaft sei in besonderer Weise auf den Zugang zu geschützten Inhalten und auf den Austausch über diese Inhalte angewiesen.[59] Dieser gute und – wie ausgeführt – kulturtheoretisch fundierte Gedanke ist nun in einer weiteren Reform des Wissenschaftsurheberrechts konsequent zu entfalten.

---

die Gegenüberstellung unterschiedlich strukturierter Gewebe für produktive Ambiguitäten, weil sie auf zahlreiche interpretative Wahlen einstellt und zu einer Interpretationsanstrengung ansportnt.
55 Vgl. Lotman (1990) 127, 136–137.
56 Vgl. Bracker (2021) 163.
57 Vgl. hierzu das medienzentrierte Kommunikationsmodell von Elleström (2018) 279–281.
58 Zum Werkbegriff vgl. BGH, 09.05.1985 – I ZR 52/83, BGHZ 94, 276, 281.
59 Begründung (2017) 19.

Ein weiterer Aspekt stützt ein solches Reformansinnen. Die seinerzeit neu eingeführten, gesetzlich erlaubten Nutzungen wurden auch aus dem Ziel guter und umfassender Bildung abgeleitet, ein gewichtiges Interesse des Gemeinwohls.[60] Dieser Anspruch findet eine Entsprechung in Ziel 4 *Hochwertige Bildung* der auch für Deutschland verbindlichen 17 Nachhaltigkeitsziele der Vereinten Nationen. Insbesondere Teilziel 4.7 sieht vor, bis 2030 sicherzustellen, dass alle Lernenden die notwendigen Kenntnisse und Qualifikationen zur Förderung nachhaltiger Entwicklung erwerben, unter anderem durch Bildung für nachhaltige Entwicklung und nachhaltige Lebensweisen, Menschenrechte, Geschlechtergleichstellung, eine Kultur des Friedens und der Gewaltlosigkeit, Weltbürgerschaft und die Wertschätzung kultureller Vielfalt und des Beitrags der Kultur zu nachhaltiger Entwicklung. Vor dem Hintergrund der Klimakrise und der in allen Bildungsbereichen von der frühkindlichen über die Hochschul- bis zur Erwachsenenbildung dringend[61] voranzutreibenden Bildung für nachhaltige Entwicklung, besonders in Form von Klimabildung, ist auch unter diesem Aspekt für einen freien Fluss des Wissens zu sorgen.

Die hier geschilderte Haltung der Hochschulen, mindestens im Schutzbereich des Art. 5 Abs. 3 Grundgesetz den erlaubnisfreien und umfassenden Zugriff auf geschützte Inhalte für die öffentlich finanzierte Wissenschaft stark zu priorisieren und dann über pauschale Vergütungen angemessen abzugelten, modifiziert das Verständnis des Urheberrechts, strikt beschränkt auf die Nutzerperspektive, in Richtung auf eine funktionale De-Individualisierung und stellt für den genannten Bereich die Lizensierung als bisherige Grundform des Rechterwerbs in Frage.[62] Diese Haltung will dem Begriff einer modernen Wissensgesellschaft entsprechen,

---

60 Begründung (2017) 26.
61 Bildung gehört nach dem AR6 Synthesis Report der IPCC zu den schnellen und weitreichenden Maßnahmen, die umgehend nötig sind, wenn noch eine geringe Chance bestehen bleiben soll, die schlimmsten Auswirkungen der Erderwärmung zu vermeiden. Vgl. IPCC 2023, 32: „Increasing education including capacity building, climate literacy, and information provided through climate services and community approaches can facilitate heightened risk perception and accelerate behavioural changes and planning."
62 Die Allianz der Wissenschaftsorganisationen hat ihre ursprüngliche Forderung nach einer allgemeinen Bildungs- und Wissenschaftsschranke (vgl. Allianz [2014]) nicht weiterverfolgt, auch deshalb, weil der Mehrwert einer als Generalklausel konzipierten Regelung nicht überzeugend darstellbar war. Es ist aber aus Sicht der Verfasser sinnvoll, diese Diskussion wieder aufzunehmen, unter neuen Vorzeichen. Die damals schon vorliegenden abweichenden Vorschläge zu einer „Wissenschaftsklausel", die die Nutzungsvergütung zumindest in Frage stellt und Nutzungsrechte nicht mehr als vom prioritären Urheberrecht abgeleitet verstehen (differenzierend und mit unterschiedlichen Akzenten Aktionsbündnis [2014], Kuhlen [2015]), berühren die für die Wissenschaft vitale Verbindung von Autorschaft und Werk in (zu) intensiver Weise, weisen aber durchaus den Weg.

rekurriert in der letztlich konservativen Systemsicht im Kern aber auf Faktoren, die sich als produktive Restanten der ehemals stabilen Partnerschaft zwischen Wissenschaft und Verlagswelt reformulieren lassen. Mittelfristiges Ziel beider Seiten sollte sein, den historischen Kreis in einem guten Sinne wieder zu schließen.

Literaturverzeichnis

Abram (1996): David Abram, The Spell of the Sensuous. Perception and Language in a More-Than-Human World. New York: Pantheon 1996.
Aktionsbündnis (2014): Aktionsbündnis „Urheberrecht für Bildung und Wissenschaft", Eine umfassende Bildungs- und Wissenschaftsklausel wird gebraucht, keine leicht auszuhebelnde Schranke, 11.05.2014. http://www.urheberrechtsbuendnis.de/pressemitteilung0214.html.de#klauselvorschlag (04.04.2023).
Allianz (2009): Allianz der Wissenschaftsorganisationen, Open Access und Urheberrecht. Kein Eingriff in die Publikationsfreiheit, 25.03.2009. https://gfzpublic.gfz-potsdam.de/rest/items/item_2875912_2/component/file_2875911/content (04.04.2023).
Allianz (2014): Allianz der Wissenschaftsorganisationen zum Urheberrecht: Entfristung von Paragraf 52 a UrhG nur ein Zwischenschritt – Allgemeine Bildungs- und Wissenschaftsschranke muss kommen, 01.12.2012. https://www.dfg.de/download/pdf/presse/das_neueste/das_neueste_2014/141201_pm_allianz_bildungs_wissenschaftsschranke.pdf (04.04.2023).
Allianz (2017): Allianz der Wissenschaftsorganisationen, Modernes und wissenschaftsfreundliches Urheberrecht für Deutschland unverzichtbar, 15.02.2017. https://www.allianz-der-wissenschaftsorganisationen.de/wp-content/uploads/2022/06/2017-02-15_Novellierung_Urheberrecht.pdf (04.04.2023).
Allianz (2021): Stellungnahme der Allianz der Wissenschaftsorganisationen im Rahmen der öffentlichen Konsultation des Bundesministeriums für Justiz und Verbraucherschutz zur Evaluierung des Bildungs- und Wissenschafts-Urheberrechts (§§ 60 a bis 60 h des Urheberrechtsgesetzes), 24.08.2021. https://www.leopoldina.org/fileadmin/redaktion/Publikationen/Allianz/2021_09_23_Stellungnahme_Allianz_Evaluierung_UrhWissG.pdf (04.04.2023).
Banse (2009): Phillip Banse – Wem gehört das Wissen? Deutschlandfunk 21.05.2009. https://www.deutschlandfunk.de/wem-gehoert-das-wissen-102.html (04.04.2023).
Begründung (2017): Gesetzentwurf der Bundesregierung eines Gesetzes zur Angleichung des Urheberrechts an die aktuellen Erfordernisse der Wissensgesellschaft (Urheberrechts-Wissensgesellschafts-Gesetz – UrhWissG), BT-Drs. 18/12329, 15.05.2017. https://dserver.bundestag.de/btd/18/123/1812329.pdf; 04.04.2023)
Berlin Declaration (2003): Berlin Declaration on Open Access, 2003 (https://openaccess.mpg.de/Berliner-Erklaerung (04.04.2023).
BMBF (2019): Bundesministerium für Bildung und Forschung (Hrsg.), Urheberrecht in der Wissenschaft. Ein Überblick für Forschung, Lehre und Bibliotheken. Berlin: BMBF 2019.
Bogner (2021): Alexander Bogner, Die Epistemisierung des Politischen. Wie die Macht des Wissens die Demokratie gefährdet. Stuttgart: Reclam 2021.
Börsenverein (2022): Börsenverein des Deutschen Buchhandels, Wirtschaftszahlen, Stand erstes Halbjahr 2022. https://www.boersenverein.de/markt-daten/marktforschung/wirtschaftszahlen/ (04.04.2023).

Börsenverein (2022a): Börsenverein des Deutschen Buchhandels, Buchmarkt 2021 mit Umsatzplus: „Das Buch ist krisenfest", 06.01.2022. https://www.boersenverein.de/presse/pressemitteilungen/detailseite/buchmarkt-2021-mit-umsatzplus-das-buch-ist-krisenfest/ (04.04.2023).

Börsenverein (ohne Jahr): Börsenverein des Deutschen Buchhandels zur E-Book-Leihe. https://www.boersenverein.de/politik-recht/positionen/e-book-leihe/ (04.04.2023).

Bracker 2021: Jacobus Bracker, Mehrdeutigkeiten in der Kommunikation mit bildlichen Medien. In: Mehrdeutigkeiten. Rahmentheorien und Affordanzkonzepte in der archäologischen Bildwissenschaft. Hrsg. v. Elisabeth Günther und Johanna Fabricius. Wiesbaden: Harrassowitz 2021. S. 163–183.

buchreport (2013): Interview mit Martin Vogel, buchreport, 25.11.2013. https://www.buchreport.de/news/die-vg-wort-enteignet-die-urheber/ (04.04.2023).

Bundesregierung (2002): SPD, Bündnis 90/Die Grünen, Erneuerung – Gerechtigkeit – Nachhaltigkeit. Für ein wirtschaftlich starkes, soziales und ökologisches Deutschland. Für eine lebendige Demokratie, Koalitionsvereinbarung, Berlin 2002. https://library.fes.de/pdf-files/bibliothek/downl/2002_koalitionsvertrag.pdf (04.04.2023).

Bundesregierung (2021): SPD, Büdnis90/Die Grünen, FDP, Mehr Fortschritt wagen. Bündnis für Freiheit, Gerechtigkeit und Nachhaltigkeit. Koalitionsvertrag 2021–2025, Berlin 2021. https://www.bundesregierung.de/breg-de/aktuelles/koalitionsvertrag-2021-1990800 (04.04.2023).

Bush (1945): Vannevar Bush, Science, the Endless Frontier. A Report to the President by Vannevar Bush, Director of the Office of Scientific Research and Development, July 1945. Princeton: University Press 2021.

CoARA (2022): Coalition for Advancing Research Assessment (CoARA) – Agreement on Reforming Research Assessment, 20.07.2022. https://coara.eu/app/uploads/2022/09/2022_07_19_rra_agreement_final.pdf (04.04.2023).

Datenportal BMBF (2023): Datenportal des Bundesministeriums für Bildung und Forschung. https://www.datenportal.bmbf.de/portal/de/grafik-1.8.3.html (04.04.2023).

dbv (2021): Stellungnahme des Deutschen Bibliotheksverbands e. V. (dbv) im Rahmen der öffentlichen Konsultation des Bundesministeriums der Justiz und für Verbraucherschutz (BMJV) zur Evaluierung des Bildungs- und Wissenschafts-Urheberrechts (§§ 60 a bis 60 h des Urheberrechtsgesetzes), 31.08.2021. https://www.bibliotheksverband.de/sites/default/files/2021-09/2021_08_31_dbv_Stellungnahme_Evaluierung_Urheberrecht_final.pdf (04.04.2023).

Der Spiegel (2023): Künstliche Intelligenz. Künstlerinnen und Fotoagentur klagen gegen KI-Bildgeneratoren, Der Spiegel, 17.01.2023. https://www.spiegel.de/netzwelt/web/kuenstliche-intelligenz-kuenstlerinnen-und-foto-agentur-klagen-gegen-bildgeneratoren-a-e0648bb0-f2db-42b8-a044-10fd916f2e60 (04.04.2023).

EC (2022): Europäische Kommission, Monitor für die allgemeine und berufliche Bildung 2022. https://op.europa.eu/webpub/eac/education-and-training-monitor-2022/de/country-reports/germany.html (04.04.2023).

Eco 2002: Umberto Eco, Einführung in die Semiotik. 9. Auflage. Paderborn: Wilhelm Fink 2002.

Elleström 2018: Lars Elleström, A Medium-Centered Model of Communication. In: Semiotica (2018) Vol. 224. S. 269–293.

Engelhardt und Kajetzke (2010): Anina Engelhardt und Laura Kajetzke (Hrsg.), Handbuch Wissensgesellschaft. Theorien, Themen und Probleme. Bielefeld: transcript 2010.

EU (2021): Entschließung des Rates zu einem strategischen Rahmen für die europäische Zusammenarbeit auf dem Gebiet der allgemeinen und beruflichen Bildung mit Blick auf den europäischen Bildungsraum und darüber hinaus (2021–2030), 2021/C 66/01. https://eur-lex.europa.eu/legal-content/DE/TXT/PDF/?uri=CELEX:32021G0226(01)&from=EN (04.04.2023).

Geertz (1973): Clifford Geertz, The Interpretation of Cultures. Selected Essays, New York: Basic Books 1973.

GEMA (2022): Goldmedia GmbH, Musikstreaming in Deutschland. Erlössituation im deutschen Musikstreaming-Markt 2022. Studie im Auftrag der GEMA, 2022. https://www.gema.de/de/aktuelles/streaming?utm_source=pm-versand&utm_medium=shortlink-de&utm_campaign=streamingstudie (04.04.2023).

Greis (2023): Friedhelm Greis – Verlage fordern Lizenzgebühren für Chatbot-Nutzung, golem.de, 13.02.2023. https://www.golem.de/news/microsoft-und-google-verlage-fordern-lizenzgebuehren-fuer-chatbot-nutzung-2302-171863.html (04.04.2023).

Heidelberger Appell (2009): Heidelberger Appell. Für Publikationsfreiheit und die Wahrung der Urheberrechte, 2009. http://www.textkritik.de/urheberrecht/appell.pdf (04.04.2023).

HRK (2022): Hochschulrektorenkonferenz, Stellungnahme zum Entwurf einer Zukunftsstrategie Forschung und Innovation, 11.11.2022. Im PDF-Konvolut aller Stellungnahmen: https://www.bmbf.de/bmbf/de/forschung/zukunftsstrategie/publikationen/stellungnahmen-textentwurf-zukunftsstrategie-fi.pdf?__blob=publicationFile&v=1 (04.04.2023).

IPCC (2023): Intergovernmental Panel on Climate Change, Synthesis Report of the IPCC Sixth Assessment Report (AR6). https://report.ipcc.ch/ar6syr/pdf/IPCC_AR6_SYR_SPM.pdf (04.04.2023).

Kuhlen (2015): Rainer Kuhlen, Wie umfassend soll/darf/muss sie sein, die allgemeine Bildungs- und Wissenschaftsschranke? In: Zeitschrift für geistiges Eigentum (2015) Jg. 7, H. 1. S. 77–125.

Kuhlen (2020): Rainer Kuhlen, Die Transformation der Informationsmärkte in Richtung Nutzungsfreiheit. Alternativen zur Als-ob-Regulierung im Wissenschaftsurheberrecht. Berlin: De Gruyter 2020.

Kumar (2018): Revathi Kumar, 90 Prozent aller Wissenschaftler, die jemals gelebt haben, leben jetzt, 22.05.2018. https://futureoflife.org/translation/90-of-all-the-scientists-that-ever-lived-are-alive-today-german/ (04.04.2023).

Kutsche (2019): Katharina Kutsche, Wissen für viele verfügbar, Süddeutsche Zeitung, 24.12.2019. https://www.sueddeutsche.de/wirtschaft/bildung-wissen-fuer-viele-verfuegbar-1.4734914 (04.04.2023).

Laaf und Weber (2012): Meike Laaf und Julian Weber, Gehört das Urheberrecht abgeschafft? tageszeitung 07.02.2012. https://taz.de/Pro-und-Contra/!5101237/ (04.04.2023).

Leigh CC: Ralph A. Leigh (Hrsg.), Correspondance complete de Jean-Jacques Rousseau, Institut et musée Voltaire/Voltaire Foundation, Genf/Oxford, 52 Bände, 1965–1998 (zitiert nach Band/Briefnummer).

Lotman (1990): Yuri M. Lotman, Universe of the Mind. A Semiotic Theory of Culture. Bloomington: Indiana University Press 1990.

Mayntz et al. (2008): Renate Mayntz, Friedhelm Neidhardt, Peter Weingart und Ulrich Wengenroth (Hrsg.), Wissensproduktion und Wissenstransfer, Wissen im Spannungsfeld von Wissenschaft, Politik und Öffentlichkeit. Bielefeld: transcript 2008.

Meder (2018): Stephan Meder (Hrsg.), Geschichte und Zukunft des Urheberrechts, Göttingen: Vandenhoeck & Ruprecht 2018.

Mittermaier (2021): Bernhard Mittermaier, Transformationsverträge – Stairway to Heaven oder Highway to Hell? In: Zeitschrift für Bibliothekskultur/Journal for Library Culture (2021) Ausgabe 8 (2), 08.11.2021. https://0277.pubpub.org/pub/9dl74haa/release/1 (04.04.2023).

Pingel (ohne Jahr): Fabian Pingel, Von Open Access zum Heidelberger Appell. https://www.uni-giessen.de/de/fbz/zmi/das-zmi/publikationen/dossiers/von-access (04.04.2023).

Powell et al. (2019): Justin J. W. Powell, David P. Baker, Frank Fernandez (Hrsg.), Century of Science: The Global Triumph of the Research University. Bingley: Emerald Publishing Limited 2019.

Qualifizierungsinitiative (2008): Die Bundesregierung/Die Regierungschefs der Länder, Aufstieg durch Bildung. Die Qualifizierungsinitiative für Deutschland, Dresden, 22. Oktober 2008. https://www.bundestag.de/resource/blob/374886/60194dffa7e4e1bbb3e174675f912839/Vorlage_Qualifizierungsinitiative-2008-data.pdf (04.04.2023).

Schleihagen (2022): Barbara Schleihagen, Buch ist Buch: Der lange Weg zur gesetzlichen Regelung für E-Books in Bibliotheken, BuB Forum Bibliothek und Information, 08.04.2022. https://www.b-u-b.de/detail/buch-ist-buch-der-lange-weg-zur-gesetzlichen-regelung-fuer-e-books-in-bibliotheken (04.04.2023).

Schmutte und Kroemer (2021): Caroline Schmutte und Heyo K. Kroemer, Wissenschaft stärken. Wir müssen die Politikberatung neu aufstellen! Frankfurter Allgemeine Zeitung, 21.08.2021.

Schüller-Zwierlein et al. (Reihe, ab 2012): André Schüller-Zwierlein, Herbert Burkert, Klaus Ceynowa, Heinrich Hußmann, Michael Jäckel, Rainer Kuhlen, Frank Marcinkowski, Rudi Schmiede und Richard Stang (Hrsg.), Age of Access? Grundfragen der Informationsgesellschaft. Berlin: De Gruyter ab 2012.

Smiers und van Schijndel (2012): Joost Smiers und Marieke van Schijndel, No Copyright. Vom Machtkampf der Kulturkonzerne um das Urheberrecht. Berlin/Köln: Alexander Verlag 2012.

Statista (2022): Statista GmbH – Entwicklung der Studienanfängerquote in Deutschland von 2000 bis 2022, Stand November 2022. https://de.statista.com/statistik/daten/studie/72005/umfrage/entwicklung-der-studienanfaengerquote/ (04.04.2023).

Statista (2022a): Statista GmbH, Umsatzentwicklung im Buchmarkt seit 2003, Stand August 2022. https://de.statista.com/statistik/daten/studie/12554/umfrage/umsatzentwicklung-im-buchmarkt-seit-2003/ (04.04.2023).

Statista (2022b): Gesamtumsatz auf dem deutschen Zeitungsmarkt seit 2003, Stand August 2022. https://de.statista.com/statistik/daten/studie/153031/umfrage/gesamtumsatz-auf-dem-deutschen-zeitungsmarkt-seit-2003/ (04.04.2023).

Statista (2022c): Statista GmbH, Umsatzanteil von E-Books im Buchmarkt, Stand März 2022. https://de.statista.com/statistik/daten/studie/303339/umfrage/umsatzanteil-von-e-books-im-buchmarkt/ (04.04.2023).

UB Frankfurt/Main (2022): Universitätsbibliothek Goethe-Universität Frankfurt am Main, Diamond Open Access, Stand 22.12.2022. https://www.ub.uni-frankfurt.de/publizieren/diamond_oa.html (04.04.2023).

UNESCO (2021): UNESCO Recommendation on Open Science, 2021. https://unesdoc.unesco.org/ark:/48223/pf0000379949.locale=en (04.04.2023).

Vom Brocke (1996): Bernhard vom Brocke et al. (Hrsg.), Das Harnack-Prinzip. Berlin: De Gruyter 1996.

Wadle (2012): Elmar Wadle, Beiträge zur Geschichte des Urheberrechts. Etappen auf einem langen Weg. Schriften zum Bürgerlichen Recht (BR). Band 425. Berlin: Duncker & Humblot 2012.

Web of Science (2023a): Clarivate, Web of Science, Suchstrategie Basisdaten online. https://www.webofscience.com/wos/woscc/summary/82ef6cd6-e696-445a-a3db-6d21583a5011-7c65e189/relevance/1 (04.04.2023).

Web of Science (2023b): Clarivate, Web of Science, Suchstrategie Basisdaten online. https://www.webofscience.com/wos/woscc/summary/7618698b-ebf8-4ada-b521-00b9e0a0aad8-7c662c57/relevance/1 (04.04.2023).

Wefing und Heuser (2021): Heinrich Wefing und Uwe Jean Heuser, Neues Urheberrecht – Entrechtung oder Befreiungsschlag? ZEIT online, 21.11.2021. https://www.zeit.de/2021/04/rezo-carsten-knop-eu-urheberrecht-reform-faz-youtube-uploadfilter/komplettansicht (04.04.2023).

Wissenschaftsrat (2013): Wissenschaftsrat, Perspektiven des deutschen Wissenschaftssystems, Köln/Bielefeld 2013. https://www.wissenschaftsrat.de/download/archiv/3228-13.pdf?__blob=publicationFile&v=5 (04.04.2023).

ZEIT online (2023): Unibibliotheken: Das gedruckte Buch verliert an Bedeutung, ZEIT online, 20.03.2023. https://www.zeit.de/news/2023-03-20/unibibliotheken-das-gedruckte-buch-verliert-an-bedeutung (04.04.2023).

Achim Bonte
Freiheit für Sicherheit. Bibliotheken in offenen Gesellschaften

In seinem Werk *Die offene Gesellschaft und ihre Feinde* wandte sich Karl Popper in der Emigration während des Zweiten Weltkriegs gegen totalitäre Ideologien und Systeme und beschrieb Erfolgsfaktoren der pluralistischen Demokratie. Als wesentliche Elemente demokratisch verfasster Gesellschaften betrachtete er Meinungs- und Redefreiheit sowie Konfliktregulierung durch kritisch-rationale Diskussionen. Poppers Arbeit brachte einige viel gebrauchte Zitate hervor, die uns angesichts der jüngeren Ereignisse in einer unruhiger gewordenen Welt wieder stärker beschäftigen. „Wir müssen für die Freiheit planen und nicht nur für die Sicherheit", heißt es dort etwa, „wenn auch vielleicht aus keinem anderen Grund als dem, dass nur die Freiheit die Sicherheit sichern kann."[1] Bis zu welchem Grad Freiheitsräume wie öffentliche Kundgebungen oder öffentlich-rechtliche Rundfunkanstalten durch staatliche Vorsorge gesichert werden sollten und wo Grenzen der individuellen Freiheit erreicht sind, ist häufig Gegenstand der politischen Debatte. Für Popper selbst war eine Grenze klar: „Wir sollten [...] im Namen der Toleranz das Recht für uns in Anspruch nehmen, die Intoleranten nicht zu dulden", so der vielleicht populärste Satz des bedeutenden Denkers.[2]

Wie gerade Bibliotheken Freiheit bewahren und dadurch in schwierigen Zeiten Sicherheit bieten können, ließ sich während der amerikanischen Präsidentschaftswahlen 2020 beobachten. Als Einrichtungen mit besonders hohem Image und Zuspruch aus allen Gesellschaftskreisen waren sie vielfach als Wahlstätten gefragt. Im erbitterten Lagerwahlkampf zählten sie gleichsam zu den letzten Institutionen, die eine freie und zugleich sichere Wahl zu gewährleisten schienen.[3] Mit einem vielfältigen Medien- und Veranstaltungsangebot sind Bibliotheken in offenen Gesellschaften prinzipiell Orte der Meinungsfreiheit. Wegen des wachsenden Drucks ideologischer Gruppen treten sie in den USA und anderenorts nun aber vermehrt auch als aktive Verteidiger demokratischer Interessen und Werte auf. Inwiefern diese nächste Stufe bei Teilen der tief gespaltenen Gesellschaft zur Diskreditierung ihres bisherigen hohen Ansehens als quasi neutrale, scheinbar unpolitische Institutionen führen kann, bleibt abzuwarten. Doch wie schreibt Popper? „Wir müssen für die Freiheit planen und nicht nur für die Sicherheit".

---

1 Popper 2003b: 224.
2 Popper 2003a: 362.
3 Klinenberg 2020.

Im Interesse ultimativer Weltsichten wurden in den Vereinigten Staaten allein in den ersten zehn Monaten des Jahres 2022 knapp 800 Versuche gezählt, bestimmte Werke aus Bibliotheken und Schulen zu verbannen. Betroffen waren rund 1800 Bücher, der höchste gemessene Wert seit Einführung der Statistik vor über 20 Jahren. Im Gegensatz zu autokratischen Regimen ist die Meinungsfreiheit in einer der ältesten Demokratien der Welt nicht nur von oben bedroht, durch Demagogie politischer Führungspersonen und Maßnahmen einzelner Gebietskörperschaften, sondern auch von unten: durch Cancel-Culture aus der Zivilgesellschaft. Angesichts der zunehmenden Bedrohung der Meinungsfreiheit initiierte der amerikanische Bibliotheksverband ALA eine landesweite Kampagne gegen Zensur. „We can trust individuals to make their own decisions about what they read and believe", erklärt der Verband auf der Kampagnenwebsite „Unite Against Book Bans". Mit Partnern wie Autorenverbänden und großen Verlagshäusern erfasst er Zensurfälle, empfiehlt Argumente und Formen des friedlichen Protests und wirbt für Unterstützung bei Wählern und Abgeordneten. Als weitere Reaktion bilden sich Zirkel, in denen Menschen just die Werke lesen, von denen man sie in Schulen und Bibliotheken fernhalten will.[4]

Ein weiteres, besonders bedrückendes Beispiel für die freiheitssichernde Funktion von Bibliotheken, lässt sich seit Beginn des russischen Angriffskriegs in der Ukraine beobachten. Mit reger Unterstützung aus der Bevölkerung kämpfen ukrainische Bibliothekarinnen und Bibliothekare engagiert für die Fortführung der Bibliotheksdienste und den Erhalt ihrer Kultur. „The libraries follow their readers anywhere," versichert die Vorsitzende des ukrainischen Bibliotheksverbandes. „The library isn't a building, the library is a community." Bibliotheken liefern entsprechend Bücher in Metrostationen und andere Zufluchtsstätten und bergen und digitalisieren besonders wertvolle Objekte. Obendrein dokumentieren sie Kriegsereignisse, fungieren als Anlaufstellen für Geflüchtete oder organisieren Beratung für traumatisierte Menschen. In der langen Kette menschlicher Katastrophen schützen Bibliotheken damit aufs Neue wertvolles Wissen und eine freie Zivilisation.[5]

Nutzende als Beteiligte

In der amerikanischen Kampagne gegen Zensur wie im Kampf für den Fortbestand ukrainischer Kultur zeigt sich auch eine veränderte Beziehung zu Biblio-

---

4 Vgl. ALA; Steffens 2022; Stein 2022; Mangold 2022.
5 Marche 2022. Vgl. ferner Hamann 2022. Vgl. außerdem Ovenden 2020.

theksnutzenden. Bibliotheken agieren hier nicht mehr nur für die Gesellschaft, sondern gezielt in und mit der Gesellschaft. Frühzeitige Appelle, Nutzende am Ausbau von Kommunikation, Information und Wissen unmittelbar zu beteiligen, stammen ebenfalls aus Amerika, wo Bibliotheksfachleute wie Joyce Kasman Valenza oder Richard David Lankes schon vor über zehn Jahren das neue Bild zeichneten. „Our libraries should transition to places to do stuff, not simply places to get stuff. The library will become a laboratory in which community members tinker, build, learn and communicate", so Valenza im Sommer 2008. „We need to stop being the grocery store or candy store and become the kitchen. We should emphasize hospitality, comfort, convenience and create work environments that invite exploration and creativity". In dieser Darstellung sind Bibliotheken weit mehr als Medienspeicher und Ausleihstationen. Sie werden soziale Infrastrukturen in einem deutlich größeren Handlungsfeld und mit einer erheblich erweiterten, partnerschaftlichen Beziehung zwischen Fachpersonal und Nutzenden. Die lebendige Interaktion von Bibliotheksbeschäftigten mit ihrer Community sowie deren Ideen und Engagement gelten demnach als integraler Teil dessen, was eine Bibliothek jeweils kennzeichnet und stark macht.[6]

Für Bibliotheken als Wissensplattformen bedeutet das konkret, dass sie künftig nicht mehr nur überwiegend senden, sondern auch bereitwillig empfangen, ihre Räume und Dienste folglich konsequent so anlegen, dass Erweiterung von Information und Wissen durch Externe leicht möglich ist. Angesichts des dynamisch wachsenden Weltwissens wird der Ausschnitt dessen, was Bibliothekspersonal daraus qualitätsvoll ausfiltern und vorhalten kann, praktisch täglich kleiner, die Notwendigkeit, mit Nutzenden und deren Fähigkeiten und Kenntnissen zu interagieren, entsprechend größer. Nicht zuletzt geht es daher auch um eine Haltung, die unter den Fachleuten Demut, Offenheit und Risikobereitschaft verlangt. Große Gründlichkeit, Richtigkeit und gesundes Vertrauen in die eigenen Fähigkeiten bleiben bei der Erfüllung des Auftrags wichtig. Leitgedanken wie Wesentlichkeit, Anerkennung von Ambiguität und gesellschaftliche Wirkung sollten aber zugleich den ihnen gebührenden Rang eingeräumt bekommen.

Den bemerkenswerten Einfluss intakter sozialer Infrastrukturen auf die Funktionsfähigkeit offener Gesellschaften wies der amerikanische Soziologe Eric Klinenberg 2018 in seinem Werk *Palaces for the people* anhand der unterschiedlichen Widerstandsfähigkeit Chicagoer Stadtviertel während einer besonders schweren Hitzewelle nach. Wo öffentliche Einrichtungen wie Parks, Spiel- und Sportplätze, Nahversorgung, Schulen und Bibliotheken hinreichend verfügbar waren, Menschen sich somit zuverlässig begegnen und aufeinander achten konnten,

---

6 Valenza 2008. Vgl. ferner Lankes 2011; Lankes 2016; Bonte 2021.

blieb die Zahl der Hitzetoten signifikant geringer als in weniger gut ausgestatteten Stadtvierteln mit vergleichbarer Sozialstruktur. Bibliotheken als besonders angesehenen, stark frequentierten Orten schrieb Klinenberg hier wie auch in späteren Publikationen für solche positiven Effekte und den sozialen Zusammenhalt eine herausragende Bedeutung zu: „The library, still among the most revered institutions in our fragile democratic experiment, may well be our best hope."[7]

Aktionsfelder gemeinschaftlicher Bibliotheksarbeit

Im Sinne der Strategie, Nutzende intensiver zu beteiligen und soziale Infrastrukturen zu stärken, gibt es in zahlreichen Bibliotheken inzwischen vielfältige bemerkenswerte Ergebnisse: Freiwillige unterstützen Kinder und Jugendliche bei den Hausaufgaben, bieten qualifizierte Beratungsstunden für Wikimedia, Familienforschung und anderes Wissen an, stehen für Bibliotheksführungen in selteneren Sprachen bereit, testen vorab neue Bibliotheksdienstleistungen oder helfen bei der Einrichtung von Tauschbörsen und Medienflohmärkten sowie dem Betrieb von Lesezirkeln und Freundeskreisen. Die verbindlichste Möglichkeit, sich solcherart aktiv einzubringen, ist die regelmäßige Mitwirkung im Wege des Ehrenamts.

In deutschen wissenschaftlichen Bibliotheken sind Ehrenamtliche immer noch selten. Folgt man der Deutschen Bibliotheksstatistik, gab es 2017 nur 19 wissenschaftliche Universal- und Hochschulbibliotheken bzw. 8 % der Gesamtmenge, die ehrenamtliche Unterstützung in Anspruch nahmen. Seit dem Berichtsjahr 2018 wird der entsprechende Wert nicht einmal mehr statistisch erfasst. Bei öffentlichen Bibliotheken zeigen sich weiterhin gewisse Unterschiede zwischen Ost und West. Während in den sogenannten alten Bundesländern gerade in kleinen und mittleren öffentlichen Bibliotheken das Ehrenamt häufig vorkommt, sind die ostdeutschen Bundesländer mit ihrer besonderen historischen Tradition eines bemerkenswert dichten, zugleich vornehmlich staatlich finanzierten Bibliotheksnetzes etwas weniger beteiligt.[8]

Das Ehrenamt in Bibliotheken wäre wohl noch besser etabliert, wenn es nicht in manchen Häusern und Berufsverbänden bis heute Vorbehalte gäbe. Befürchtet werden Vorschub für die öffentliche Hand, sich aus der Finanzierung zurückzu-

---

7 Wie Anm. 3. Vgl. außerdem Klinenberg 2018.
8 Vgl. hbz. Zum Ehrenamt vgl. ferner Hauke 2019; Umlauf 2021; Flemming 2021; Verch 2021.

ziehen, die Verdrängung von Fachkräften mit daraus folgender Streichung von festen Personalstellen, damit Entprofessionalisierung bzw. schleichende Qualitätsverluste. Ebenfalls öfter genannt wird der hohe Betreuungsaufwand bei häufiger wechselnden, unterschiedlich vorqualifizierten Ehrenamtlichen. Solche Bedenken sind ernst zu nehmen, verkennen jedoch die vielerorts bereits gültigen Fakten. In der nüchternen Realität zahlreicher Kirchen- und Gemeindebibliotheken lautet die Alternative vielfach nicht „Ehrenamtliche oder Bibliotheksfachleute", sondern „Bibliotheksangebot oder keines"; und in nicht wenigen größeren Häusern sind es eben speziell die Zukunft sichernden Innovationen, die Öffnung der Häuser für gemeinschaftliche Wissensarbeit, die bei bestenfalls stagnierenden Personalkörpern ohne ehrenamtliche Entlastung kaum hinreichend umgesetzt werden könnten.

Während andere Häuser noch zögern, zeigen die Hamburger Öffentlichen Bücherhallen zu welchem Grad ehrenamtliches Engagement entwickelt werden kann. Neben den etwa 420 hauptamtlichen Mitarbeitenden engagieren sich hier rund 600 Ehrenamtliche in Projekten wie *Dialog in Deutsch*, *Medienboten* und *Silber & Smart* (digitale Teilhabe).[9] Mit einer gezielten Ehrenamtsinitiative hat auch die Sächsische Landesbibliothek – Staats- und Universitätsbibliothek bereits vor 13 Jahren die Mitwirkungsbereitschaft Externer für sich zu nutzen gewusst. Seitdem gibt es zum Beispiel ehrenamtliche Wochenendführungen durch die Ausstellungsgalerie, eine Wikipedia-Sprechstunde und Einführungen in Quellen zur genealogischen Forschung. Ein weiteres gutes Beispiel für den hohen Wert freiwilligen Engagements ist die redaktionelle Aufbereitung einer Filmografie der Stadt Dresden mit 3700 Datensätzen, die anderenfalls nie entstanden wäre. Ebenfalls ehrenamtlich vollzog sich der vielbewunderte Wandel eines schlichten Gruppenarbeitsraums in einen Eltern-Kind-Raum, den eine Künstlerin mit von der Bibliothek bereitgestelltem Material auf eigene Initiative gestaltete.[10]

Besonders jüngere und berufstätige Nutzende sind hinsichtlich regelmäßiger Mitarbeit auf der Basis von Ehrenamtsverträgen eher zurückhaltend. Eine freiere Form des Engagements bieten zum Beispiel Crowdsourcing-Projekte, wie sie bei Digitalisierungsvorhaben angeboten werden. Sehr erfolgreich ist hier etwa das Bildarchiv der ETH-Bibliothek Zürich, das zwischen 2009 und 2013 das Fotoarchiv der Swissair mit Hilfe ehemaliger Swissair-Beschäftigter erschloss.[11] Freiwilliges Engagement verkörpern schließlich auch Beratungsgremien wie der 2021 eingerichtete Nutzendenrat der Staatsbibliothek zu Berlin. 16 Menschen sehr unterschiedlichen Alters und beruflichen Hintergrunds teilen dabei ihre Ideen und Per-

---

9 Keite 2019; Bücherhallen Hamburg.
10 Vgl. Bonte 2009; Bonte 2010.
11 Vgl. Graf 2015.

spektiven auf die Bibliothek.[12] Wer Nutzende als Beteiligte wertschätzt, wird jenseits der günstigen Effekte für Angebotstiefe und -vielfalt meist auch positive Auswirkungen auf die Beziehungsqualität zwischen Bibliothek und Community feststellen. Die Bibliothek als Angelegenheit der Vielen wird so tatsächlich zu einem überzeugenden, nichtkommerziellen *great good place* im Sinne Ray Oldenbourgs, der die offene Gesellschaft repräsentiert und fördert.[13]

Vielfältige Räume für vielfältige Ansprüche

Great good places sind für Aushandlungsprozesse im Sinne Karl Poppers im digitalen wie im physischen Raum konstitutiv. Sie folgen jeweils Attributen wie Offenheit, Gestaltbarkeit und Vielfalt und unterscheiden sich gezielt von der recht stereotypen Bibliotheksausstattung der Vergangenheit. „Wo früher ausschließlich streng bewachte Stille herrschte, die durch ehrfurchtgebietende Architektur noch bestärkt wurde", so die treffende Bemerkung zweier Bibliotheksbauexperten, „haben sich heute lebendige Orte entwickelt, an denen Menschen allein oder in Gruppen ihren Lern-, Informations- und Unterhaltungsbedürfnissen nachkommen".[14] Wie multifunktionale Angebote mit hoher Aufenthalts- und Erlebnisqualität konkret beschaffen sein sollten, kann man in vielen neueren Bibliotheksgebäuden sehen. Dabei präsentieren sich skandinavische, aber auch andere europäische Leitbauten in aufwändiger, beeindruckender Architektur, zugleich inklusiv und niedrigschwellig und mit einer betonten Vertrauenskultur.[15] Trotz fortschreitender Entwicklung der digitalen Gesellschaft bleibt es hoch notwendig, weiter in physische Räume zu investieren. Beweisen die Millionen Besuche allein in deutschen Bibliotheken doch eine ausgeprägte Sehnsucht nach Materialität und persönlicher Begegnung und scheint es bei aller Überzeugung vom Nutzen der Digitalisierung eben gerade aus den beschriebenen gesellschaftspolitischen Gründen sehr sinnvoll, das Digitale klug mit dem Materiellen zu verbinden. Freilich müssen Angebotsmix und Qualität der Ausstattungsmerkmale passen, um den Bedarfen auch tatsächlich nachkommen zu können. Ein schlichtes Sofa bildet noch keine Chillout-Zone, ein 3D-Drucker noch keinen kollaborativen Lernort. Um fruchtloser Nachahmerei zu entgehen, gilt es, sorgfältig auf die örtlichen Rahmenbedingun-

---

12 Vgl. SBB–PK.
13 Oldenburg 1989.
14 Eigenbrodt 2020: 3. Vgl. außerdem Fansa 2018.
15 Vgl. Miersch-Süß 2021. Beispielhaft genannt seien das Dokk1 in Aarhus, die Bibliothek Oodi in Helsinki und die Deichman-Bibliothek in Oslo.

gen zu achten und den *great good place* für das Umfeld weniger holzschnittartig als bewusst standortindividuell und feingranular zu erarbeiten.

Angesichts offenkundig veränderter Anforderungen bei ihren Mitarbeitenden und Nutzenden hat die Staats- und Universitätsbibliothek Hamburg in ihrem zweijährigen Projekt *Wissen Bauen 2025* jüngst einen solchen Versuch standortindividueller Raum- und Sanierungsplanung unternommen. Auf der Basis einer gründlichen Analyse des Status quo wurden in einem partizipativen Prozess mit fachlicher Begleitung Wünsche ermittelt und zu einem professionellen Funktionsschema und Raumprogramm zusammengeführt. Anschließend beteiligten sich Studierende an der Erstellung von Prototypen. Zuletzt wurden die Realisierungsvorschläge in der Bibliothek ausgestellt und von Nutzenden im Rahmen eines Wettbewerbs bewertet.[16]

Bei der Vorbereitung der Grundinstandsetzung des 1978 eröffneten Hauses Potsdamer Straße von Hans Scharoun und Edgar Wisniewski geht die Staatsbibliothek zu Berlin vergleichbare Wege. Gleichzeitig arbeitet sie im frisch sanierten wilhelminischen Bibliothekspalast Unter den Linden daran, das Haus schrittweise im Sinne deutlich erleichterter Inklusivität und Nutzendenbeteiligung weiterzuentwickeln. Nachdem im Herbst 2021 zunächst endgültig die Benutzungsgebühren gestrichen worden waren, folgten die Einführung der Sonntagsöffnung im Mai und die Eröffnung einer großen Ausstellungs- und Workshopfläche im Juli 2022. Weitere Bausteine waren die ästhetische Aufwertung von Cafeteria und anderen Gebäudeteilen sowie die Verabschiedung einer neuen Hausordnung im Dezember 2022, die Nutzenden hinsichtlich der Mitnahme von Jacken und Getränken einen freieren Zugang gewährt. Einen wichtigen Schritt wird auch die eingeleitete Neuordnung der Lesesäle des Hauses markieren, die breiter verfügbar und differenzierter gestaltet werden. In unterschiedlichen, klar voneinander abgrenzbaren Räumen wird es so künftig möglich sein, absolut leise, in gedämpfter Lautstärke oder im lebendigen Gruppengespräch zu arbeiten, gewidmete Flächen zur Entspannung oder für Videokonferenzen zu besuchen und unter vielfältigeren Sitz- und Arbeitsmöbeln auswählen zu können. Mit ihren rund 12 Millionen Büchern und 20 Millionen weiteren Objekten, ihren bemerkenswerten Sonderabteilungen und ihrer Sprachkompetenz in über 80 Sprachen wendet sich die Berliner Staatsbibliothek damit nicht von ihrem Auftrag als weltweit bedeutendem Wissenschaftsort ab, wird sie nicht, um schlicht modisch zu sein, zu einer grundlegend anderen Institution. Sie bleibt, was sie war und weiter auch sein sollte, verbessert aber ihre Leistungserfüllung schrittweise hinsichtlich der oben genannten, zeit- und gesellschaftsgerechten Merkmale von Offenheit, Vielfalt und Gestaltbarkeit.

---

16 Vgl. SUB Hamburg; Eigenbrodt.

Openness als leitendes Prinzip

Was für die physischen Bibliotheksräume gilt, muss ebenso für die digitalen gelten. Digitale Infrastrukturen dürfen seit rund 30 Jahren stetig wachsende Aufmerksamkeit beanspruchen. Auch auf diesem Gebiet verstehen sich Bibliotheken grundsätzlich als Sachwalter der Offenheit und setzen sich für die freie Verfügbarkeit und Weiterentwicklung von Information und Wissen ein. Wo das latente Spannungsfeld zwischen Freiheit und Sicherheit bisweilen freilich schon bei der Regie der physischen Räume Herausforderungen bereithält, fehlt es im digitalen Raum derzeit noch weitaus häufiger an der nötigen Konsequenz. Wie entschiedene Vertreter von Open Access durchaus richtig bemerken, sind Bibliotheken im Interesse zuverlässiger Belieferung mit wichtigen Fachinformationen bislang allzu oft zu Erfüllungsgehilfen der Monetarisierung von Wissen geworden. Im Zuge der Digitalisierung, so zum Beispiel Felix Lohmeier und Jens Mittelbach, förderten Bibliotheken kartellartige Marktstrukturen, indem sie internationalen Großverlagen Erkenntnisse aus überwiegend öffentlich finanzierter Forschung mit öffentlichen Mitteln zu horrenden Preisen abkauften. Andererseits beklagten sie sich anschließend bitter über auferlegte Geheimhaltungsvereinbarungen und weit über der Inflationsrate liegende Preissteigerungsraten.[17]

Wie Gerhard Lauer, Renke Siems und andere Experten jüngst aufzeigten, haben sich Wissenschaftskonzerne mit dem Sammeln und der Auswertung von Forschungsdaten inzwischen bereits ein nächstes lukratives Geschäftsfeld erschlossen. Dieses Datentracking könnte hoch relevantes Wissen noch weiter privatisieren und monopolisieren und die informationelle Selbstbestimmung aushebeln. Durch die umfassende Erhebung von individuellen Forschungsinteressen drohen speziell in autoritären Staaten zugleich ernste Gefahren für die Wissenschaftsfreiheit. Gegen Kontrolle und Vermarktung von Forschungserträgen setzt Lauer optimistisch auf Einsicht und beharrliches Engagement der freiheitlichen Kräfte. Die Dinge werden sich ändern, so die abschließend geäußerte Hoffnung, „weil wir in unseren Hochschulen und Bibliotheken, Wissenschaftsorganisationen und Bibliotheksverbänden dafür arbeiten."[18]

Vergleichbares Engagement ist bei Software in Bibliotheken gefragt, die in einigen Segmenten ebenfalls stark von kommerziellen Anbietern bestimmt und wenig transparent und beteiligungsoffen ist. Wenn man anerkennt, dass das Schicksal von Bibliotheken künftig entscheidend von digitalen Informationsinfrastrukturen abhängen wird, scheint es speziell für größere Häuser nur folgerichtig, auf

---

17 Vgl. Lohmeier 2014.
18 Lauer 2022; Siems 2022; DFG.

der Basis von möglichst quelloffenen Anwendungen und leistungsfähigen Entwicklungsgemeinschaften in zentralen Produktbereichen wie Datenmanagement und Katalogentwicklung, Retrodigitalisierung und Informationsvisualisierung planvoll die eigene Bewertungs- und Handlungskompetenz auszubauen. Für Abhängigkeit und Verletzlichkeit von Bibliotheken gibt es gerade auf dem Gebiet der Software viele Belege: Open-Source-Software, die überraschend kommerzialisiert, kommerzielle Software, die gar nicht mehr oder nur mit allzu geringer Entwicklungsdynamik weiterentwickelt wird, Software, die nach Eigentümerwechsel nur noch zu drastisch veränderten Konditionen verfügbar ist. Der Markt für Forschungsinformationssysteme, der in zahlreichen Ländern inzwischen von den Produkten und Diensten der großen Verlagskonzerne beherrscht wird, bietet dafür einen treffenden Beleg.

Als jüngstes Beispiel kann die Übernahme der globalen Informations- und Meinungsplattform „Twitter" durch Elon Musk im Oktober 2022 gelten, die auch für den Austausch von Bibliotheken mit Politik, Verwaltung, Gesellschaft und Wissenschaft durchaus Bedeutung besitzt. Seitdem wurden suspendierte Konten von freiheitsfeindlichen Stimmen wieder geöffnet, leidet die Kontrolle von Hass, Rassismus und Gewaltverherrlichung und verbreitet der Eigentümer selbst ungehindert Hetze oder sperrt Journalisten wegen ihn betreffender kritischer Berichterstattung. Aus Unzufriedenheit mit Twitter wurden bereits seit einigen Jahren quelloffene Alternativen entwickelt. Nicht zuletzt durch die tatkräftige Unterstützung von Bibliotheken wie der Staatsbibliothek zu Berlin oder der TIB Hannover gewinnt besonders die freie Software „Mastodon" seit kurzem sehr rasch an Boden. Nachdem dort schon nach den ersten Nachrichten zur Twitter-Übernahme im Frühjahr 2022 zehntausende neue Accounts angelegt worden waren und sich die Zahl der stündlichen Posts mehr als verdoppelt hatte, kam es nach dem vollzogenen Eigentümerwechsel zu einem noch kraftvolleren Anstieg. Aktuell umfasst der Dienst über 8 Millionen Nutzende und wächst rasch weiter. Im Gegensatz zu Twitter ist Mastodon dezentral organisiert. Das freie Netzwerk kann somit nie komplett insolvent oder an Firmen verkauft werden. Zugleich lässt es sich durch staatliche Stellen nicht vollständig blockieren oder zensieren. *Freiheit für Sicherheit*. Auch in diesem Bereich ist Poppers Leitsatz damit vollkommen zutreffend. Und Bibliotheken wirken daran mit.[19]

---

[19] Ralf Stockmann von der Staatsbibliothek zu Berlin richtete bereits 2019 die Instanz openbiblio.social zum Eintritt in das Mastodon-Netzwerk ein, vgl. Stockmann. Vgl. ferner Weisbrod 2022.

Literaturverzeichnis

American Literature Association (ALA): Unite Against Book Bans. https://uniteagainstbookbans.org/toolkit/ (3.1.2023).

Bonte, Achim und Bärbel Kühnemann: Die Ehrenamtsinitiative kommt voran. Erstes Jahresgespräch mit den Ehrenamtlichen der SLUB. In: BIS – Das Magazin der Bibliotheken in Sachsen (2010) Jg. 3, H. 2. S. 118–119.

Bonte, Achim: More Kitchen than Grocery Store. The SLUB Dresden as an Example of Functional Change and Library Developability. In: Libraries and Their Architecture in the 21st Century. Hrsg. von Ines Miersch-Süß. Berlin/Boston: De Gruyter Saur 2021. S. 21–29.

Bonte, Achim: Weit mehr als ein Notbehelf. Das Ehrenamt in der Sächsischen Landesbibliothek – Staats- und Universitätsbibliothek Dresden (SLUB). In: BIS – Das Magazin der Bibliotheken in Sachsen (2009) Jg. 2, H. 4. S. 240–243.

Bücherhallen Hamburg: Ehrenamtliches Engagement. https://www.buecherhallen.de/ehrenamt.html (3.1.2023).

Deutsche Forschungsgemeinschaft (DFG): Datentracking in der Wissenschaft. Aggregation und Verwendung bzw. Verkauf von Nutzungsdaten durch Wissenschaftsverlage. Ein Informationspapier des Ausschusses für Wissenschaftliche Bibliotheken und Informationssysteme der Deutschen Forschungsgemeinschaft (2021). https://www.dfg.de/download/pdf/foerderung/programme/lis/datentracking_papier_de.pdf (3.1.2023).

Eigenbrodt, Olaf und Richard Stang (Hrsg.): Formierungen von Wissensräumen. Optionen des Zugangs zu Information und Bildung. Berlin/Boston: De Gruyter Saur 2020. S. 3.

Eigenbrodt, Olaf: Bibliotheksraum neu denken. https://opus4.kobv.de/opus4-bib-info/frontdoor/deliver/index/docId/18054/file/Eigenbrodt_2022-06-02.pdf (3.1.2023).

Fansa, Jonas: Vom Lesesaal zum Community-Forum. Partizipative Öffnung am Beispiel der Zentral- und Landesbibliothek Berlin. In: Ein Museum ist mehr als seine Ausstellungen. Hrsg. von Karin Kolb und Silke Feldhoff. Berlin: Bauhaus Agenten Programm 2018. S. 124–127.

Flemming, Arend und Christine Lippmann: Das Ehrenamt macht Bibliotheken reicher. In: BIBLIOTHEK – Forschung und Praxis (2021) Jg. 45, H. 1. S. 89–95.

Graf, Nicole: Crowdsourcing beim Swissair-Fotoarchiv. In: Vernetztes Wissen. Online. Die Bibliothek als Managementaufgabe. Hrsg. von Rafael Ball und Stefan Wiederkehr. Berlin/Boston: De Gruyter Saur 2015. S. 343–348.

Hamann, Olaf und Joachim Scholl: Bibliotheken im Krieg. Ein Angriff auf die ukrainische Kultur. In: Deutschlandfunk Kultur (21.4.2022). https://www.deutschlandfunkkultur.de/bibliotheken-ukraine-krieg-100.html (3.1.2023).

Hauke, Petra (Hrsg.): Öffentliche Bibliothek 2030. Herausforderungen – Konzepte – Visionen. Bad Honnef: Bock + Herchen 2019.

Hochschulbibliothekszentrum des Landes Nordrhein-Westfalen (hbz): Deutsche Bibliotheksstatistik. https://www.bibliotheksstatistik.de/ (3.1.2023).

Keite, Uta: Professionell organisiertes Ehrenamt als integraler Bestandteil der Bibliotheksarbeit – Zukunftsweisendes Bürgerengagement am Beispiel der Bücherhallen Hamburg. In: Öffentliche Bibliothek 2030. Herausforderungen – Konzepte – Visionen. Hrsg. von Petra Hauke. Bad Honnef: Bock + Herchen 2019. S. 125–134.

Klinenberg, Eric: How libraries Can Save the 2020 Election. In: The New York Times (3.9.2020). https://www.nytimes.com/2020/09/03/opinion/mail-voting-trump-libraries.html (3.1.2023).

Klinenberg, Eric: Palaces for the People. How Social Infrastructure Can Help Fight Inequality, Polarization and the Decline of Civic Life. New York: Crown 2018.
Lankes, Richard David: Expect More. Demanding Better Libraries for Today's Complex World. 2. Aufl. Jamesville/NY: Riland Publishing 2016.
Lankes, Richard David: The Atlas of New Librarianship. Cambridge/MA: The MIT Press 2011.
Lauer, Gerhard: Datentracking in den Wissenschaften. Wissenschaftsorganisationen und die bizarre Asymmetrie im wissenschaftlichen Publikationssystem. In: O-bib (2022) Jg. 9, H. 1. https://doi.org/10.5282/o-bib/5796 (3.1.2023).
Lohmeier, Felix und Jens Mittelbach: Offenheit statt Bündniszwang. In: Zeitschrift für Bibliothekswesen und Bibliographie (2014) Jg. 61. S. 209–215.
Mangold, Ijoma: Schluss mit der Selbstzensur. In: Die Zeit (8.12.2022).
Marche, Stephen: „Our mission is crucial": meet the warrior librarians of Ukraine. In: The Guardian (4.12.2022). https://www.theguardian.com/books/2022/dec/04/our-mission-is-crucial-meet-the-warrior-librarians-of-ukraine (3.1.2023).
Miersch-Süß, Ines (Hrsg.): Libraries and Their Architecture in the 21st Century. Berlin/Boston: De Gruyter Saur 2021.
Oldenburg, Ray: The Great Good Place. New York/NY: Paragon House 1989.
Ovenden, Richard: Burning the Books. A History of Knowledge Under Attack. London: John Murray 2020.
Popper, Karl: Die offene Gesellschaft und ihre Feinde. Bd. 1, Der Zauber Platons. 8. Aufl. Tübingen: Mohr Siebeck 2003a, S. 362.
Popper, Karl: Die offene Gesellschaft und ihre Feinde. Bd. 2, Falsche Propheten: Hegel, Marx und die Folgen. 8. Aufl. Tübingen: Mohr Siebeck 2003b, S. 224.
Siems, Renke: Das Lesen der Anderen. Die Auswirkungen von User Tracking auf Bibliotheken. In: O-bib (2022) Jg. 9, H. 1. https://doi.org/10.5282/o-bib/5797 (3.1.2023).
Staats- und Universitätsbibliothek Hamburg (SUB Hamburg): Wissen Bauen 2025. https://wissenbauen2025.sub.uni-hamburg.de/ (3.1.2023).
Staatsbibliothek zu Berlin – Preußischer Kulturbesitz (SBB–PK): Dürfen wir vorstellen? Die Mitglieder des ersten Stabi-Nutzendenrats! https://blog.sbb.berlin/duerfen-wir-vorstellen-die-mitglieder-des-ersten-stabi-nutzendenrats/ (3.1.2023).
Steffens, Frauke: Wenn Geschichte ausgelöscht wird. In: Frankfurter Allgemeine Zeitung (9.4.2022).
Stein, Hannes: Orgien des Verbietens. In: Die Welt (25.4.2022).
Stockmann, Ralf u. a.: openbiblio.social. Ein dezentralisiertes soziales Netzwerk, angetrieben von Mastodon https://openbiblio.social/about. (3.1.2023).
Umlauf, Konrad: Schwerpunkt Freiwillige in Öffentlichen Bibliotheken – Vernetzung mit der Zivilgesellschaft. In: BIBLIOTHEK – Forschung und Praxis (2021) Jg. 45, H. 1. S. 10–13.
Valenza, Joyce Kasman: Library as domestic metaphor. In: School Library Journal (25.8.2008). http://blogs.slj.com/neverendingsearch/2008/08/25/library-as-domestic-metaphor/ (3.1.2023).
Verch, Ulrike: Freiwillig tätig, aber vertraglich gebunden. Rechtsbeziehungen bei ehrenamtlichen Tätigkeiten in Bibliotheken. In: BIBLIOTHEK – Forschung und Praxis (2021) Jg. 45, H. 1. S. 110–117.
Weisbrod, Lars: Mastodon. Unser digitales Dorf soll schöner werden, in: Die ZEIT v. 14.12.2022.

Frank Scholze und Frédéric Döhl
Kulturpolitik ist Digitalpolitik

Mit neuer Energie: Kulturpolitik und digitaler Wandel post-Corona

Kultur wirkt als Motor für soziale Teilhabe, demokratische Bildung, ökonomischen Wohlstand und nachhaltiges Wachstum.[1] Sie stiftet Identität – für jede*n Einzelne*n und für eine ganze Gesellschaft. Sie speist Reflexionskraft, gibt Anstoß zu Innovationen und trägt so zur Zukunftsfähigkeit unseres Landes bei. Sie gibt Anregungen und Denkanstöße, reflektiert und kritisiert. Sie bildet einen Resonanzraum und Spiegel gesellschaftlicher Entwicklungen. Sie ist zentraler Ort von Dialog und Debatten, von Konflikten und Wertediskussionen. Zugleich gehen von ihr ästhetisches Abenteuer und Spiel, Amüsement und Emotion, sinnliche und intellektuelle Erkenntnis aus. Die geistigen, kreativen, integrativen, sozialen und emotionalen, ethischen und ästhetischen Impulse des Kulturbereichs sind verfassungsrechtlich geschützte Kernbestandteile unserer demokratischen Gesellschaft. All das gilt in Zeiten des digitalen Wandels mehr denn je.

Mit dem Begriff digitaler Wandel „werden alle relevanten Veränderungen und Auswirkungen in epistemischer, ethischer, rechtlicher, technischer, infrastruktureller, organisatorischer, finanzieller und auch sozialer Hinsicht zusammengefasst, die sich durch die Entwicklung und Nutzung digitaler Technologien" ergeben, wie es die Deutsche Forschungsgemeinschaft (DFG) 2020 in ihrem Impulspapier *Digitaler Wandel in den Wissenschaften* für den Bereich der Forschung formuliert,[2] wie es aber mit gleichem Tenor auch für den Kulturbereich gilt.

Der digitale Wandel ist ein ubiquitäres und alles durchdringendes Phänomen. Digitale Technologien und Prozesse beeinflussen ebenso wie digital geprägte Denkweisen, Arbeitsformen und Erwartungshaltungen in weiterwachsendem Maße alle Bereiche von Gesellschaft und Wirtschaft, Kultur und Wissenschaft. Der digitale Wandel stellt uns vor vielfältige Herausforderungen. Diese beziehen sich auf die grundlegenden Bedingungen des digitalen Arbeitens wie Informati-

---

[1] Der Text ist in wesentlichen Teilen eine aktualisierte und überarbeitete Version der unveröffentlichten Langfassung der Publikation Kulturen im digitalen Wandel (2021), deren Entstehung die DNB im Auftrag der damaligen Beauftragten der Bundesregierung für Kultur und Medien (BKM) verantwortet hat. Basis dieses Strategiepapiers war der von der DNB moderierte Austausch mit einer Vielzahl Entscheider*innen aus allen Sparten des öffentlichen Kulturbereichs. Vgl. zum Entstehungsprozess Döhl (2021a), Döhl (2021b).
[2] Vgl. Digitaler Wandel in den Wissenschaften (2020), 4.

https://doi.org/10.1515/9783111053240-011

onstechnologie, Infrastruktur, Bestandsdigitalisierung, Datenstandards und digitale Kompetenz der Mitarbeiter*innen. Gerade in Kultureinrichtungen berührt der digitale Wandel aber auch den Kern ihres Tuns wie ihres Selbstverständnisses – die Arbeitsweise und Organisation, Produktion und Präsentation, das Selbstverständnis der Kulturakteur*innen und ihre Rolle in der Gesellschaft.

Bei allen Parallelen vollzieht sich der digitale Wandel im Kulturbereich aber zugleich in besonderer Weise. Er nimmt hier eigene Wege, findet eigene Lösungen und formuliert eigene Werte, Ziele und Ansprüche. Gerade hierin vermag der Kulturbereich wiederum einen besonderen Beitrag zum Verständnis des digitalen Wandels als umfassendem gesellschaftlichem Transformationsprozess zu leisten. Und in den Blick zu rücken, dass der digitale Wandel vor allem anderen eins ist: ein Kulturwandel.

Der digitale Wandel als Kulturwandel ist mit mannigfaltigen Herausforderungen verbunden. Und dies eben nicht nur auf den basalen Ebenen des digitalen Ermöglichens wie Infrastruktur, Informationstechnologie, Bestandsdigitalisierungsgrad, Datenstandards und digitaler Kompetenz in Kultureinrichtungen. Er berührt das Kulturelle selbst – und dies nicht einfach nur zum Guten, sondern immer wieder auch auf herausfordernde und widersprüchliche Art und Weise.

Man denke z. B. an die ethischen und rechtlichen Konflikte und Verunsicherungen, die der digitale Wandel vom Rückzug in virtuelle Blasen und Echokammern über Datenschutz, Jugendschutz und Urheberrecht bis hin zu wachsendem Einfluss von Algorithmen und Künstlicher Intelligenz auf alltägliche Prozesse kultureller Produktion, Distribution und Rezeption mit sich bringt. Bei vielen kleinen Kultureinrichtungen besteht die Sorge, mangels Sichtbarkeit im digitalen Raum abgehängt zu werden. Oder man denke an den nicht nur gefühlten Ökonomisierungsdruck im digitalen Raum. An seine immanente Reduzierung von kultureller Relevanz auf leicht quantifizierbare Kategorien wie Nutzerzahlen und Klicks. An sein inhärentes Versprechen, aber zugleich auch Verlangen, dass alles kulturell Bedeutungsvolle in Echtzeit jederzeit digital konsumierbar sein müsse.

Noch nie war so viel Kultur so einfach und so niedrigschwellig zu haben wie heute. Noch nie war es so unkompliziert, selbst kulturell produktiv zu werden und unmittelbar eine breite Öffentlichkeit mit der eigenen Kreativität zu adressieren. Noch nie war es aber auch so schwer zu verdeutlichen, dass künstlerisches Schaffen nicht nur Wertschätzung, sondern den Schutz der geschaffenen Werke vor unberechtigter Nutzung durch Dritte erfordert. Noch nie war es so schwer zu vermitteln, dass Künstler*innen einen angemessenen Anteil an dem erhalten müssen, was mit ihren kreativen Leistungen erwirtschaftet wird.

Als Kulturwandel stellt der digitale Wandel eine komplexe, hochdynamische, unabgeschlossene Entwicklung dar, die vieles Bewährte und Etablierte im Kulturbereich in Frage stellt: Prioritäten, Hierarchien, Arbeitsweisen, Wertigkeiten, Organisationsstrukturen, Verwertungsmöglichkeiten. Vieles wird bleiben, wie es ist, manches verschwinden, vieles eine andere Gestalt annehmen oder ein neues Mischungsverhältnis finden.

Soll der digitale Wandel im Kulturbereich zum Wohle möglichst vieler wirken und dabei gleichermaßen den Potenzialen des Nichtdigitalen, des Digitalisierten und des Originär-Digitalen in kulturellen Gütern und Praktiken gerecht werden, bedarf es aktiver kulturpolitischer Gestaltung und Entwicklung. Vielfalt, Qualität, Nachhaltigkeit, Teilhabe und Diversität sind nicht selbstverständlich, sondern können und müssen erkämpft werden. Das gilt im digitalen Raum mehr denn je.

So groß die mit alldem einhergehenden Aufgaben sind: Der digitale Wandel sollte kein Anlass für Kulturpessimismus sein. Ohnehin gilt, dass nichts dem Kulturbereich näher ist als Transformationsprozesse, die nicht nur unseren Blick nach vorne verändern, sondern auch jenen auf das, was war.[3] Schon deswegen gilt es bei allen Unsicherheiten und Herausforderungen, den digitalen Wandel zuallererst als Chance zu begreifen. Einst ungeahnte Möglichkeiten der Zugänglichkeit von und Teilhabe an Kultur entwickeln sich. Neue künstlerische Verfahren und Strategien treten hinzu. Neue Möglichkeiten der Kulturgutsicherung. Neue Vermittlungsformen. Neue kulturelle Teilhabepraktiken in Partizipation und Interaktion. Neue Wege, kulturelles Wissen zu erschließen. Neue agile, themenorientierte und spartenübergreifende Arbeitsformen.

Hierfür muss der digitale Wandel des Kulturbereichs aktiv politisch gestaltet werden. Dies ist komplex, weil der Kulturbereich von einem vielfach verschränkten Zusammenspiel öffentlicher, privater und intermediärer Akteur*innen gekennzeichnet ist. Die kulturpolitische Gestaltung der digitalen Transformation in Deutschland ist deshalb eine Gemeinschaftsaufgabe von Bund, Ländern, Kommunen und privaten Akteur*innen. Diese verteilten Rollen und Verantwortungen gelten nicht nur für die Fragen der Digitalisierung, sollten aber gerade bei diesem Thema noch stärker in den Kategorien von Kooperation und Vernetzung im Verbund gedacht und angegangen werden. Viele Aspekte des digitalen Wandels gehen alle an, etwa die Gewinnung digitaler Fachkräfte oder die Notwendigkeit, spezialisierte technische Dienstleistungen und deren Knowhow zu sichern. Die digitale Kulturlandschaft von morgen muss als Gemeinschaftsaufgabe begriffen werden, zu deren Erfüllung alle staatlichen Ebenen und die beteiligten gesellschaftlichen Gruppen zusammenwirken.

Finanzielle, intellektuelle, praktische wie ordnungspolitische Instrumente und Maßnahmen sind dabei gleichberechtigte Säulen jeder Kulturpolitik als Digitalpolitik. Jene verbindet kulturelle, technisch-infrastrukturelle, organisatorische,

---

3 Vgl. Böhme (2011).

personelle, sozialpolitische, bildungsfördernde, forschungsunterstützende und reflexive Komponenten. Dabei ist es notwendig, Kulturpolitik als Digitalpolitik dynamisch und entwicklungsoffen zu denken und von vornherein als lernendes Instrument anzulegen.

Der digitale Wandel wird dabei nur dann zu einer weithin als Erfolgsgeschichte wahrgenommenen Entwicklung für den öffentlichen Kulturbereich, wenn er von den hier bereits involvierten wie den neu hinzukommenden Menschen als Bereicherung erfahren wird, der ihren Anliegen dient und den sie selbstbestimmt gestalten können.

Der Zeitpunkt, die digitale Transformation des Kulturbereichs voranzubringen ist günstig. Die vergangenen drei Jahre der Corona-Pandemie haben deutlich gemacht, wie groß Stellenwert und Nachfrage öffentlich geförderter Kunst und Kultur im deutschen Alltag sind, wie groß aber eben auch die Leerstellen sind, wenn Kunst und Kultur unzugänglich werden. Sie haben gezeigt, wie zentral die Bedeutung des digitalen Wandels ist, Kulturleben in seiner Krisen- und Zukunftsfestigkeit zu stärken und in pluraler Form nachhaltig zu sichern.[4]

Wir können nicht nur aufsetzen auf dem bereits Erreichten. Sondern auch darauf, wie viel konstruktive und innovative Energie in Reaktion auf die Pandemieerfahrung entfaltet wurde, um digitalbasierte Lösungen zu entwickeln und die eigene Kulturarbeit neu zu denken. Und so einschneidend die Erfahrung der zurückliegenden drei Pandemiejahre für den Kulturbereich war, so viel Optimismus lässt sich zugleich aus dem Mut, der Energie und der Kreativität ziehen, die sich in den zahllosen Reaktionen, Ansätzen, Initiativen und Förderanträgen zeigt, die digitale Antworten für das jeweilige kulturelle Anliegen finden wollen.

Auf diesen Ideen und Erfahrungen lässt sich nun aufbauen. Nicht zuletzt hat sich manches, das vorher Zweifel und Ängste provozierte, durch jenen Praxistest relativiert, in den die Pandemie auch den größten Digitalisierungsskeptiker zwang. Wir wissen jetzt von vielem, dass es tatsächlich geht. Viele Akteur*innen des Kulturbereichs haben ein deutlich differenzierteres Gefühl entwickelt, wo Chancen und Möglichkeiten des digitalen Wandels liegen. Aber genauso auch dafür, wo Aspekte kulturellen Arbeitens betont werden wollen, die vordigital anmuten. Manches ist besser live vor Ort. Manches besser digital. Manches in Kombination. Manches im Wechsel.

Wir sind Anfang 2023 in Sachen digitaler Wandel des Kulturbereichs weiter als Anfang 2020. Unser Bild des zukünftigen Weges ist klarer, komplexer und differenzierter geworden. Das ist eine große Chance für eine Kulturpolitik, die gestalten und nicht verwalten will. Drei im Folgenden skizzierte prioritäre Arbeits-

---

4 Vgl. Moser (2022).

felder sind es, die dabei besonderer Aufmerksamkeit bedürfen: Werte, Infrastruktur und Personal.

Kulturpolitik als wertegeleitete Digitalpolitik

Der digitale Wandel macht zwar manche Handlungen im Kulturbereich leichter oder überhaupt erst möglich. Er führt aber insgesamt weder zu einer Komplexitäts- noch zur Kostenreduktion.[5] Das unterscheidet die Situation im Kulturbereich kategorial von anderen Lebensbereichen. Politische Gestaltungsprozesse müssen auf der Höhe dieser Komplexität operieren, wollen sie produktiv wirken und erfolgreich sein.[6]

Der digitale Wandel ist im Kulturbereich nicht lediglich eine zusätzliche Service- und Verwertungsebene. Er durchdringt alle Aspekte des Kulturellen. Im Kulturbereich und der öffentlichen Kulturpolitik lassen sich digitale und nichtdigitale Bereiche nicht mehr getrennt voneinander betrachten. Das Nichtdigitale bleibt jedoch an vielen Stellen zentral für Anliegen und Tun, Selbstverständnis und Wirkung. Es gilt, beides in Blick und Balance zu halten, das Digitale und das Nichtdigitale. Das Digitalisat etwa ersetzt genauso wenig das physische Original wie einst die modernen Reproduktionsmedien die Liveerfahrung. Das Digitale ist auf der anderen Seite aber auch kein bloß äußerlicher Zusatz. Vielmehr schafft es selbst neue Formen originär digitaler Kultur. Es erweitert die Möglichkeiten und verändert die Erwartungshaltungen im Kulturbereich insgesamt. Schließlich ist der digitale Wandel selbst ein kultureller Prozess. Der digitale Wandel schafft neue Formen von kulturellen Zeugnissen, der Kommunikation über Kultur und darüber hinaus, der Beteiligung an der Produktion von Kultur, der kulturellen Interaktion, der Vermittlung von Kultur.

Der digitale Wandel schafft nicht nur neue Formen originär digitaler Kultur. Er erweitert zugleich die Möglichkeiten und verändert die Erwartungshaltungen im und an den Kulturbereich insgesamt. Das schließt grundsätzlich alle vordigitalen kulturellen, insbesondere künstlerischen Praktiken mit ein. Und er tut dies mit der besonderen Intensität und Geschwindigkeit, mit der der digitale Wandel alle Lebensbereiche verändert. Das gilt bis in jene Teilgebiete der Kultur, die es schon lange vor der Digitalisierung gab und die bis heute in ihrem Kern nicht oder nicht zwingend digital überformt sind.

---

5 Vgl. für ein Bsp., Forschung zu Kultur in Bibliotheken, Gleixner/Steyer (2021).
6 Vgl. Lätzel (2019).

Der digitale Wandel lässt dabei keine individuellen, lokalen, regionalen, nationalen und internationalen Dimensionen des Kulturbereichs unberührt. Der digitale Wandel ist also nichts dem Kulturbereich Äußerliches, primär Nichtkulturelles, mit dem der Kulturbereich lediglich gezwungen ist, sich pragmatisch auseinanderzusetzen. Es ist vielmehr zwingend, den digitalen Wandel selbst als etwas inhärent Kulturelles zu verstehen und politisch zu adressieren. Der digitale Wandel ist vor allem auch selbst ein Kulturwandel. Er verändert Kultur und ist es zugleich selbst.[7]

Wollen kulturpolitische Gestaltungsprozesse auf der Höhe dieser Komplexität operieren, müssen sie daher zugleich klären, auf Basis welcher Werte der digitale Wandel im Kulturbereich zu gestalten ist. Diese Werte bestimmen letztlich die Reflexionskraft, die der Kulturbereich in die gesamtgesellschaftliche Debatte über den digitalen Wandel einbringen und dort stark machen kann. Sie bestimmen am Ende des Tages aber auch so etwas wie die Ressourcenverteilung und -priorisierung. Die Wertediskussion ist daher zentral für eine jede Kulturpolitik des digitalen Wandels.

Einer Werteverständigung bedarf z. B. das Verhältnis von digitalen und analogen Kulturproduktionen und -gütern. Das Gros der analogen künstlerischen und kulturellen Praktiken verliert durch den digitalen Wandel nicht an Bedeutung. Der Kulturbereich ist vielmehr geprägt von einem komplexen, aber im besten Fall produktiven Miteinander. Analoge und digitale Erscheinungsformen der Kultur sind Partnerinnen, keine Gegensätze. Freilich gibt es zahllose Konflikte hierüber im Kulturbereich.

Ein weiterer Werteaspekt, welcher der Verständigung und Gestaltung bedarf, betrifft den verantwortungsvollen Umgang mit den technologischen Möglichkeiten. So ermöglichen es Algorithmen und Künstliche Intelligenz (KI), in den stetig wachsenden, unüberschaubaren Kulturangeboten produktiv zu navigieren und zu agieren. Crowdfunding, Crowdsourcing, Text und Data Mining sowie die Vernetzung digitaler Informationen erlauben ganz neue Einsichten und Erkenntnisse. Andererseits fördern diese Instrumente immer engere Flaschenhälse der Selektion. Sie drohen, Mechanismen von Diskriminierung und Vorurteilen im digitalen Raum zu vertiefen, fördern den Rückzug in digitale Echokammern, beeinträchtigen und gefährden den respektvollen Umgang mit Andersdenkenden. Das widerspricht dem Selbstverständnis der Kultur, die Gesellschaft mit Neuem zu stimulieren, ja zu provozieren. Die Anwendung von KI in der Kulturproduktion wirft die Frage auf, wer der Schöpfende ist. Ist es der Programmierende oder der Anwendende Künstlicher Intelligenz? Hieraus entstehen neue Fragen der Vergütung

---

7 Vgl. Stalder (2016).

künstlerischer Arbeit. Die Anwendung von KI durch Vermarktende kann dazu führen, dass immer mehr des immer Gleichen angeboten wird, wodurch die kulturelle Vielfalt leiden würde. Gleichwohl ist der Weg von der künstlerischen zur Künstlichen Intelligenz kürzer als es auf den ersten Blick scheint. Gerade der Kulturbereich vermag zur anspruchsvollen Weiterentwicklung der Technologie und zur fundierten öffentlichen Debatte über KI einen wichtigen Beitrag zu leisten.

Anliegen und Anspruch von Kulturpolitik bleiben, dass der öffentlich geförderte Kulturbereich kreative Freiräume schafft, dass er produktive Herausforderungen für kulturelle Gewissheiten und Sicherheiten, Gepflogenheiten und Selbstverständlichkeiten, Wertigkeiten und Prioritäten bereithält und dass er für Diversität und Pluralität, Toleranz und Vielfalt streitet.[8] Dies sind leitende Werte, für die der Kulturbereich auch in Sachen des digitalen Wandels zugunsten des demokratischen Gemeinwesens eintritt.

Gerade Diversität und Pluralität und mit ihnen Teilhabe und Partizipation sind deswegen zentrale Kategorien für Kulturpolitik als wertegeleitete Digitalpolitik: Meinungsvielfalt, Formenvielfalt, Angebotsvielfalt, Beteiligtenvielfalt, Vielfalt der Inhalte und Vorgehensweisen. Auf diesem Weg die Chancen des digitalen Wandels als Kulturwandel zu erschließen und zu nutzen, heißt, Mittel zur Stärkung und Vertiefung von demokratischem Diskurs und Selbstverständnis in die Hand zu bekommen.

Eine vom digitalen Wandel geprägte Interaktion ändert die anbietenden Akteur*innen und Einrichtungen. Sie ändert die Inhalte, aber auch die Dialogebenen, wenn Nutzer*innen mehr denn je einfordern, aktiv partizipieren und mitgestalten zu können. Die öffentlichen Kultureinrichtungen wird diese Entwicklung nachhaltig verändern.[9]

Fragen von Service und Verwertbarkeit, Effizienz und Wirtschaftlichkeit stehen vielfach vordergründig im Zentrum des Blicks auf den digitalen Wandel. Sie reichen von neuen Formen klassisch-pädagogisch gemeinter Vermittlungs- und Bildungsstrategien bis zu neuen Praktiken forschender Wissensgenerierung, von neuen Gemeinschafts- und Kommunikationserfahrungen bis zu neuen Service-, Unterhaltungs- und Verwertungsinstrumenten. Man denke z. B. an das von der aktuellen Bundesregierung im Rahmen der *Digitalstrategie Deutschland* geförderte Projekt *Datenraum Kultur*.[10] Aber diese Fragen von Effizienz und Verwertbarkeit sind nicht die Hauptsache für Kulturpolitik als wertegeleitete Digitalpolitik. Es ist die Reflexionskraft des Kulturbereichs.

---

8 Vgl. Müller (2021).
9 Vgl. Stalder (2018).
10 Vgl. https://digitalstrategie-deutschland.de/kultur-und-medien/; https://www.acatech.de/projekt/datenraum-kultur/

Deswegen ist die Wertefrage so wichtig. Sie formuliert einen Anspruch an Kulturpolitik als Digitalpolitik. Weil sie eine Notwendigkeit benennt. Denn gerade an der Stelle, an der Kultur komplex und kompliziert, ja herausfordernd und widerständig wird, konzentriert sich das charakteristische Potenzial der ästhetischen Erfahrung kultureller, insbesondere künstlerischer Praktiken. Das Potenzial, sinnliche Erkenntnis und darauf aufbauend Reflexion zu ermöglichen, wie schon Alexander Gottlieb Baumgarten 1750 in seiner Schrift *Aesthetica* herausarbeitete. Und zwar, wie Immanuel Kant in seiner *Kritik der Urteilskraft* zwei Generationen später verfeinerte, in einem an dieser Stelle nicht zweckgeleiteten freien Spiel der Erkenntniskräfte mit seiner für die ästhetische Erfahrung so charakteristischen Mischung aus Subjektivität und Verallgemeinerbarkeit. Anders gesagt: Auch zu fühlen, was sich ändert, um zu verstehen, was sich ändert, und das anderen vermitteln zu können, das ist die spezifische Reflexionskraft des Kulturbereichs.

Der digitale Wandel ist daher kulturpolitisch als eine vielschichtige Daueraufgabe anzunehmen, von der Ressourcenbereitstellung über die Ressourcenpriorisierung bis zum Ressourceneinsatz, vom Kompetenzaufbau bis zu Haltung und Bewusstsein aller Beteiligten. Dies aber als Daueraufgabe, die nicht Selbstzweck ist und wertegeleitet das Ziel verfolgt, den digitalen Wandel als Kulturwandel in seiner ganzen Komplexität zu reflektieren und zu begleiten und die Gesellschaft möglichst breit und vielfältig hieran zu beteiligen.

Infrastruktur im Dienste von Verfügbarkeit und Vernetzung

Bei der Auseinandersetzung mit dem digitalen Wandel als Kulturwandel stehen kulturelle Komplexität und Werte im Vordergrund. Aber ohne die jeweils notwendige digitale Infrastruktur und ihre fortwährende Aktualisierung im Hintergrund geht es nicht. Die Pandemie hat gezeigt, wie heterogen, dezentral, unsystematisch und spartenspezifisch der digitale Wandel im öffentlichen Kulturbereich insoweit bislang ausgestaltet ist.

Dass – wie oben ausgeführt – der digitale Wandel kulturpolitisch als eine vielschichtige Daueraufgabe anzunehmen sei, war also weniger Realitätsbeschreibung als Defizitanalyse und Handlungsaufforderung. Inhaltliche Arbeit und nachhaltige digitale Infrastruktur müssen Hand in Hand gehen und im Verbund gedacht werden. Beides verlässlich zu stärken, ist zentrale Verantwortung der Akteur*innen der Kulturpolitik. Die Aufgaben reichen vom Netzausbau über die

Hard- und Softwareausstattung bis zur Herstellung der digitalen Vernetzungsfähigkeit. Hard- und Software unterliegen ständiger Aktualisierung. Inhalte müssen fortwährend migrieren. Arbeitsformen und Organisationsstrukturen sind immer wieder anzupassen. Erwartungen und Leistungsbeschreibungen entwickeln sich fortlaufend. Service- und Qualitätsansprüche an den öffentlich geförderten Kulturbereich wachsen ständig.[11]

Vor allem hat die von der Pandemie aufgezwungene Bestimmung des Ist-Zustands überdeutlich sichtbar werden lassen, wie sehr der digitale Wandel im öffentlichen Kulturbereich dadurch gehemmt wird, dass er nach wie vor als Projektaufgabe betrachtet wird. Einem hohen Maß an Energie und Kreativität steht dadurch heute ein Geflecht nicht nachhaltiger Insellösungen, unverbundener Einzelprojekte und paralleler Mehrfachentwicklungen gegenüber. Das bindet allenthalben unnötig Ressourcen und bringt die digitale Leistungsfähigkeit und Kompetenz des öffentlichen Kulturbereichs unzureichend zur Geltung.

Letzteres gilt auch für den bislang erreichten Organisations- und Vernetzungsgrad im digitalen Raum. Portalangebote, Verbundstrukturen und Kompetenznetzwerke sind erst in Teilbereichen des öffentlichen Kulturbereichs ausgeprägt. Wie z. B. durch *nestor*, dem Kooperationsverbund für die Langzeitarchivierung, oder durch *digiCULT* als ein von über 200 Museen mehrerer Bundesländer getragener Verbund zur Entwicklung und Erprobung von Strukturen für den digitalen Wandel im Museumswesen. Oder mittels der von Bund, Ländern und Kommunen gemeinsam getragenen *Deutsche Digitale Bibliothek* (DDB) als zentralem Portal für Objekte aus Kultur und Wissenschaft, an dem sich gut 600 Archive, Bibliotheken, Museen und Forschungseinrichtungen mit Inhalten beteiligen. Ergänzt wird die DDB in ihrer Funktion von einer Reihe weiterer digitaler Kulturportale.[12] Für Nutzer*innen bleibt der öffentliche Kulturbereich im digitalen Raum unübersichtlich. Für andere Teile des öffentlichen Kulturbereichs fehlen solche Angebote, insbesondere im Kontext immaterieller Kulturgüter wie Theater, Tanz und Performance und solchen mit beteiligungsoffenem sowie institutions-, sparten- und medienübergreifendem Horizont. Zentrale vernetzte Anlaufpunkte etwa für endnutzerorientierte Medienangebote und Kulturvermittlungsangebote

---

11 Vgl. Meyer (2020).
12 Sei es spartenspezifisch motiviert oder regional kuratiert wie bei den Angeboten der Bundesländer oder thematisch sortiert wie in einigen Angeboten öffentlicher Kultur- und kulturnahen Wissenschaftseinrichtungen. Vgl. etwa archivportal-d.de, museum-digital.de, filmportal.de und netzspannung.org bzw. leo-bw.de (Baden-Württemberg), bavarikon.de (Bayern), kultur-bb.digital (Brandenburg), kultur-in-hessen.de, kulturerbe.niedersachsen.de, sachsen.digital und kulthura.de (Thüringen) bzw. dhm.de/lemo, mww-forschung.de, prometheus-bildarchiv.de, copernico.eu, arachne.dainst.org, agate.academy oder graphikportal.org.

fehlen ebenfalls. Aber eben auch der Bereich akteursorientierter, nachnutzungsfähiger Angebote – z. B. von Kulturdaten oder von Codes für Tools für Suche, Analyse, Vermittlung oder künstlerisches Produktionstechnologien oder KI-Anwendungen – bedarf des Ausbaus ebenso wie alles, was aktive digitale Partizipation und Interaktion ermöglicht.

Eine Vorbildfunktion können hier die Digital Humanities einnehmen. Verbunden mit der dort gepflegten Kultur der Openness (Open Science, Open Source, Open Access, Open Data), haben sich in den digitalen Geistes- und Kulturwissenschaften in den vergangenen Jahren zentrale infrastrukturelle Anlaufpunkte und Ansatzpunkte herausgebildet, vom Verband DHD bis zuletzt den entsprechenden Konsortien[13] der Nationalen Forschungsdateninfrastruktur (NFDI). Solche Schritte machen nicht nur Entwicklungen in den Digital Humanities ungleich konzentrierter sichtbar. Sie unterstützen vor allem die Möglichkeiten der Nachnutzung von digitalen Ideen und Ansätzen anderer gezielt. Die Kreativität des Bereiches wurde aus einem auch in den Digital Humanities lange gelebten Geflecht nicht nachhaltiger Insellösungen, unverbundener Einzelprojekte und paralleler Mehrfachentwicklungen überführt in eine ungleich stärkere Kohärenz und Präsenz. Freilich hat das Feld digitaler geisteswissenschaftlicher Forschung durch diesen Prozess nichts an kreativer Vielfalt und wissenschaftlicher Autonomie eingebüßt. Vielmehr werden zusätzliche in ihren Modalitäten verbindliche, in der Beteiligung daran aber freiwillige Optionen geschaffen, die es Willigen ermöglicht, etwa durch Freigabe von Codes oder Tools oder Verabredung von Standards und Nutzungsformen, als Gemeinschaft verstärkt digital-kooperativ voranzukommen. Derartige Räume der digitalen Selbstorganisation und Selbstbefähigung bedarf es im öffentlichen Kulturbereich auch, um im Team voranzukommen im Umgang mit dem digitalen Wandel, insbesondere um eigene, community-basierte digitale Lösungen schaffen zu können und nicht ausschließlich abhängig zu sein von dem, was oft eben nicht passgenau am digitalen Markt angeboten wird. Auf den Kulturbereich übertragen, geht es an dieser Stelle also um größere Vernetzung nicht auf der Ebene von Werken, sondern jener von Werkzeugen.

Wenn der öffentliche Kulturbereich im Internet eine gesellschaftliche Relevanz entfalten soll, die seiner Bedeutung in der nicht-digitalen Welt entspricht, muss Kulturpolitik also infrastrukturell auf einen höheren Organisations- und Vernetzungsgrad zielen. Hier bieten sich z. B. große, inhärent übergreifende Themen an, um voranzuschreiten. Man denke an die am Horizont erscheinenden Centenarien zur Geschichte des Nationalsozialismus, aber auch an Gegenstände wie Kolonialismus, Migration oder die Geschichte der deutschen Zweistaatlich-

---

[13] Vgl. Themenheft NFDI (2022).

keit. Solch digitale Arbeit im Verbund ist dabei zudem besonders geeignet, auch kleinere Institutionen mit ihren spezialisierten Angeboten besser sichtbar zu machen.

Die damit eng verbundene technologische Möglichkeit der Bestandsdigitalisierung hat die Erwartung nach Sichtbarkeit und Transparenz wachsen lassen. Gerade von öffentlichen Kultureinrichtungen wird erwartet, dass sie zumindest ihre zentralen Inhalte digital verfügbar machen. Eine vordringliche Aufgabe ist es deshalb, Auffindbarkeit und Nutzung öffentlich geförderter Kulturarbeit im Internet im Verbund zu stärken. Der Digitalisierungsgrad ist außerhalb der großen nationalen Retrodigitalisierungsprojekte und kulturellen Leuchttürme in Summe noch gering. Digitaler Wandel heißt nicht, alles für immer aufheben zu wollen. Aber für Kulturpolitik ist auch als Digitalpolitik zentral, dass diese Prozesse möglichst aktiv und bewusst gestaltet sind, d. h. möglichst informiert und gezielt. Es wird nur auswählend gehen. Das Auswählen freilich ist ein modifizier- und priorisierbarer Prozess. Da dieser ebenfalls dem gesellschaftlichen Wandel unterworfen ist, besteht eine zentrale Aufgabe darin, Auswahl- und Relevanzkriterien gemeinsam kontinuierlich weiterzuentwickeln. Was wieder zur Wertefrage zurückführt.

Im Sinne einer nachhaltigen Verfügbarkeit bleibt dabei auch die Aufgabe aktuell, Anforderungen der freien Verfügbarkeit von öffentlich gefördertem Kulturgut mit dem Schutz des Urheberrechts in einen fairen Ausgleich zu bringen. Kreative müssen von der Nutzung ihrer Werke leben können. Auf der anderen Seite gilt es, Teilhabe und Nachnutzung, Innovation und Kreativität als Motor unserer Wissensgesellschaft durch niederschwellige Zugänge zu stärken.

Der Kulturbereich ist im Übrigen auch infrastrukturseitig nicht bloßer Nutzer von Technologien und Konzepten des digitalen Wandels. Vielmehr ist es wesentlich zu verstehen, dass der Kulturbereich den digitalen Wandel in zentralen Lebensbereichen stattdessen auch technologisch aktiv mitgestaltet und digitalen Entwicklungen von Digitalisaten über digitale Kommunikation bis zu digitalen Analysemethoden an vielen Stellen überhaupt erst Bedeutung, Kontur und Relevanz verleiht. Die kulturellen Akteur*innen und Einrichtungen sind also nicht nur Nutzende mit spezifischen Bedürfnissen und Aufgaben, sondern zugleich kritische Begleiter*innen und Gestalter*innen, Impulsgebende und Treibende des digitalen Wandels. Hier gilt es, kulturpolitisch die Sichtbarkeit dessen zu stärken, was allenthalben geleistet und entwickelt wird.

Kompetenzen und Arbeitskultur

Dass im Kulturbereich das Digitale nicht einfach das Nichtdigitale ersetzt, bringt besondere personelle und organisatorische Herausforderungen mit sich. Allein schon deswegen, weil in weiten Teilen schlicht mehr geleistet werden muss. Der digitale Wandel muss daher ins Zentrum einer kontinuierlichen, ungleich stärker priorisierten Weiterbildungskultur und Personalentwicklung gestellt werden. Für die erfolgreiche Gestaltung des digitalen Wandels im Kulturbereich kommt es entscheidend darauf an, dass alle Akteur*innen digitale Kompetenzen mit- und einbringen oder sie im benötigten Umfang aufbauen. Denn die digitalen Technologien sind nicht schon die Lösungen selbst.[14]

Daher gilt es, Freiräume außerhalb eines eher engen Fortbildungsdenkens zu schaffen, um die Digitalisierung experimentell und diskursiv zu erkunden. Sehr viele technologische Entwicklungen sind regelmäßig gar nicht gedacht oder zugeschnitten auf bestimmte kulturelle oder künstlerische Aufgaben und Anliegen. Freiräume zu schaffen, in denen Transferleistungen entwickelt werden können, ist daher eine zentrale Herausforderung für die weitere Digitalisierung des Kulturbereichs, im Dialog zwischen informationswissenschaftlicher und kultureller Kompetenz. Neue Spielarten der Gewinnung und Erschließung, Erhaltung und Vermittlung kulturellen Wissens entstehen hierdurch genauso wie neue künstlerische Verfahren. Aber an vielen Stellen müssen wir erst entdecken und verstehen, was digitaler Wandel mit Kultur macht und wie digitale Technologie in kultureller Arbeit eingesetzt werden kann. Die Digitalisierung des Kulturbereichs ist gerade nicht die Umsetzung einer fertigen, abgeschlossenen Agenda.

Fortbildung wie Experimentierfreiräume sind essenziell. Der Bedarf an digital und zugleich kulturkompetenten Fachkräften ist aber nicht allein über jene zu decken, die schon im öffentlichen Kulturbereich wirken. Es bedarf zusätzlich einer aktiveren Werbung und Sensibilisierung digitaler Kompetenzträger*innen für die beruflichen Entwicklungsmöglichkeiten im öffentlichen Kulturbereich. Eine gezielte Entwicklung der Verknüpfung der vielen neuen, regelmäßig kulturnahen Digital-Humanities-Studiengänge mit der Arbeit in Kultureinrichtungen von Praktikaprogrammen über Kooperationen in Lehre und Forschung bis zur Zusammenarbeit im Bereich von Abschlussarbeiten und Promotionen sind hier genauso ein produktiver Weg wie eine gezielte Positionierung von Institutionen als attraktives Arbeitsumfeld im Sinne eines wertegeleiteten *Employer Branding*.[15]

---

[14] Vgl. Föhl/Wolfram (2016); Jagla/Knoblich (2020); Friesike/Sprondel (2022).
[15] https://finkfuchs.de/projekte/cases/employer-branding-kampagne-sinnvolles-schaffen/

Eine solche Werbung und Sensibilisierung von digitalen Fachkräften hat nur dann Aussicht auf Erfolg, wenn sie mit entsprechenden beruflichen Perspektiven einhergeht. Diese setzen eine klare Vorstellung der erforderlichen personellen Ressourcen und Prioritäten voraus. Für einen hochwertigen Wissens- und Kompetenzaufbau bedarf es nachhaltiger Strukturen und der Weiterentwicklung vorhandener Stellen einschließlich ihres Aufgaben- und Anforderungsprofils.

Zu den Berufsperspektiven muss eine attraktive Arbeitskultur kommen. Digitales Arbeiten ist nicht das Umsetzen der Vorstellungen des wissenschaftlichen Dienstes durch technische Mitarbeiter*innen. Der digitale Wandel beeinflusst massiv die Arbeitskultur. Digitales Arbeiten ist ein anderes, neues Arbeiten. Es bedarf einer offenen, ebenso neugierigen wie fehlertoleranten Innovations-, Transfer- und Wagniskultur mit stärker geteilten Verantwortlichkeiten, unter Kolleg*innen wie auch im Verhältnis zu den Nutzer*innen. Dialogfähigkeit nach innen wie nach außen ist die Voraussetzung, digitale Kompetenzträger*innen für die Arbeit in öffentlicher Kultureinrichtungen zu begeistern und dort zu halten. Sinnerfülltes und sinnstiftendes Arbeiten, Vertrauen und Selbstwirksamkeit sind zentrale Kategorien der *New-Work-Bewegung*, die auf Ideen des Sozialphilosophen Frithjof Bergmann zurückgeht.[16] Hauptaufgabe von Führung ist es, die Mitarbeitenden zur Eigenverantwortung zu befähigen und deren Stärken zu fördern. Das ist gerade für den Kulturbereich, der von seiner Kreativität lebt, eine verheißungsvolle Nachricht. Agiles und flexibleres Arbeiten sowie größere gestalterische und inhaltliche Freiräume bedeuten nicht Kontrollverlust, sondern helfen gerade, sich an die Spitze der digitalen Bewegung zu setzen. Nur unter diesen Bedingungen können sich neue Spielarten der Gewinnung und Erschließung, Erhaltung und Vermittlung kulturellen Wissens entwickeln.

Viele Einrichtungen sehen sich durch das Simultane von Analogem und Digitalem vor neue organisatorische Herausforderungen gestellt. Den Akteur*innen wird hoher finanzieller und personeller Einsatz abverlangt, der Kompetenz und Engagement erfordert. Wenn der digitale Wandel für den Kulturbereich insgesamt eine Erfolgsgeschichte werden soll, müssen Kultureinrichtungen eine Priorität auf ihre Personalentwicklung legen. Ziel muss sein, dass der Kulturbereich auch von IT-Fachleuten als attraktives und innovatives Arbeitsumfeld wahrgenommen wird.

Zugleich sehen wir allerorten im öffentlichen Kulturbereich eine nach wie vor unabgeschlossene Konturierung eines neuen Berufsfeldes am Laufen, das sich derzeit im Kontext der wissenschaftlichen Arbeit mit Kulturdaten in und an

---

16 Vgl. Bergmann (2004).

GLAM-Institutionen etabliert.[17] Ein aktuell stetig wachsendes Berufsfeld, das auf ein Zusammenspiel von digitalen, kulturellen, fachwissenschaftlichen und institutionellen Kompetenzen zielt.[18]

Fazit

Kulturpolitik ist Digitalpolitik, so wie umgekehrt Digitalpolitik im Kulturbereich stets als originäre Kulturpolitik anzusehen ist. Dabei sind Grundwerte, Haltung und Arbeitskultur die Basis, auf der Infrastruktur, Vermittlung, Teilhabe, Kooperation und Vernetzung aufbauen und sich entwickeln können. Die Gestaltung des digitalen Wandels vollzieht sich im Kulturbereich, als vielstimmiger, vielfältiger, vielschichtiger und vielfach kreativer Prozess, stets interaktiv, oft provokativ und immer wieder auch ambivalent, mehrdeutig, paradox oder sich widersprechend.

Die Pandemie hat als Digital-Beschleuniger gewirkt; nun gilt es, mit der notwendigen Gelassenheit und Neugier, mit Pragmatismus und Flexibilität den digitalen Wandel des Kulturbereichs weiter auszugestalten und hierüber in die Gesellschaft zu wirken. Öffentliche Kulturinstitutionen sind hierfür prädestiniert, sofern sie einerseits entsprechende Grundwerte, Haltungen und Arbeitskulturen entwickeln und pflegen, andererseits über die notwendigen infrastrukturellen Ressourcen verfügen. Dies ist gleichzeitig eine strategische und operative Daueraufgabe, aber nur so kann der laufende Transformationsprozess produktiv gelingen. Angstfreiheit, Fehlertoleranz, Vertrauen, Erkundungsfreude und Ausdauer in kleinen Schritten sind Haltungen, die auch nach dem Ende der Pandemie als Digital-Beschleuniger wirken.[19] Es kommt darauf an, dass wir sie gemeinsam in der Politik und im Kulturbereich fördern und immer wieder neu erarbeiten.

---

17 Diese Diagnose hat jüngst z. B. Eingang gefunden in die neuen Leitlinien der Leibniz-Gemeinschaft für Karrieremodelle in den Infrastrukturen (2021). Sie findet zudem Niederschlag in den Stellungnahmen des Rats für Informationsinfrastrukturen wie Digitale Kompetenzen – dringend gesucht! (2019) und Bestandsbezogene Forschung gestalten (2021). Für die GLAM-Sektoren der Archive und Bibliotheken war dieser Diagnose gerade ein ganzes Themenheft der Fachzeitschrift Bibliothek Forschung und Praxis gewidmet (2022).
18 Ein konkretes Beispiel dafür ist der derzeit laufende Aufbau eines neu einzurichtenden wissenschaftlichen Dienstes an der DNB.
19 Vgl. Scholze (2020).

Literaturverzeichnis

Bergmann, Frithjof (2004). Neue Arbeit, Neue Kultur. Freiburg.
Bestandsbezogene Forschung gestalten (2021). Hg. von Rat für Informationsinfrastrukturen. https://rfii.de/de/dokumente/.
Böhme, Hartmut (2011). Einladung zur Transformation. In. Transformation. Ein Konzept zur Erforschung kulturellen Wandels. Hg. von Hartmut Böhme et. al. München. S. 7–37.
Digitale Kompetenzen – dringend gesucht! (2019). Hg. von Rat für Informationsinfrastrukturen. https://rfii.de/de/dokumente/.
Digitaler Wandel in den Wissenschaften (2020). Impulspapier der Deutschen Forschungsgemeinschaft. https://doi.org/10.5281/zenodo.4191344
Digitalstrategie der Bundesregierung (2022). Gemeinsam digitale Werte schöpfen. https://www.bmdv.bund.de/SharedDocs/DE/Anlage/K/presse/063-digitalstrategie.html
Döhl, Frédéric (2020a). BKM-Strategieprojekt Kulturen im digitalen Wandel. In: Dialog mit Bibliotheken 33/2. S. 6–11.
Döhl, Frédéric (2020b). Kulturen im digitalen Wandel post-Corona. Zum neuen strategischen Perspektivpapier des Bundes zur weiteren digitalen Transformation der öffentlichen Kultureinrichtungen. In: B. I. T. Online 24/5. S. 490–498.
Eine Frage der Einstellung? Digitaler Wandel im Kulturbereich (2019). https://kultur-b-digital.de/digitale-kultur/methoden-mindsets/eine-frage-der-einstellung-digitaler-wandel-im-kulturbereich/
Ergänzung: Karrieremodelle in den Infrastrukturen (2021). Hg. von Leibniz Gemeinschaft. https://www.leibniz-gemeinschaft.de/ueber-uns/neues/mediathek/publikationen/karriereleitlinien-der-leibniz-gemeinschaft.
Föhl, Patrick S./Wolfram, Gernot (2016). Transformation konkret. Vom Schlagwort zur lebendigen Praxis innerhalb von Kulturentwicklungsplanungen und Ermächtigungsprozessen. In: Jahrbuch für Kulturpolitik 2015/16. S. 381–390.
Friesike, Sascha/Sprondel, Johanna (2022). Träge Transformation. Welche Denkfehler den digitalen Wandel blockieren. Stuttgart.
Gleixner, Ulrike/Steyer, Timo (2021). Forschung in Bibliotheken. In: Zeitschrift für Bibliothekswesen und Bibliografie, 68/1. S. 27–37.
Jagla, Anette/Knoblich, Tobias J. (2020). Kulturpolitik und Kulturbetriebe im Zeitalter der Digitalität. In: Kultur in Interaktion. Co-Creation im Kultursektor. Hg. von Christian Holst. Wiesbaden. S. 1–22.
Kulturen im digitalen Wandel (2021). Perspektiven des Bundes für Vermittlung, Vernetzung und Verständigung. Hg. von BKM – Die Beauftragte der Bundesregierung für Kultur und Medien. https://www.bundesregierung.de/statisch/kulturenimdigitalenwandel-bkm/
Lätzel, Martin (2019). Kulturpolitik in der Kultur der Digitalität. In: Der digitale Kulturbetrieb. Hg. von Lorenz Pöllmann/Clara Herrmann. Wiesbaden. S. 37–54.
Meyer, Hauke (2020). Digitalisierung in der Kultur: Chancen und Herausforderungen. In: Kulturnews. https://kulturnews.de/digitalisierung-in-der-kultur-chancen-und-herausforderungen/
Müller, Rita (2021). Auf dem Weg zu einer Kultur der Digitalität. In: Transformation. Strategien und Ideen zur Digitalisierung im Kulturbereich. Hg. von Hans-Jörg Czech et. al. S. 172–177.
Moser, Simon (2022). Kulturkiller Corona. In: Die Corona-Transformation. Krisenmanagement und Zukunftsperspektiven in Wirtschaft, Kultur und Bildung. Hg. von Thomas Breyer-Mayländer et. al. Wiesbaden. S. 371–386.

Scholze, Frank (2020). 30 Jahre gemeinsam Zukunft leben. In: Umbruch, Aufbruch 1990–2020, 30 Jahre gemeinsam Zukunft leben. Hrsg. Deutsche Nationalbibliothek. Frankfurt. S. 24–32. https://d-nb.info/1218546530/34

Stalder, Felix (2016). Kultur der Digitalität. Berlin.

Stalder, Felix (2018). Die Kultur der Digitalität und die Kulturpolitik. In: Kulturpolitische Mitteilungen Nr. 160. https://www.kupoge.de/kumi/pdf/kumi160/kumi160_044-046.pdf. S. 44–46.

Themenheft Perspektiven bibliotheksbezogener Ausbildungs- und Studiengänge (2022). Bibliothek Forschung und Praxis gewidmet 46/3. https://www.degruyter.com/journal/key/bfup/46/3/html

Themenheft NFDI (2022). Zeitschrift für Bibliothekswesen und Bibliografie, 69/1–2, https://zs.thulb.uni-jena.de/receive/jportal_jpvolume_00468294

Peter Burschel
Quo vadis Forschungsbibliothek?

Anti-Bibliothek

Als im Oktober 1981 die feierliche Einweihung des Bibliotheksquartiers in Wolfenbüttel stattfand, fasste Paul Raabe, der das Bücherhaus an der Oker seit 1968 leitete, in einer Festrede noch einmal seine Gedanken zur „neuen alten Bibliothek" zusammen. Angesichts „eines fast perfekten technischen Zeitalters" sei „zum Überstehen von Krisen", so Raabe nachdrücklich, auch „eine Renaissance der humanistischen Studien in allen historischen und philosophischen, ästhetischen und philologischen Disziplinen" notwendig. Um dieses Ziel zu erreichen, brauche es „Orte humanistischer Gelehrsamkeit", an denen eine neue „Res publica literaria" geschaffen werden könne. Orte, die anders als die Universitäten und andere „Ausbildungseinrichtungen" frei seien von den „Zwängen der Gegenwart". Orte wie jener, der in Wolfenbüttel entstanden sei: „eine internationale und interdisziplinäre Bibliothek zur Förderung geisteswissenschaftlicher Forschung, ein Freiraum in der freundschaftlichen Atmosphäre relativer Abgeschiedenheit als Chance konzentrierter Arbeit und fruchtbaren Austausches." Gewiss, so Raabe weiter, eine solche „Forschungsstätte für europäische Kulturgeschichte" müsse in einer Welt, in der Bibliotheken vor allem der „Massennutzung" dienen – mit dem Buch als bloßem „Informationsmedium" –, geradezu als „Anti-Bibliothek" erscheinen. Gleichzeitig aber stehe außer Frage, dass allein eine solche „Anti-Bibliothek" dazu in der Lage sei, das „Gelehrte" vor dem „Berufsbezogenen" zu bewahren.[1] Am Rande nur: Indem Raabe die Herzog August Bibliothek als Gegenwelt zum Bibliotheksbetrieb der sechziger und siebziger Jahre des 20. Jahrhunderts entwarf, knüpfte er (wie bewusst auch immer) an das fortschritts-, ja, zivilisationskritische Konzept der „Bibliotheca illustris" seines Vorgängers Erhart Kästner an. Wenn dennoch kein direkter Weg von Kästners zu Raabes Bibliotheksidee führt, dann ist das vor allem auf die latente Wissenschaftsfeindlichkeit zurückzuführen, die Kästner zeitweise regelrecht kultivierte.[2]

Wie groß das skeptische Erstaunen der bibliothekarischen Öffentlichkeit über die „ferne Welt" in Wolfenbüttel auch immer gewesen sein mag: Ohne Vorbilder war diese Welt nicht. Als Raabe über zehn Jahre nach der Festrede in seiner Autobiographie *Bibliosibirsk* das Erreichte noch einmal stolz bilanzierte, verband er

---
1 Wiedergabe der Rede: Raabe (2007) 174–182.
2 Knoche (2021) 69–70. – Vgl. auch Nauhaus (2003) 41–73; Burschel (2022) 91–97.

den Aufbau der Forschungsstätte in Wolfenbüttel mit dem bezeichnenden „Erweckungserlebnis"[3] der Lektüre eines Artikels seines englischen Kollegen Ian Willison: *The Idea of a Research Library*. 1976 im *Literary Supplement* der *Times* erschienen, habe ihm dieser Artikel die Augen für die Notwendigkeit unabhängiger Forschungsbibliotheken geöffnet, die wie die Folger Shakespeare Library, die Huntington Library oder die Newberry Library in den Vereinigten Staaten längst etabliert seien. Keine der genannten „Research Libraries" habe er bis dahin gekannt; erst der Artikel von Willison habe ihm gezeigt, welchen Beitrag Forschungsbibliotheken zur „high culture in a mass democracy" leisten können.[4] Was Raabe nicht erwähnt: Bereits 1964 hatte der Wissenschaftsrat – das wichtigste wissenschaftspolitische Beratungsgremium in Deutschland – die Herzog August Bibliothek als „geisteswissenschaftliche Forschungsbibliothek" bezeichnet und dabei auf einschlägige Entwicklungspotentiale hingewiesen.[5] Ganz davon abgesehen, dass 1969 die Landesbibliothek Gotha in Forschungsbibliothek Gotha umbenannt worden war, was unabhängig von den politischen Hintergründen der Umbenennung durchaus der Nutzungspraxis entsprach.[6] Die Herzog August Bibliothek führte die Bezeichnung „Forschungsbibliothek zur Kultur- und Geistesgeschichte der frühen Neuzeit" als Namensergänzung bereits 1975, ersetzte „Forschungsbibliothek" 1983 durch „Forschungsstätte" und fügte 1985 „international" hinzu; ein Zusatz, der 1990 in der Ordnung des Niedersächsischen Ministeriums für Wissenschaft und Kultur durch „außeruniversitär" ersetzt wurde – wobei es blieb: „Die HAB ist eine außeruniversitäre Forschungs- und Studienstätte für die europäische Kulturgeschichte".[7]

---

3 In diesem Sinne bereits: Wehry (2013) 70.
4 Raabe (2007) 193–194. – Der Artikel hat als Beilage mit Übersetzung auch in das erste Heft des ersten Jahrgangs der *Wolfenbütteler Bibliotheks-Informationen* Eingang gefunden.
5 Empfehlungen des Wissenschaftsrates zum Ausbau der wissenschaftlichen Einrichtungen. Wissenschaftliche Bibliotheken. Tübingen 1964. Herzog August Bibliothek 138–139. http://digital.ub.uni-paderborn.de/ihd/content/pageview/430629 (zuletzt 15.02.2023). – In der Zeitschrift *Bibliotheksdienst* wird die Herzog August Bibliothek 1970 als „Forschungsbibliothek" vorgestellt: H. 9 362.
6 Knoche (1993) 293; Weber (1997) 134–136.
7 Plassmann und Seefeldt (1999) 131–132, die in den Umbenennungen (durchaus zu Recht) „eine gewisse Unsicherheit" auszumachen glauben. So auch Wehry (2013) 70. – Die „Ordnung der Herzog August Bibliothek" ist im Niedersächsischen Ministerialblatt abgedruckt: Nr. 13 (1990) 409f. Vgl. auch Nr. 13 (1998) 504–505.

Laboratorium

Wenn der vorliegende Beitrag damit einsetzt, auf die Programmatik der „humanen Anstalt" hinzuweisen, die den Ausbau der Herzog August Bibliothek zur Forschungsbibliothek begleitete und ohne Frage auch rechtfertigen sollte, dann vor allem aus einem Grund: Ein Nachdenken über „die Forschungsbibliothek" war in Deutschland – und nicht nur in Deutschland – immer auch ein Nachdenken über die Herzog August Bibliothek. Das aber heißt: Wenn die Einheit von Forschung und Bibliothek zur Diskussion stand, ging es jenseits von konzeptionellen, typologischen, funktionalen und praktischen Fragen immer auch um jenes „Mehr", das man als kulturelle, ja, als kulturpolitische Identitätsstiftung bezeichnen kann; um ein „Mehr", das auch „Persönlichkeitsbildung" einschloss. Oder, um mit Jürgen Weber zuzuspitzen: um „Ideologie" bzw. um „Ideologiekritik".[8]

Versucht man, vor diesem Hintergrund jene Positionen zu bestimmen, die in besonderer Weise dazu beigetragen haben, Forschung und Bibliothek „neu" aufeinander zu beziehen, so ist ohne Frage immer noch auf die Überlegungen von Bernhard Fabian aus dem Jahr 1983 hinzuweisen.[9] Indem der Literatur- und Buchwissenschaftler Fabian Bibliothek radikal von den (vermeinten) Ansprüchen und Bedürfnissen der Forschenden her zu denken versucht, entwirft er das Bücherhaus als „geisteswissenschaftliches Laboratorium", dessen Ausstattung der je eigenen Intuition, Kreativität und Phantasie der Wissenschaftlerinnen und Wissenschaftler keine Grenzen setzt: „Als geisteswissenschaftliches Laboratorium muß die Forschungsbibliothek auf den prekären Charakter des Forschungsprozesses abgestellt sein. Sie muß dem Forscher erlauben, seinen spontanen Einfall mit größtmöglicher Effizienz am empirischen Material zu überprüfen. Sie muß ihn zudem in die Lage versetzen, eine Fragestellung durch die Primär- und Sekundärliteratur verfolgen zu können – gleichviel wohin der Weg führt."[10]

Man kann es auch so sagen: Die Forschungsbibliothek ist nach Fabian ein Text- und damit auch ein Quellenlabor, das es den Forscherinnen und Forschern erlaubt, mit ihren Ideen zu arbeiten, was wiederum eine Sammlung voraussetzt, die im Grunde universal gedacht werden muss.[11] In den Worten Fabians: „Die Ausrichtung auf den Eventualfall, der in der Forschung der Normalfall ist, unterscheidet die Forschungsbibliothek von der gewöhnlichen wissenschaftlichen Bi-

---

8 Weber (1997) 136.
9 Fabian (1983) – obwohl es auch durchaus früher schon zukunftsweisende (wenn auch weniger beachtete) Konzepte gegeben hat. Vgl. nur Saxl (1923).
10 Fabian (1983) 34. – Zur Weiterentwicklung des „Labor"-Konzepts vgl. hier nur Brandtner (2015). Für eine „historische" Perspektive: Spoerhase (2014).
11 In diesem Sinne bereits Knoche (1993) 292.

bliothek. Der Literaturbedarf ist in Qualität und Quantität nicht vorhersehbar – wie etwa in einer auf die Bedürfnisse der akademischen Lehre abgestellten Bibliothek".[12] Nur konsequent, dass Fabian angesichts solcher Überlegungen die 1837 gegründete Göttinger Universitätsbibliothek zur „Urform" der modernen Forschungsbibliothek erklärt.[13] Oder in bewusster Abgrenzung zur Praxis der Sondersammelgebiete für den Aufbau eines nationalen Textarchivs plädiert.[14] Oder die Wiederbelebung des „Forschungsbibliothekars" in Deutschland einfordert, der „auf der Bibliotheksseite das Pendant zum historisch arbeitenden Geisteswissenschaftler" darstelle.[15] Oder vorschlägt, wissenschaftliche Großprojekte wie Editionen oder Wörterbücher künftig in stärkerem Maße in die Bibliotheken zu integrieren.[16]

So folgenreich Fabians Überlegungen und Empfehlungen auch waren, man denke nur an die „Sammlung Deutscher Drucke", die 1989 als „verteilte" Nationalbibliothek gegründet wurde:[17] Ohne Widerspruch blieben sie selbst bei jenen nicht, die grundsätzlich mit ihnen sympathisierten. So war die Vorstellung, dass die „Idee" dem Forschungsprozess in der Bibliothek vorausgeht, von Anfang an umstritten. Ganz davon abgesehen, dass auch der Forschungsprozess selbst bei Fabian weitgehend unbestimmt bleibt, nicht zuletzt bibliothekarisch.[18] Hinzu kam, dass auch der Begriff bzw. das Konzept der „Geisteswissenschaften" mehr und mehr als disziplinäre Engführung in die Kritik geriet. So plädierte zum Beispiel Jürgen Weber 1997 dafür, Forschung in einschlägigen Bibliotheken nicht mehr „geisteswissenschaftlich", sondern „kulturwissenschaftlich" zu verstehen und auch entsprechend zu bezeichnen.[19]

Vor allem aber: Die geisteswissenschaftliche Forschungsbibliothek, die Fabian entwirft, ist kein eigener Bibliothekstyp im engeren Sinne.[20] Sie kann Universitätsbibliothek ebenso sein wie Staatsbibliothek, „Universalbibliothek" oder „Spezialbibliothek". Sie liegt gewissermaßen „quer" zur gängigen Typologie. Die potentiellen Forschungsbibliotheken – fünf nennt Fabian explizit – soll vor allem eines verbin-

---

12 Fabian (1983) 34.
13 Fabian (1983) 37 – aber auch Fabian (1977); Fabian (1980) und Mittler (2008).
14 Fabian (1983) 123–146.
15 Fabian (1983) 224.
16 Fabian (1983) 220–223.
17 Bötte (2004).
18 Pointiert: Weber (1997) 142; vgl. auch Mittler (1997). – Für eine allgemeine (und aktuelle) praxeologische Problematisierung „geisteswissenschaftlicher" Forschung: Martus und Spoerhase (2022).
19 Weber (1997) 144–145.
20 Dazu hier nur: Meinhardt (2009) 816.

den: ihre Leistungsfähigkeit als Text- und Quellenlabore.[21] So nachvollziehbar die typologische Ungebundenheit der Forschungsbibliothek nach Fabian konzeptionell auch sein mag: Aus bibliothekarischer Sicht war sie zu unspezifisch, um eine auch wissenschaftspolitisch nachhaltige Profilierung geeigneter Bücherhäuser zu gewährleisten; ganz zu schweigen von der Gefahr einer inflationären (und weitgehend ungeschützten) Verwendung einschlägiger Bezeichnungen. Wenig erstaunlich also, dass die Zahl kritischer Stimmen zunahm, die eine typologische Schärfung des Konzepts einforderten. Stimmen, die schließlich 1993 in einen vielbeachteten Aufsatz von Michael Knoche eingingen, um dort für die Konturierung „des Typs" Forschungsbibliothek systematisiert und schließlich am Beispiel der Herzogin Anna Amalia Bibliothek exemplifiziert zu werden, der Knoche zwischen 1991 und 2016 vorstand.[22]

Wie Fabian betont auch Knoche, dass die Forschungsbibliothek zuallererst den Bedürfnissen der „historisch arbeitenden Geisteswissenschaften" zu dienen habe; im Unterschied zu Fabian aber fordert er dabei mit Blick auf die Herzog August Bibliothek eine „gewisse" institutionelle Unabhängigkeit. Gleichzeitig nennt er eine Reihe von typologisch taxierbaren Merkmalen: darunter eine ausreichende „Bestandsbreite" mit einem „Reservoir" an historischen Sammlungen, die möglichst tief erschlossen sein sollten; wichtig sei zudem, dass die jeweils einschlägige Forschungsliteratur angeschafft und frei zugänglich gemacht werde. Vor allem aber, so Knoche weiter, seien die Forscherinnen und Forscher auch jenseits der Quellen- und Literaturversorgung zu unterstützen: mit Stipendien, Unterkünften und ergonomisch angemessen ausgestatteten Arbeitsplätzen. Darüber hinaus müsse die Bestandspflege eine besondere Rolle spielen, die Bereitschaft, die Geschichte der eigenen Sammlungen zu rekonstruieren, und nicht zuletzt die Fähigkeit, „geisteswissenschaftliche Großprojekte" zu betreiben, ein Kriterium, das auch Fabian schon stark gemacht hatte. Keineswegs zuletzt sei die Forschungsbibliothek auch an ihrer Vermittlungs- und Öffentlichkeitskultur zu messen: von der Tagung bis zur Ausstellung.[23]

Wie auch immer man diesen Konturierungsversuch in typologischer Absicht taxiert, eines steht fest: Ganz „unschuldig" ist er nicht. Auch Bibliotheken haben bekanntlich einen Sitz im Leben. Indem Knoche in Anlehnung an das Wolfenbütteler Modell – nur wenige Jahre nach der Wiedervereinigung – die Forschungsbi-

---

21 Es sind die Staatsbibliothek zu Berlin, die Stadt- und Universitätsbibliothek Frankfurt am Main, die Staats- und Bibliotheksbibliothek Göttingen, die Bayerische Staatsbibliothek München und die Herzog August Bibliothek Wolfenbüttel.
22 Knoche (1993).
23 Knoche (1993) 294.

bliothek als „neuen Bibliothekstyp" ausruft,[24] offenbart er zugleich sein Programm für die Herzogin Anna Amalia Bibliothek.[25] Der Aufsatz schließt folgerichtig mit einem „Bibliothekspolitischen Ausblick", der sich streckenweise durchaus als Aufforderung lesen lässt: „Es ist an der Zeit, die Forschungsbibliotheken als eigenständigen Bibliothekstyp in Deutschland zu begreifen und als solchen zu stärken."[26]

Datenraum

Es wird niemanden überraschen: Das letzte Wort war das nicht – bis hin zu deutlicher Kritik. Die wohl wichtigste Stimme „gegen" Knoches Typologisierungsangebot ist bis heute jene des Generaldirektors der Bayerischen Staatsbibliothek in München, Claus Ceynowa. In einem 2018 erschienenen Aufsatz weist Ceynowa darauf hin, dass die genannten Merkmale empirisch lediglich auf der Betrachtung der beiden Referenzbibliotheken Weimar und Wolfenbüttel beruhen; vor allem aber kritisiert er die fehlende Hierarchisierung der genannten Typologisierungsmerkmale. So bleibe die Frage, welche Merkmale notwendig und welche hinreichend sein sollen, völlig offen, was dazu geführt habe, dass „wir es heute mit wenig mehr als einem Ehrentitel zu tun haben, den sich nahezu jeder unwidersprochen zuerkennen darf."[27]

Ausgehend von dieser Kritik, die darauf abzielt, die Überlegungen Knoches aus ihrem bibliothekstypologischen Anspruch zu befreien, bestimmt Ceynowa die Forschungsbibliothek als „Nachhaltigkeitsversprechen" gegenüber den Forscherinnen und Forschern, die er nebenbei bemerkt nicht länger „verzopft elitaristisch" nach ihrem jeweiligen „akademischen Reifegrad" klassifizieren (und privilegieren) will. In seinen Worten: „Eine Institution, die sich als Forschungsbibliothek begreift, gibt ihren Nutzern die ebenso einfache wie in ihren Konsequenzen hochambitionierte Zusicherung: Ich biete Dir eine langfristige und permanent ausgebaute Arbeitsumgebung, die dein exploratives Forschen umfassend trägt – wohin Dich dieser Forschungsprozess auch immer führen mag."[28]

Gleichzeitig entwickelt Ceynowa vor dem Hintergrund der digitalen Transformation das Programm einer „modernen geisteswissenschaftlichen Forschungsbi-

---

24 Knoche (1993) 295: Obwohl Knoche bewusst ist, dass es „keine reine Lehre der Bibliothekstypen" gibt, weiß er doch zugleich: „Forschungsbibliotheken bilden einen eigenen Bibliothekstyp."
25 Knoche (1993) 295–299.
26 Knoche (1993) 299. – Vgl. auch Schmidt-Glintzer (1994) sowie Knoche (2005).
27 Ceynowa (2018) 4.
28 Ceynowa (2018) 4–5.

bliothek", das er in fünf Thesen präsentiert. Die erste, besonders nachdrücklich formulierte These zielt auf die Materialität der Sammlungsobjekte: Ob Palmblätter oder Petabytes – als Trägermedien des Gedachten müssen der Forschungsbibliothek buchstäblich alle Überlieferungsformen recht sein. Die zweite These lädt die Forscherinnen und Forscher zu jenem „Eventualfall" ein, der nach Fabian in der Forschung der „Normalfall" ist: Das Sammlungshandeln der Forschungsbibliothek muss „vorlaufend" sein – und „exhaustiv". Sammeln heißt für jede Forschungsbibliothek „Sammeln in größtmöglicher Breite und Tiefe" gemäß ihrem jeweiligen Profil.[29] Das aber bedeutet nach Ceynowa zugleich die Übernahme einer „langfristigen Ressourcenverantwortung". Die dritte These hält deshalb fest: „Die Forschungsbibliothek definiert sich über die Eignerschaft und permanente Verfügbarkeit ihrer Sammlungsobjekte". Die vierte These knüpft daran an, indem sie die Forschungsbibliothek als „Akteur der Externalisierung" der Ressourcenlast des Sammelns ausschließt: „Das beschriebene Nachhaltigkeitsversprechen bedeutet, monetär betrachtet, nichts anderes als die Bereitschaft zur Übernahme langfristig indisponibler Fixkosten."[30] Die fünfte These schließlich bestimmt die Forschungsbibliothek als dezidiert technologiegetriebene und damit auch innovationsgetriebene Einrichtung „hochspezifischer Dienste", die es den Forscherinnen und Forschern erlauben, insbesondere digitale Daten für sich arbeiten zu lassen: „Auf diesem Feld wird künftig die Mehrzahl der Strategie- und damit Ressourcenentscheidungen fallen".[31] Das aber heißt, dass der potenziell entgrenzte – und dynamisch vernetzte – Datenraum an die Stelle distinkter Wissenseinheiten wie der „Publikation" tritt. Ein Raum, der ganz neue Formen des Daten- und Wissensmanagements erforderlich macht. Folgt man Ceynowa, so muss dieses Management als Zukunftsaufgabe der Forschungsbibliothek in der digitalen Wissensgesellschaft verstanden werden.[32] Kein Wunder, dass Ceynowa die Forschungsbibliothek auch als „Zumutung" beschrieben hat.[33]

Problembibliothek

Was hier entworfen wird, ist eine Forschungsbibliothek, die dazu beitragen soll, vielleicht sogar in erster Linie dazu beitragen soll, „Wissensarbeit" in einem digi-

---

29 Vgl. darüber hinaus auch Ceynowa (2015) und Ceynowa (2022).
30 Ceynowa (2018) 5–6.
31 Ceynowa (2018) 6.
32 Ceynowa (2018) 5; vgl. auch Ceynowa (2014).
33 Ceynowa (2018) 7.

talen Datenraum zu leisten, und die diesen Datenraum zugleich maßgeblich mit hervorbringt. Forschungsbibliothek, das ist hier die technologische Kontrolle über jene eng vernetzten Daten- und Wissensströme, die das kulturelle Selbstverständnis der Digitalgesellschaft prägen und die es zugleich lebendig halten. Forschungsbibliothek, das ist hier nicht zuletzt auch eine Antwort auf die Frage, wie Sammlung und Service digital aufeinander bezogen werden können: gleichgewichtig und gleichberechtigt. Forschungsbibliothek, das ist hier in letzter Konsequenz das ortsungebundene Angebot der „Allverfügbarkeit von Wissen".[34]

Gewiss, Ceynowa macht in seinem Versuch einer „Nicht-Typologisierung" vor allem den „virtuellen Körper" der Forschungsbibliothek stark. Das aber heißt nicht, dass er ihren „physischen Körper" völlig aus dem Blick verliert.[35] So behält zum Beispiel die Frage nach der Materialität von Sammlungen in seinen Überlegungen ebenso ihr Gewicht wie jene nach dem Verhältnis von analogen und digitalen Wissensbeständen, etwa im Sinne des sicheren Bodens einer Rückversicherung.[36] Hinzu kommt, dass auch keine (grundsätzliche) Verabschiedung des „physischen Körpers" als Voraussetzung sozialen Handelns stattfindet, obwohl die Forschungsbibliothek als „lebendiges Kommunikationszentrum" bei Ceynowa im Unterschied zu aktuellen diskursiven und praktischen Tendenzen kaum eine Rolle spielt.[37]

Ist damit das – vorerst – letzte Wort zur Forschungsbibliothek gesprochen? Selbst wenn man diese Frage bejahen wollte, bliebe doch ein gewisses Unbehagen und das vor allem aus einem Grund: Ceynowa lässt das Verhältnis zwischen Bibliothek und Forschung im Grunde unbestimmt oder doch zumindest unter-bestimmt. Ja, mehr noch: Indem er die Forschungsbibliothek zum „technologiegetriebenen" Gatekeeper einer fluiden Wissenslandschaft erklärt und diesen Gatekeeper gleichzeitig anweist, die Erwartungen von Nutzerinnen und Nutzerinnen technologisch immer wieder zu überholen, lässt er zugespitzt formuliert „Ideenarbeit" zu einem „servicegetriebenen" Epiphänomen werden.[38]

Wie kann diese Engführung überwunden werden? Um zumindest eine Antwort zu versuchen: Der Kunsthistoriker Fritz Saxl hat in einem bereits 1921 gehaltenen Vortrag die „Bibliothek Warburg", die er betreute und schließlich vor den

---

34 Ceynowa (2014) 238 – mit dem wichtigen Hinweis auf Serres (2019), etwa 44–45. – Instruktiv vor diesem Hintergrund auch Eigenbrodt (2014).
35 Die beiden „Körper der Forschungsbibliothek" hier ganz im Sinne von Wehry (2013).
36 Ceynowa (2014) 238 (und öfter).
37 Um nur auf eine aktuelle Nachricht hinzuweisen: Wagner (2023). Allgemeiner zur Forschungsbibliothek als Denkraum – durchaus politisch, Learning Center und „drittem Ort": Knoche (2018) 111–118; Gleixner und Steyer (2021).
38 Ceynowa (2018) 6.

Nationalsozialisten aus Hamburg nach London rettete, als „Problembibliothek" bezeichnet. Ausgehend von der Frage Aby Warburgs nach dem Einfluss der Antike und ihrer Bildformeln auf die postantiken Kulturen, geht Saxl auf die Aufstellung der etwa 20 000 Bände ein, um am Ende festzuhalten: „Das eben macht den spezifischen Charakter der Bibliothek aus, daß sie eine Problembibliothek, und daß ihre Aufstellung derart ist, daß sie an das Problem heranzwingt."[39] Deutlich wird: Saxl bestimmt Forschungsbibliothek bzw. Problembibliothek nicht über Umfang oder Bedeutung u. ä., sondern in den Worten von Reinhard Laube, dem Direktor der Herzogin Anna Amalia Bibliothek in Weimar, über deren Fähigkeit, „gegenwartsorientiert Bestände, Sammlungen und Räume auf Problemstellungen zu beziehen."[40] Man kann es auch so sagen: Wie auch immer Forschungsbibliothek künftig gedacht und gestaltet wird – ohne diesen diskursiven und nicht zuletzt auch kommunikativen Anspruch werden Bibliothek und Forschung dem „Wissen der Sammlungen" nicht gerecht werden können.[41]

Literaturverzeichnis

Bötte, Gerd-Josef: Collecting the German Printed Heritage: the Sammlung Deutscher Drucke as Germany's Virtual National Library. In: Harvard Library Bulletin 15 (2004). S. 77–84.
Brandtner, Andreas: Bibliotheken als Laboratorien der Literaturwissenschaft? Innenansichten analoger, digitaler und hybrider Wissensräume, in: Literaturwissenschaft und Bibliotheken. Hrsg. von Stefan Alker und Achim Hölter. Göttingen: Vandenhoeck & Ruprecht unipress 2015. S. 115–138.
Burschel, Peter: Die Herzog August Bibliothek. Eine Geschichte in Büchern. Berlin: Insel Verlag 2022.
Ceynowa, Klaus: Digitale Wissenswelten – Herausforderungen für die Bibliothek der Zukunft. In: Zeitschrift für Bibliothekswesen und Bibliographie 61 (2014). S. 235–238.
Ceynowa, Klaus: Vom Wert des Sammelns und vom Mehrwert des Digitalen – Verstreute Bemerkungen zur gegenwärtigen Lage der Bibliothek. In: Bibliothek – Forschung und Praxis 39 (2015). S. 268–276.
Ceynowa, Klaus: Research Library Reloaded? Überlegungen zur Zukunft der geisteswissenschaftlichen Forschungsbibliothek. In: Zeitschrift für Bibliothekswesen und Bibliographie 65 (2018). S. 3–7.
Ceynowa, Klaus: Was heiß „Sammeln" im digitalen Zeitalter? Bemerkungen aus bibliothekarischer Perspektive. In: Archivalische Zeitschrift 99 (2022). S. 67–76.
Eigenbrodt, Olaf: Auf dem Weg zur Fluiden Bibliothek: Formierung und Konvergenz in integrierten Wissensräumen. In: Formierungen von Wissensräumen. Optionen des Zugangs zu Information

---

39 Saxl (1923) 9.
40 Aus einem unveröffentlichten Konzept für einen (geplanten) Workshop zur Forschungsbibliothek.
41 Zum Begriff des „Wissens der Sammlungen": Laube (2020).

und Bildung. Hrsg. von Olaf Eigenbrodt und Richard Stang. Berlin und New York: de Gruyter 2014 (Age of Access? Grundfragen der Informationsgesellschaft 3). S. 207–220.

Fabian, Bernhard: Göttingen als Forschungsbibliothek im achtzehnten Jahrhundert. Plädoyer für eine neue Bibliotheksgeschichte. In: Öffentliche und Private Bibliotheken im 17. und 18. Jahrhundert. Raritätenkammern, Forschungsinstrumente oder Bildungsstätten? Hrsg. von Paul Raabe. Bremen und Wolfenbüttel: Jacobi Verlag 1977 (Wolfenbütteler Forschungen 2). S. 209–239.

Fabian, Bernhard: Die Göttinger Universitätsbibliothek im achtzehnten Jahrhundert. In: Göttinger Jahrbuch 28 (1980). S. 109–123.

Fabian, Bernhard: Buch, Bibliothek und geisteswissenschaftliche Forschung. Zu Problemen der Literaturversorgung und der Literaturproduktion in der Bundesrepublik Deutschland. Göttingen: Vandenhoeck & Ruprecht 1983 (Schriftenreihe der Stiftung Volkswagenwerk 24).

Gleixner, Ulrike und Timo Steyer: Forschung in Bibliotheken. In: Zeitschrift für Bibliothekswesen und Bibliographie 68 (2021). S. 27–37.

Knoche, Michael: Die Forschungsbibliothek. Umrisse eines in Deutschland neuen Bibliothekstyps. In: Bibliothek. Forschung und Praxis 17 (1993). S. 291–300.

Knoche, Michael: Auf dem Weg zur Forschungsbibliothek. Die Herzogin Anna Amalia Bibliothek im neuen Studienzentrum. In: Zeitschrift für Bibliothekswesen und Bibliographie 52 (2005). S. 59–66.

Knoche, Michael: Die Idee der Bibliothek und ihre Zukunft. Göttingen: Wallstein Verlag 2018.

Knoche, Michael: Die Idee der Bibliotheca illustris in den Selbstbeschreibungen der Herzog August Bibliothek von Erhart Kästner, Paul Raabe und Helwig Schmidt-Glintzer. In: Avantgarde intermedial. Theorie und Praxis des Künstlerbuchs. Hrsg. von Jan Röhnert. Wiesbaden: Harrassowitz Verlag 2021 (Beiträge zum Buch- und Bibliothekswesen 66). S. 63–73.

Laube, Reinhard: Das Wissen der Sammlungen. Die Zukunft der Archiv- und Forschungsbibliothek. In: Zeitschrift für Bibliothekswesen und Bibliographie 67 (2020). S. 6–14.

Martus, Steffen und Carlos Spoerhase: Geistesarbeit. Eine Praxeologie der Geisteswissenschaften. Berlin: Suhrkamp Verlag 2022.

Meinhardt, Haike: Brauchen wir die Renaissance der Forschungsbibliothek? Ein Beitrag zu einer bibliothekstypologischen Diskussion. In: BuB 61 (2009). S. 816–820.

Mittler, Elmar: Verteilte digitale Forschungsbibliothek – ein neues Paradigma für das Verhältnis von Bibliothek und Forschung? In: Bibliothek und Wissenschaft 30 (1997). S. 141–149.

Mittler, Elmar: Fortschritt und Tradition. Die SUB Göttingen auf dem Weg zur Forschungsbibliothek der Zukunft – ein Rückblick. In: Bibliothek und Wissenschaft 41 (2008). S. 231–240.

Nauhaus, Julia M.: Erhart Kästners Phantasiekabinett. Variationen über Kunst und Künstler. Freiburg im Breisgau: Rombach Verlag 2003.

Plassmann, Engelbert und Jürgen Seefeldt: Das Bibliothekswesen der Bundesrepublik Deutschland. Ein Handbuch. 3. Aufl. Wiesbaden: Harrassowitz 1999.

Raabe, Paul: Bibliosibirsk oder Mitten in Deutschland. Jahre in Wolfenbüttel. 2. Aufl. Hamburg und Zürich: Arche 2007.

Saxl, Fritz: Die Bibliothek Warburg und ihr Ziel. In: Vorträge der Bibliothek Warburg 1921–1922. Hrsg. von Fritz Saxl. Leipzig und Berlin: B. G. Teubner 1923. S. 1–10.

Schmidt-Glintzer, Helwig: Relativierung der Gegenwart. Die Herzog-August-Bibliothek als Forschungsbibliothek zur Rekonstruktion der europäischen Kulturgeschichte. In: Zeitschrift für Bibliothekswesen und Bibliographie 41 (1994). S. 393–400.

Serres, Michel: Erfindet euch neu! Eine Liebeserklärung an die vernetzte Generation. 4. Aufl. Berlin: Suhrkamp Verlag 2019.

Spoerhase, Carlos: Experimentieren mit Büchern. In: Frankfurter Allgemeine Zeitung 78 (2. April 2014). S. N 4.
Wagner, Gerald: Sitzen, stehen, liegen oder einfach mal vorbeischauen. Hier werden nicht nur Bücher gelesen: Die Berliner Staatsbibliothek soll zum „lebendigen Kommunikationszentrum" umgestaltet werden. In: Frankfurter Allgemeine Zeitung 75 (29. März 2023). S. N 4.
Weber, Jürgen: Forschungsbibliotheken im Kontext. In: Zeitschrift für Bibliothekswesen und Bibliographie 44 (1997). S. 127–146.
Wehry, Matthias: Die zwei Körper der Forschungsbibliothek. In: Zeitschrift für Bibliothekswesen und Bibliographie 60 (2013). S. 70–77.
Willison, Ian R.: The Idea of a Research Library. In: The TIMES Literary Supplement. London, 28. Mai 1976. S. 655.

Autor:innenverzeichnis

Achim BONTE: Generaldirektor der Staatsbibliothek zu Berlin – Preußischer Kulturbesitz

Jacobus BRACKER: Referatsleiter und Justiziar der Hochschulrektorenkonferenz, Berlin

Peter BURSCHEL: Direktor der Herzog August Bibliothek Wolfenbüttel und Historiker mit den Forschungsschwerpunkten: Europäische Geschichte der Frühen Neuzeit, Historische (politische) Anthropologie u. a.

Andreas DEGKWITZ: Leitender Bibliotheksdirektor der Universitätsbibliothek der Humboldt-Bibliothek zu Berlin a. D.

Frédéric DÖHL: Referent Generaldirektion, Deutsche Nationalbibliothek, Leipzig

Jens-Peter GAUL: Generalsekretär der Hochschulrektorenkonferenz, Bonn, und Vizepräsident des Deutschen Bibliotheksverbands e. V. (dbv), Berlin

Susanne KEUCHEL: Direktorin der Akademie der Kulturellen Bildung des Bundes und des Landes NRW e. V., Remscheid

Renate KÜNAST: Abgeordnete des Deutschen Bundestages und Vizepräsidentin des Deutschen Bibliotheksverbandes e. V. (dbv), Berlin

Frank MENTRUP: Oberbürgermeister der Stadt Karlsruhe und Präsident des Deutschen Bibliotheksverbands e. V. (dbv), Berlin

Anne RETHMANN: Doktorandin am Institut für Philosophie der Freien Universität Berlin und PhD Fellow am Jacob Robinson Institute, Hebrew University of Jerusalem

Boryano RICKUM: Leiter der Stadtbibliothek Tempelhof-Schöneberg, Berlin

Claudia ROTH: Beauftragte der Bundesregierung für Kultur und Medien und Abgeordnete des Deutschen Bundestages

Dorothee SCHLEGEL: Persönliche Referentin des Oberbürgermeisters der Stadt Karlsruhe

Barbara SCHLEIHAGEN: Bundesgeschäftsführerin des Deutschen Bibliotheksverbands e. V. (dbv) a. D., Berlin

Frank SCHOLZE: Generaldirektor der Deutschen Nationalbibliothek, Frankfurt/ Main und Leipzig

Frauke UNTIEDT: Direktorin der Stiftung Hamburger Öffentliche Bücherhallen

Ton van VLIMMEREN: Präsident des europäischen Bibliotheksverbandes EBLIDA und Direktor der Öffentlichen Bibliothek Utrecht a. D.

Antje WISCHMANN: Professorin für Europäische und Vergleichende Sprach- und Literaturwissenschaft – Abteilung: Skandinavistik, Universität Wien